Martha Blend
Ich kam als Kind

Österreichische Exilbibliothek
Herausgegeben von Ursula Seeber

Mit freundlicher Unterstützung des
Bundesministeriums für Unterricht und Kultur in Wien
und des Bundeskanzleramtes/Kunstsektion in Wien
gedruckt

Die Deutsche Bibliothek – CIP-Einheitsaufnahme

Blend, Martha:
Ich kam als Kind: Erinnerungen / Martha Blend.
Aus dem Engl. von Karin Hanta. –
Wien: Picus Verl., 1998
(Österreichische Exilbibliothek)
ISBN 3-85452-424-2

Übersetzung mit freundlicher Genehmigung
von Vallentine Mitchell & Co Ltd., London, England
Titel der englischen Originalausgabe: A Child Alone

Grafische Gestaltung: Dorothea Löcker, Wien
Druck und Verarbeitung: Remaprint, Wien
ISBN 3-85452-424-2
Printed in Austria

Martha Blend

Ich kam als Kind

Erinnerungen

Aus dem Englischen
von Karin Hanta

Picus Verlag Wien

Dieses Buch ist dem Andenken meiner Eltern, Elias und Paula Immerdauer und meiner Zieheltern, Annie und Will Greensztein gewidmet.

Meinem Mann danke ich für seine beständige Unterstützung und Ermutigung bei der Verfassung dieses Buches.

1.
Rückblick

In der Volksschule meines Sohnes fand der offizielle Schularzttag statt. Ich schloß mich dem Strom von Müttern an, die über den asphaltierten Spielplatz stetig dem Gebäude zustrebten. Am anderen Ende des Ganges waren Sessel für uns aufgestellt, und ich konnte einen Blick auf die forsche Krankenschwester, die geschäftige Direktorin und die sich langsam dahinwindende Schlange von Mädchen und Buben werfen. Das Ensemble war versammelt, die gut einstudierte Vorführung konnte beginnen. Plötzlich wurde ich von etwas vollkommen anderem abgelenkt: Aus einem Klassenzimmer drangen Kinderstimmen an mein Ohr, die alle im Einklang sangen. Wo hatte ich diese Melodie schon einmal gehört? Vor meine Augen trat mit einem Schlag das Bild der ersten Schule, die ich selbst besucht hatte, in Wien, vor vielen Jahren und viele tausende Kilometer entfernt. Das Lied ging so:

Hänschen klein
ging allein
in die weite Welt hinein.

Meine Gedanken schweiften unweigerlich zu meinem Geburtsort und zu den Menschen zurück, die in jenen frühen Kinderjahren mein Leben bestimmt hatten.

*

Wien hatte in den dreißiger Jahren noch nicht den Anschluß an das moderne Zeitalter gefunden. Seine großen Wohnhäuser mit ihren schmucken Fassaden, Ge-

simsen und Kuppeln, in denen Vögel nisteten, stammten aus früheren Jahrhunderten. Wien war eine Hauptstadt, unterschied sich aber deutlich von anderen europäischen Metropolen wie etwa London. Es gab keine Eisenbahnbögen, rußigen Ziegelmauern oder rostigen Metallkonstruktionen. Von außen betrachtet erschien alles sauberer und schöner als in anderen Städten, von innen alles grober und primitiver, wenn die Bewohner eines Hauses nicht gerade mit Reichtum gesegnet waren und sich Dienstboten leisten konnten. Das Zentrum glich einer kaiserlichen Schmuckschatulle: die großen, offenen Plätze, der über alle anderen Gebäude hinausragende Stephansdom, die historistische Oper, die eleganten Geschäfte und Restaurants, aus denen der Duft von Kaffee und Mehlspeisen mit Schlagobers strömte. Alle Erwachsenen kannten Geschichten über den Kaiser. Als Kind konnte ich mir daher einen großen Prunkzug über die Ringstraße gut vorstellen. Solange ich dort lebte, passierte dies allerdings niemals – der letzte Kaiser war schon lange ins Exil gegangen und die mit ihm verbundene Glorie verschwunden. In der Vorstellung der Menschen lebte er allerdings weiterhin in Wien, und wenn ich heute das »Kaiserkonzert« höre, kommt noch immer das alte romantische Gefühl in mir auf.

Meine Eltern lebten in einer Mietwohnung im fünften Bezirk. Während der ersten neun Jahre meines Lebens, die ich in Wien verbrachte, war dies mein Heim. Wir konnten uns wenig Komfort leisten: Meine Mutter schrubbte die Wäsche auf einer altmodischen Waschrumpel, in einer Mühle mit einem Glasfenster mahlten wir unseren Kaffee mit der Hand. Unser Ofen hatte eine Tür, durch die wir das Holz in das Innere schoben, und ein Rohr, durch das der Rauch über einen Kamin in den Plafond entwich. Meine Mutter besaß einen Gaskocher und

ein Gasbügeleisen, aber das war auch schon alles. Die Leute unter uns, die modernere Geräte als wir besaßen, hatten sogar ein Radio, und manchmal kam mir mechanisches Spielzeug in die Hände. Auf diesem war oft ein Schild mit der Aufschrift »Made in England« angebracht. Als ich es lesen konnte, fragte ich meine Eltern immer wieder, was »Maade in Ängland« bedeutete.

Wenn wir von Zeit zu Zeit ins Kino gingen, waren wir plötzlich mit dem zwanzigsten Jahrhundert konfrontiert. Einer dieser Ausflüge – wir gingen in einen Shirley-Temple-Film – wurde durch mein dringendes Bedürfnis beeinträchtigt, das leider versperrte WC aufzusuchen. Wenn ich sonst an einem Kino vorüberging, war ich von der Fassade des Gebäudes sehr beeindruckt – selten legten sie Zeugnis davon ab, welche Wunder sich im Inneren abspielten. Für meine Eltern war jedoch die einzig angemessene Unterhaltung ein Opernbesuch. In seinen überschwenglicheren Momenten pfiff mein Vater »La Donna è mobile«, und meine Mutter, die gut Geschichten erzählen konnte, trug mir die Handlung von »La Bohème« vor, wenn ich krank im Bett lag.

Lange glaubte ich, daß mein Interesse an Geschichte und Geographie mit einer zufälligen Vorliebe zu tun hätte. Wenn ich jedoch an meine Kindheit zurückdenke, erkenne ich, wieviel ich dem Einfluß meines Vaters verdanke. Er verstand wenig von Naturwissenschaften und Mechanik, erzählte mir jedoch liebend gern Geschichten über die historischen Gebäude, an denen wir an unserem Sonntagsspaziergang vorbeikamen. Außerdem fragte er mich auch die Namen der europäischen Länder und ihrer Hauptstädte ab, von denen er selbst schon einige besucht hatte. Wir sprachen auch davon, welche Länder Königreiche, Republiken und Kaiserreiche seien. Kaiserreiche waren die großen Länder.

»Österreich ist also ein großes Land und England ein kleines?« Auf diese Frage lächelte mein Vater nur gequält und erklärte mir, daß es sich nicht immer so verhielte.

Mein Vater hatte eine Handelsschule besucht und als Buchhalter für eine Wiener Firma gearbeitet. Als junger Mann dürfte er recht wohlhabend gewesen sein. Ich habe noch Bilder von ihm, auf denen er in einem eleganten Anzug im Stil der zwanziger Jahre sehr gut aussieht. Aber wie auf so viele andere Familien, hatte sich die Weltwirtschaftskrise der dreißiger Jahre auch auf die unsere ausgewirkt. Als ich ins schulpflichtige Alter kam, lebten wir in sehr bescheidenen Verhältnissen.

Uns fehlte es jedoch niemals an Essen oder den wichtigsten Kleidungsstücken. Meine Mutter war eine sehr gute Köchin und verwöhnte uns mit Gulasch, Wiener Schnitzel, Marillenknödeln und anderen Köstlichkeiten. Sie konnte auch wunderbare Marmeladen einkochen. Zu meinem Geburtstag zauberte sie eine mit Silberkügelchen und Pralinen verzierte Torte. Auf den Märkten jagte sie aber jedem Sonderangebot nach und suchte unablässig nach Stoffresten für meine Kleider.

Unsere Möbel waren Mitteldinger zwischen den massiven, verschnörkelten Stücken von früher und den nüchternen Formen der dreißiger Jahre – eine vereinfachte Version von ersteren, solide und respektierlich, geschmückt mit unzähligen bestickten Tüchern und Zierdecken in allen Formen und Größen, alles Handarbeiten meiner Mutter. Sie war mit dieser Vorstellung von Häuslichkeit aufgewachsen, und ihr Wäschekasten quoll über von Bettzeug, Tischtüchern und Unterröcken, die alle mit sauberer Hohlsaumarbeit verziert waren, für die sie sehr viel Zeit aufgewendet haben mußte.

Trotz oder vielleicht wegen dieser anständigen Ausstattung erinnere ich mich kaum, daß Dinge ersetzt oder neu

gekauft wurden. Meine Mutter trug Jahr um Jahr denselben abgewetzten blauen Mantel. Die einzigen Ferien, an die ich mich erinnern kann, waren hin und wieder ein Tag an der Donau oder ein seltenes Wochenende auf dem Lande.

Aus dem Ausland erreichten uns Katastrophenmeldungen. Die Börse an der New Yorker Wall Street war zusammengebrochen, und einer meiner Onkeln, der nach Amerika ausgewandert war, hatte angeblich sein ganzes Geld verloren. Er starb kurz darauf und ließ eine Witwe mit zwei Kindern zurück. Diese Schicksalsschläge machten jedoch nur einen schwachen Eindruck auf das in Geborgenheit lebende Kind, das ich war.

Meine Eltern stammten nicht aus Wien. Ihre Familien hatten in verschiedenen Teilen von Polen gelebt, die meines Vaters in der Ukraine und die meiner Mutter in der Nähe der tschechischen Grenze. Meine Eltern waren beide Juden, hatten das Leben im polnischen Ghetto jedoch für zu eng befunden und waren auf der Suche nach einer neuen Welt weiter nach Westen gezogen. Ich weiß nicht, welche Anziehungskraft Wien auf sie ausübte – es war sicher kein Paradies, was neue Arbeitsmöglichkeiten betraf. Menschen ähnlichen Ursprungs hatten sich hier jedoch erfolgreich durchgesetzt. Ich nehme an, daß meine Eltern sich deshalb mehr von Wien als von ihrer kleinen Heimatstadt erwarteten. In Wien hatten sie sich nicht im jüdischen Viertel, sondern in einem gemischten Umfeld niedergelassen.

In mancher Beziehung erlebte ich meine frühe Kindheit in Wien als sehr glücklich: Meine Mutter widmete sich mir hingebungsvoll und bot mir die Sicherheit eines wohlgeordneten Alltags. Ihre guten Beziehungen zu Bekannten und Nachbarn erfüllten mich mit einem Gefühl der Wärme und Geborgenheit. Dennoch fehlte mir

irgendetwas Unbestimmbares. Meine Eltern führten kein besonders geselliges Leben, obwohl uns ab und zu Freunde und Nachbarn besuchten. In der Zeit, die zwischen diesen Besuchen lag, verstärkte sich mein Gefühl von Einsamkeit und Isoliertheit. Meinen Eltern mag das anders erschienen sein: Da sie beide großen Familien entstammten, haben sie diese Zurückgezogenheit wohl als einen Vorteil angesehen. Als Einzelkind sehnte ich mich jedoch oft nach neuen Gesichtern und Unterhaltung.

Ich erwähnte schon, daß wir in einen ethnisch gemischten Teil der Stadt gezogen waren: Diese Mischung spiegelte die Vielfalt des Habsburgerreiches wieder, waren in die Gegend doch Tschechen, Polen, Ungarn, Österreicher und Juden gezogen. In der Wohnung rechts von uns lebte eine alte Frau mit einem tschechischen Namen. Ich habe nie gesehen, daß sie mit jemandem redete oder Besuch erhielt. Ihr ganzer Stolz waren die Geranien, die sich an ihrem Wohnzimmerfenster hochrankten und es fast verdeckten. Jeden Tag beobachtete ich sie, wie sie sich über diese Pflanzen bückte und sie mit Hilfe eines schweren Eisenkessels goß. Mir jagte ihre Erscheinung Angst ein. Sie war groß und dick, und jedes Mal wenn ich im Gang an ihr vorüberging, stieß sie kurze Seufzer aus, die überall aus ihrem Körper zu dringen schienen, wie Dampf aus einem undichten Druckkochtopf.

In der Wohnung unter uns lebte ein tschechisches Ehepaar. Der Mann schaute mit seiner schwarzen Augenbinde recht finster drein. Sein Sohn war mein erster Spielgefährte. Die Mutter förderte die Verbindung damals, da ich ihrer Meinung nach »schön sprach« und nicht alle Wortendungen unter den Tisch fallen ließ, wie das im Wiener Dialekt allgemein üblich ist. Wenn ich am Sonntag zu ihnen zur Jause eingeladen war, klemmte sich der Mann eine Geige unter das Kinn, und die Frau zupfte mit einem

Metallring auf ihrer Zitter. Dieses Instrument erfüllte den Raum mit einem schwirrenden, vibrierenden Klang, wie er später als das Harry-Lime-Motiv aus dem Film »Der dritte Mann« bekannt wurde.

Im Stock über uns wohnte ein älterer Mann, ein Junggeselle. Seine Leidenschaft galt Kräutern, die in Glasbehältern auf Stellagen und Kästen gediehen. Ihre Gerüche – süß, herb und aromatisch – überwältigten mich, wenn ich in seine Wohnung trat, um etwas auszurichten, was aber nur selten der Fall war. Dieser alte Mann hatte eine Freundin, die zu ihm auf Besuch kam und mit ihm ihre Lieblingsrezepte für Heiltinkturen und Säfte austauschte. Ich erinnere mich an das bedeutungsvolle Lächeln der Erwachsenen, wenn sie von dieser Herbstromanze sprachen. Diese Beziehung, die später ganz abrupt enden sollte, amüsierte alle Außenstehenden und erfüllte das alte Paar mit einer unschuldigen Freude.

Links von uns lebte eine ungarische Witwe mit ihrer Tochter. Ich sah die Witwe nur selten, aber ihre Tochter, die jung und lebhaft war, besuchte uns ab und zu am Abend. Sie und mein Vater ergingen sich dann in Reminiszenzen über Ungarn, wo mein Vater eine Weile gelebt hatte. Ich sehnte ihre Besuche immer herbei. Vielleicht fühlte sie mein stummes Verlangen nach ihrer Gesellschaft, denn einmal ging sie mit mir in den Schönbrunner Tiergarten, wo ich sie mit Fragen über die Anatomie einiger Tiere in Verlegenheit brachte. Für mich war dieser Ausflug jedoch ein wunderbares Erlebnis, und ich erinnerte mich in freudiger Erregung noch wochenlang daran.

Eine andere Familie blieb mir ebenfalls im Gedächtnis: ein jüdisches Ehepaar mit zwei dunkelhaarigen hübschen Töchtern, die im Erdgeschoß wohnten. Da die jüngere von beiden noch nicht ganz erwachsen war, nahm sie sich Zeit für mich und behandelte mich wie eine jüngere

Schwester. Sie hieß mich meine Augen schließen, um meine langen Wimpern bewundern zu können, oder drehte Locken in meine schnurgeraden Haare. Sie neckte mich und tauschte mit mir Erwachsenengeschichten aus, über die wir dann kicherten. Die ältere Schwester faszinierte mich allerdings noch mehr: Dieses Prachtmädchen hatte schon einen Freund, übernachtete in Hotels und fuhr zum Schiurlaub in die Berge. Ich hatte niemals einen Berg gesehen, geschweige denn war ich je Schi gelaufen. Ich ließ meinen Finger heimlich auf ihrem Wanderstock auf und ab gleiten und hoffte, daß ein Teil des Zaubers auf mich abfärben würde.

Das Leben in dieser kleinen Gemeinschaft verlief eintönig und war nur durch wenige aufregende Ereignisse unterbrochen. Die jüngere Schwester meiner Mutter feierte Hochzeit, und ich erinnere mich undeutlich an eine Zigeunerkapelle, die in dem Restaurant, wo der Empfang stattfand, einen Csárdás spielte. Die Schwester meines Vaters und ihr Mann beschlossen, nach Palästina auszuwandern, und machten auf dem Weg dorthin bei uns Halt. Die Schwägerin meiner Mutter in Belgien hatte ein Kind, das mit einem Fuß in einem Aufzug hängengeblieben war. Auf der Suche nach einem guten Chirurgen kam sie nach Wien und brachte mir eine Puppe mit, die ich heute noch besitze. Einmal fuhr die Budapester Nichte meines Vaters mit dem Schiff nach Wien, um uns zu besuchen, und brachte mir ein Geschenk, das ich seit damals nicht vergessen habe: eine Seidenbluse mit Korallenmuster und einen braunen Faltenrock, der mir zu meiner großen Freude wie angegossen paßte. Die Röcke, die meine Mutter für mich schneiderte, waren normalerweise immer zu lang, da sie davon ausging, daß ich in sie hineinwachsen würde. Ich wollte aber, daß sie mir *jetzt* paßten, und daraus ergaben sich lange Diskussionen. Ich weigerte mich,

sie anzuziehen, und meine Mutter nähte sie widerwillig ein paar Zentimeter hinauf. An dieses Kleidergeschenk meiner Cousine erinnere ich mich besser als an sie selbst – kindliche Selbstverliebtheit, die ich jetzt bedauere.

Im Alter von vier Jahren begann ich mich für Zeitungen zu interessieren. Ich entdeckte, daß die Zeichen auf den Seiten Buchstaben waren, die wie Dinge aussahen, die ich kannte.

»Was ist das für ein Buchstabe, der wie eine Schaukel aussieht?«

»Das ist ein M.«

»Und der, der wie ein halber Laib Brot aussieht?«

»Das ist ein D.«

Sobald ich das Alphabet konnte, buchstabierte ich Wörter, die meine Mutter für mich zusammensetzte. Eines Tages fragte ich sie beim Einkaufen: »Was bedeutet das Wort O-B-S-T?« Sie erklärte mir, daß ich die Laute nur verbinden müßte und sich daraus ein Wort ergeben würde. So fand ich heraus, daß ich das Wort Obst zusammengesetzt hatte. Danach begann ich mehr und mehr selbst zu lesen, und schon wenig später verschlang ich freudig ganze Bücher.

Zu dieser Zeit bestand meine Gefühlswelt hauptsächlich aus Sinneseindrücken. Wenn ich ins Bad stieg, schlug mir die brennende Hitze entgegen. Wenn mir meine Mutter die Nägel schnitt, fühlten sich meine Fingerkuppen wund an, und jedesmal, wenn ich etwas anfaßte, lief mir ein Schauer über den Rücken. Im Winter hatte ich trotz Schnürstiefeln und Handschuhen Frostbeulen. Im Sommer dampften die Gehsteige vor Hitze, und ich zog mir in einem Hinterhof gerne die Schuhe aus und fühlte mich für einen Augenblick wie eines der barfüßigen Gassenkinder, die ich heimlich beneidete. Der Geruch von Ledersitzen in einem Bus überwältigte mich so

sehr, daß mir auch auf der kürzesten Fahrt schlecht wurde und ich lieber zu Fuß ging. Die Farbe auf alten Türen warf sich in Blasen, die ich zu meinem großen Vergnügen zerplatzen lassen konnte. Die Fenster von Geschäften im Stadtinneren täuschten: Sie wölbten sich nach innen, und man konnte sich an sie anlehnen. Gerne spazierte ich auf niederen Mauern und schwang auf Geländern herum.

Die Jahreszeiten unterschieden sich in Wien deutlicher voneinander als in England. Ich erinnere mich, daß der Herbst eine Zeit der zunehmenden Dunkelheit war, unterbrochen vom gespenstischen Glanz des Krampusfestes. Während dieser Zeit funkelte es in den Geschäften nur so vor leuchtend roten, tanzenden Teufeln. Ihre fürchterlichen Schweife rankten sich um die Uhren in den Juwelierfenstern, und ihre böse grinsenden Gesichter lugten unter Armbändern und Ringen hervor. Dann kamen Weihnachten und viele Wochen mit Schnee und Eis. Mit Anbruch des Frühlings änderte sich die Welt deutlich: Im Mai wuchsen zarte Blütenkerzen auf den Kastanienbäumen, und die Bäume im Prater leuchteten in frischestem Grün. Weißer und lila Flieder blühte überall, rankte sich um alte Mauern und stand in abgelegenen Ecken von schattigen Alleen.

Auf die Religion meiner Eltern, die eine solch verhängnisvolle Rolle in meinem Leben spielen sollte, kann ich mit dieser zeitlichen Distanz nur aus ihrem Verhalten schließen, so als ob ich die Größe eines Fahrzeugs an den Spuren abschätzen würde, die es im Schnee hinterläßt. Sie waren beide im orthodoxen jüdischen Glauben erzogen worden, hatten ihre religiösen Praktiken jedoch den Erfordernissen des modernen Lebens angepaßt. Weniger übliche Gebräuche, die ich erst später kennenlernte, hatten sie schon lange aufgegeben. Sie hielten sich auch an keine strikten Essensvorschriften mehr. Meiner Mutter

wäre es zwar nicht eingefallen, mit Schweinefleisch oder Speck zu kochen, aber Rindfleisch kaufte sie doch beim nicht-koscheren Fleischhauer, was ihr die Mißbilligung von strenggläubigen Juden eingebracht hätte.

Meine Eltern feierten allerdings die wichtigsten religiösen Feste wie zum Beispiel Pessach, das zwischen März und April stattfindet. Kurz davor führte meine Mutter einen großen Frühjahrsputz durch und schrubbte jeden Kasten und jede Lade. Dann holte sie die nur für diese Feiertage bestimmten Keramiktöpfe vom Dachboden. Sie füllte diese mit Eiern, Mandeln und Matze, dem ungesäuerten Brot. Die Mandeln und das Eiweiß verarbeitete sie zu Makronen, das Eigelb zu einem leichten, fettfreien Biskuitkuchen. Am Seder-Abend stellte meine Mutter die Symbole des Festes auf den Tisch: hartgekochte Eier in der Schale, als Sinnbild des Lebens, Salzwasser und einen Geflügelknochen; außerdem ein Mus aus Apfel, Nuß und Zimt, um den Mörtel darzustellen, den die Kinder Israels verwendet hatten, als sie als Sklaven des ägyptischen Pharaos Häuser aus Ziegeln bauten, sowie bittere Kräuter, um an die harten Zeiten zu erinnern, die die Kinder Israels durchleben mußten. Speziell zu diesem Anlaß kauften meine Eltern ein paar Flaschen süßen palästinischen Weines und legten ein Gedeck für den Propheten Elias auf, so wie es die Tradition erforderte.

Wenn die ersten Sterne am Himmel standen, begann die Feier mit einer Segnung des Weines und einer hebräischen Lesung der Geschichte über den Auszug aus Ägypten aus einem Buch namens Hagadah. In festgelegten Zeitabständen wurden die verschiedenen symbolischen Speisen um den Tisch gereicht, wir tranken dazu den Wein und aßen das ungesäuerte Brot. Danach folgte eine Mahlzeit, die aus Hühnersuppe mit Matzeknödeln bestand. Irgendwann während des Festes versteckten meine

Eltern ein Stück Matze. Es war die Aufgabe des jüngsten Familienmitgliedes, es zu suchen und eine Belohnung zu fordern. Zum Abschluß des Festes sangen wir einige traditionelle hebräische Lieder aus der Hagadah.

Bei uns fand sich nur eine kleine Gesellschaft ein, da die Familien meiner Eltern über mehrere Länder verstreut waren. Sie bestand aus meiner Familie, der Schwester meiner Mutter, ihrem Mann und später ihrem Kind. Dennoch waren diese Rituale für mich der Höhepunkt eines ansonsten ereignislosen Lebens. Ich durfte ein bißchen Wein trinken und bekam davon rote Wangen. Ich fühlte mich sehr wichtig, wenn ich die vier Fragen aufsagte, die mit der Frage: »Wieso ist diese Nacht anders als alle anderen?« begann, und die dem Brauch nach von der jüngsten Person, die Hebräisch kann, gestellt werden.

Mein Vater hatte sich seine Liebe für das Alte Testament erhalten. An Winterabenden nahm er die große schwarze Bibel aus dem Kasten und las mir daraus vor. Die Geschichten über die Erschaffung der Welt und den Auszug aus Ägypten berührten mich sofort, wenn auch mehr wegen ihrer Dramatik als wegen ihrer Moral. Mit angehaltenem Atem wartete ich darauf, ob Gott Isaak retten würde, so wie jemand zuschaut, wie ein Zug mit rasender Geschwindigkeit auf die an die Schienen gefesselte Heldin zusteuert. Und wenn Joseph seine Brüder beschämte, wenn er ihnen in Ägypten sein wahres Ich enthüllte, weinte ich heiße Tränen des Mitleids und träumte von dem Tag, an dem ich, die ich mich auch manchmal unverstanden fühlte, die Erwachsenen durch meine Tugend und Weisheit in Verlegenheit bringen würde.

In die Synagoge gingen mein Vater und ich zu hohen Feiertagen wie Rosch Haschana, dem jüdischen Neuen Jahr, das im Herbst stattfindet, und im Frühjahr zu Purim,

wo Esthers Geschichte erzählt wird. Beim Gottesdienst zu Purim schloß ich mich gerne den anderen Kindern an, die mit ihren Rasseln jedesmal, wenn der Name des Bösewichts Haman genannt wurde, Lärm machten. Dann wiederum erinnere ich mich, wie ich kleiner Zwerg in meinem besten Mantel dortstand und darauf wartete, daß die Schriftrolle im Triumphzug den Gang hinuntergetragen werde und ich das Ende eines Ornaments berühren und küssen konnte, wie ich es andere tun hatte sehen. Manchmal schaute ich meinen Vater an und sah Tränen in seinen Augenwinkeln. Das verwunderte mich, denn normalerweise weinte er nie. Ich kann mir nur vorstellen, daß er das Totengebet gesprochen hatte: Sein eigener Vater starb, als er noch sehr klein war. Oder die Szene hatte in ihm ein anderes Gefühl erweckt, das ich nicht verstehen konnte.

Meine Mutter begleitete uns zu diesen Anlässen nie. Vielleicht mißfiel ihr die untergeordnete Rolle, die Frauen in der Synagoge spielen – sie sitzen in einer Galerie abseits von den Männern und nehmen wenig Anteil am Gottesdienst. Oder sie fühlte sich in der Gesellschaft der Frauen von strenggläubigen und wohlhabenderen Gemeindemitgliedern nicht wohl. Was immer auch der Grund gewesen sein mag, es war mein Vater, der mich in den Tempel mitnahm.

In einem Zubau der Synagoge befand sich die Schule für den Religionsunterricht. Für diese hegte meine Mutter allerdings ein reges Interesse. Sie stellte mich dem Lehrer vor, führte mich ein, sprach mit den anderen Müttern und benahm sich im großen und ganzen so wie normalerweise auch. Ich bin mir allerdings nicht sicher, wieso ich diese Schule besuchte. Wie gesagt, meine Eltern waren nicht strenggläubig. Ich glaube aber, daß sie mir ein Mindestmaß an Wissen über die Traditionen vermitteln wollten,

mit denen sie aufgewachsen waren. In dieser Schule erfuhren wir jedoch wenig über die Feste des jüdischen Kalenders, sondern lernten modernes Hebräisch. Ich weiß nicht, ob ein zionistischer Hintergedanke bei der Entscheidung meiner Eltern, mich in diesen Unterricht zu schicken, mitgespielt hat. Was immer auch der Grund war, ich mochte meinen Lehrer, einen freundlichen jungen Mann, der, außer daß er gut Hebräisch konnte, auch ein frischgebackener Doktor der Philosophie war. Ich strengte mich an, Vokabeln und Schrift dieser neuen Sprache zu lernen. Ich habe noch immer das Gedicht, das er mir ins Stammbuch schrieb:

Statt Französisch und Klavier
Rate ich, liebe Schülerin, dir:
Lerne deines Volkes Sprache
und Geschichte,
Nur so manches verzichte.

2.
Eine kleine Welt

Bereits in frühen Jahren war mir bewußt, daß ich mich von vielen Nachbarskindern und Schulkameraden unterschied. In meiner kleinen Familie war Weihnachten ein Tag wie jeder andere, für meine Freundin Grete war das Fest jedoch mit viel Freude und Aufregung verbunden. Der Christbaum in ihrem Wohnzimmer entzückte mich, wie es nichts anderes in meinem bisherigen Leben vermocht hatte: Er war mit silbernen Lamettaketten und bunten Kugeln geschmückt, die melodisch klirrten, wenn man sie leicht aneinanderschlug. Auf seiner Spitze thronte eine strahlend schöne Figur.

Im Gegensatz dazu zündete meine Mutter jeden Freitag abend die Kerzen für die Sabbat-Feier an und stellte Wein und Brot auf ein blütenweißes Tuch. Wenn sie mit einem Schal am Kopf den Segen sprach und Gott für diese Pflicht dankte, ließ sie ihre Arme um die Kerzen kreisen. Am Simchat-Thora-Tag, an dem wir feierten, daß Moses die Gesetzestafeln erhalten hatte, gab man uns Kindern Nüsse und kleine Geschenke. Ich erinnere mich, wie ich dann mit einer blau-weißen Fahne um die Synagoge ging und später ein Gedicht auf deutsch von der Kanzel aus aufsagen durfte. Ich war sehr stolz darauf, daß man mich darum gebeten hatte, aber im Grunde meines Herzens hätte ich sehr viel darum gegeben, einen Christbaum wie Grete zu haben, wenngleich ich die Gefühle meiner Eltern niemals mit einer derartigen Bitte verletzt hätte.

Auch andere Dinge in meiner Wiener Umwelt hinterließen starke Eindrücke in mir und beunruhigten mich. Ich konnte sie jedoch nicht in Worte kleiden und vergrub

sie so in meinem Innern. Einmal in der Woche hatten die Kinder mit christlichem Glaubensbekenntnis, die die Mehrzahl der Schüler ausmachten, Religionsunterricht. Ich nahm daran nicht teil, wobei mir nicht klar ist, wer das bestimmte – ob es auf Wunsch meiner Eltern geschah oder ob die Schulbehörden es für gegeben hinnahmen, daß jüdische Kinder nicht zum Religionsunterricht gehen würden. Mir kam niemals in den Sinn, diese Entscheidung zu hinterfragen. Den Priester traf ich für gewöhnlich auf seinem Weg zum Unterricht, wenn ich das Klassenzimmer verlassen mußte. Mich schauderte, wenn ich das näherkommende schlurfende Geräusch seiner schwarzen Schuhe und das Rascheln der Soutane hörte. Er blieb mir als finstere und furchterregende Gestalt im Gedächtnis haften.

In der Nähe unserer Wohnung befand sich auch ein Kloster, das von einer hohen Mauer umgeben war. Einige Straßenfenster waren zugemauert. Das Gebäude wandte der Welt ein äußerst unfreundliches Gesicht zu. Dieser Eindruck verstärkte sich durch die stillen, verhüllten Gestalten, die in dieser Festung ein- und ausgingen, ohne um sich zu sehen. Eines verwirrte mich jedoch: An manchen Tagen öffneten sich die großen Tore für eine Zeitlang, und ein Sonnenstrahl erhellte einen Teil des Hofes. Innen konnte ich manchmal eine Schaukel sehen oder Kinder lachen hören. Führten die Klosterschwestern hinter den dicken Mauern einen Kindergarten? Ich konnte mir aus diesen widersprüchlichen Eindrücken jedenfalls keinen Reim machen.

Manchmal fuhren Leichenwagen auf der Straße vorbei, die von mit schwarzen Federn geschmückten Pferden gezogen wurden. Eine schwarzumrandete Mitteilung wurde dann auf der Tür eines Wohnhauses in der Nachbarschaft angeschlagen. Wenn ich meine Mutter fragte, wieso dies geschah, erklärte sie mir, daß ein Katholik in

einer der Wohnungen verstorben war. Ein weiteres seltsames Rätsel war für mich, daß meine Freundin Grete pro Jahr zwei Feiern zu ihren Ehren beging: ihren Geburtstag und ihren Namenstag. Ich hatte aber nur einen Geburtstag. Meine Mutter sagte mir zwar immer wieder: »Du bist eine Wienerin.« – Aber war ich es wirklich, nur weil ich hier geboren wurde und deutsch sprach?

Ich schloß zuerst Freundschaft mit zwei Buben, da keine gleichaltrigen Mädchen in unserem Haus wohnten. Sie hießen Karl und Walter. Karl war der Bub unter uns, dessen Vater eine schwarze Augenbinde trug, wahrscheinlich, um eine alte Kriegswunde zu bedecken. Walter wohnte im Stockwerk über uns. Manchmal spielte ich mit ihnen im Hof Ball, an kalten Wintertagen aber öfter »Mensch, ärgere dich nicht« oder Domino. Walters Mutter hatte eine Krankheit, die die Erwachsenen Krebs nannten. Nach einer Operation, wahrscheinlich einer Brustamputation, schien es so, als ob es ihr besser ginge, und sie war auch eine Zeitlang wieder wohlauf. Ihre Genesung hielt jedoch nicht lange an, und bald konnte sie das Bett nicht mehr verlassen. Meine Mutter ging mehrmals die Woche hinauf, um mit ihr zu plaudern oder ihr vorzulesen.

Bevor ich zur Schule ging, lief das Leben immer im selben Trott ab: Ich schaute meiner Mutter beim Kochen und Backen zu, ging mit ihr einkaufen oder in den Park oder besuchte ihre Schwester, die im zwanzigsten Bezirk in der Nähe des Donaukanals lebte. Dora war die einzige nahe Verwandte, die in Wien lebte, und wir besuchten sie regelmäßig. Ich ging gern zu meiner Tante, die mir viel Aufmerksamkeit schenkte und mich auf ihrer Nähmaschine Puppenkleider nähen ließ. Als sie mir anvertraute, daß sie selbst ein Kind erwartete, wurde ich sehr eifersüchtig. Doch nur solange, bis ich ihr Baby sah, ein rührendes

kleines Ding mit Narben im Gesicht, die das Ergebnis einer Zangengeburt waren. Als Zeichen dafür, daß ich meinen kleinen Cousin akzeptierte, küßte ich seine kleine Hand und empfand es in den kommenden Monaten als große Ehre, wenn ich ihn in seinem Kinderwagen in den Rosengarten am Donaukanalufer schieben durfte.

Andere Besuche blieben mir als weniger erfreulich in Erinnerung. Einmal besuchten wir eine entfernte Cousine meiner Mutter, deren Tochter eine Rückgratverkrümmung hatte und deshalb ein Korsett tragen mußte. Sie war ein hübsches kleines Ding mit blauen Augen und blonden Stoppellocken. (Mein Haar war, zum Bedauern meiner Mutter, vollkommen glatt.) Dennoch beunruhigte mich dieser Käfig, in dem das Mädchen festsaß. Ich konnte meine Gefühle damals jedoch nicht ausdrücken.

Einen weiteren Besuch statteten wir zwei älteren Verwandten meiner Mutter ab, die in einer dunklen und düster eingerichteten Wohnung lebten und leise und getragen sprachen. Mir waren sie nicht sehr sympathisch, obwohl dieser Besuch meiner Mutter anscheinend Freude bereitete. Noch weniger angenehm verlief eine niemals wiederholte Fahrt in den zweiten Bezirk, in dem viele Juden wohnten. Wir betraten ein Haus, in dem es vor Menschen zu wimmeln schien: dicke Frauen mit komischen Frisuren (ortho doxe Jüdinnen tragen Perücken über ihrem rasierten Kopf) und bärtige Männer in langen schwarzen Kaftanen. Mein Vater und alle anderen Männer, denen ich in meinem Leben begegnet war, waren glattrasiert. Ich kannte daher niemanden mit Bart. Da ich heute niemanden darüber befragen kann, zählt der Zweck dieses Besuches zu einem der vielen ungelösten Rätsel meiner Kindheit.

Obwohl meine Eltern großen Familien entstammten, kannte ich kaum eine andere Tante oder einen Onkel persönlich. Manche schrieben Briefe und besuchten uns ab und

zu, meine beiden Großmütter lernte ich jedoch niemals kennen. (Ihre Männer waren schon lange tot.) Das erscheint seltsam in der heutigen Zeit, wo Reisen von einem Erdteil zu einem anderen gang und gäbe sind, aber die Armut oder das Gewitter, das sich bereits über Europa zusammenbraute, mögen zu dieser Beschränkung beigetragen haben.

*

Es fällt mir schwer, meine Mutter als Person zu beschreiben. Im Geiste schwebt mir noch immer das Bild vor Augen, das durch ein Foto aus dem Jahr 1939 gefestigt wird. Sie war eine kleine, mollige Frau mit einem runden, rosawangigen Gesicht und hieß Paula. Ihr Haar hatte sie zu einem Knoten gesteckt, eine Frisur, die mir immer zu streng erschien. Ich zog ihr oft einige Strähnen ins Gesicht, um ihre Züge weicher erscheinen zu lassen. Sie wirkte immer etwas matronenhaft und konnte sich modische Kleidung weder leisten, noch wollte sie diese wahrscheinlich anziehen, obwohl sie noch nicht einmal vierzig war. Eine andere Verwandte, die ich hin und wieder sah, war eine elegantere Erscheinung. Ich erinnere mich deutlich an ihr gut geschnittenes schwarzes Cape und wünschte, daß meine Mutter diese attraktive Dame nachahmen würde. Meine Mutter hatte unauffällige, wohlgeformte Gesichtszüge, und ich hörte sie manchmal seufzend sagen: »Ich war auch einmal ein hübsches Mädchen.« Dies löste in mir ein vages Unbehagen aus, so als ob ich der Grund ihres Verfalls wäre.

Ich weiß wenig über ihren Charakter, außer daß sie eine »tugendhafte Frau« war, wie es die Bibel nennt. Sie kümmerte sich um meinen Vater und mich mit unablässigem Fleiß, war in allen Angelegenheiten vollkommen ehrlich und freundlich zu den Nachbarn. Sie war geistig wach

und sprachbegabt – neben Deutsch sprach sie zwei slawische Sprachen fließend –, hatte aber wahrscheinlich nur wenig Schulbildung. Ihren Bemerkungen nach zu schließen konnte sie sich ein gutes Urteil über Menschen bilden. Von Zeit zu Zeit legte sie ihre ernste Miene ab und imitierte einen wichtigtuerischen Verwandten oder Bekannten mit absoluter Treffsicherheit.

Ich war die Art von Kind, das endlos Fragen stellt, die sie beantwortete, so gut sie konnte. Ich glaube, daß sie eine sehr zurückhaltende Frau war, das genaue Gegenteil vom Klischee der überschwenglichen jüdischen Mutter, die in Freudensausbrüche verfällt, sich in übertriebenem Lob ergeht oder einen Schwall von wirklichem oder geheucheltem Mitgefühl losläßt. Meine Mutter sprach wie ihre Schwester sehr leise und sanft, und ich nehme an, daß sie einen Großteil ihrer Gefühle für sich behielt. Ich wünsche mir nichts sehnlicher, als daß sie mir über sich selbst, ihre Gedanken und über die Welt, in der sie aufgewachsen war, erzählt hätte. Natürlich war ich damals sehr klein, und sie konnte ihren frühen Tod nicht vorausahnen. Aber rückblickend würde ich meinem Kind alles, was ich weiß, mitteilen, wenn ich mich in einer solchen Lage befände, und keine so schmerzlichen Wissenslücken hinterlassen.

Nach einigen Fotos zu schließen, war mein Vater ein großer, ziemlich gutaussehender Mann, obwohl ich mich erinnere, daß er im fortgeschritteneren Alter graue Schläfen und Kummerfalten hatte. Alle seine Brüder und Schwestern stachen durch eine ungewöhnliche Kombination von tiefliegenden blauen Augen und schwarzem Haar hervor, wie mir meine Tante in Israel, seine jüngste Schwester, erzählte. Sein Gesicht hatte im Gegensatz zu dem meiner Mutter fein ziselierte Züge, hohe Backenknochen, ein spitzes Kinn und eine stark hervortretende Nase. In meinen frühesten Erinnerungen wirft er mich in Richtung Plafond und tollt

mit mir herum. Er war extrovertierter als meine Mutter und brach in schallendes Gelächter aus, wenn ihm die wenigen Besucher, die zu uns kamen, Witze oder Anekdoten erzählten. Meine Tante erinnert sich an ihn als einen lustigen Menschen. »Wenn er ein Zimmer betrat, dann bogen sich die Wände«, drückte sie es aus. Ich lernte diese Seite an ihm allerdings nicht so gut kennen.

Während der Woche sah ich ihn nur kurz am Abend, bevor ich zu Bett ging. Am Sonntag machte er dieses Defizit jedoch wett, indem er mit mir ausging, normalerweise ohne meine Mutter. Ich kann nur vermuten, daß sie genug davon hatte, sich ständig mit mir zu beschäftigen, und ein wenig Zeit für sich selbst benötigte. Mein Vater, der mich weniger sah, vermittelte mir das Gefühl, daß ihm diese Ausflüge Spaß machten. Er führte mich in den Prater, und wir gingen zum Riesenrad, das später ebenfalls durch den »Dritten Mann« international bekannt werden sollte. Wir spazierten auch nach Schönbrunn und stiegen zur Gloriette hinauf, einem von klassischen Säulen getragenen und mit einem riesigen Adler geschmückten Gebäude. Mich beeindruckte der große Vogel, ein Symbol des Glanzes vergangener Tage, über alle Maßen. Dann wieder besuchten wir historische Stätten, wie zum Beispiel die Mauer in der Inneren Stadt, auf der ein von den Türken geworfener Stein hing, eine Erinnerung an die Belagerung, der der tapfere Prinz Eugen ein Ende bereitet hatte. Wir hatten in der Schule ein Lied über ihn gelernt. Manchmal unternahmen wir Ausflüge an die Donau, denen sich meine Mutter anschloß.

Da das erste Kind meiner Eltern, ein Bub, kurz nach seiner Geburt gestorben war, waren sie sehr stolz auf mich und meine altkluge Art. Ich brachte mir das Lesen, wie erwähnt, mehr oder weniger selbst bei. Mein Vater lehrte mich rechnen, so daß ich beim Zählen und Addie-

ren recht flink war, lange bevor ich in die Schule ging. Meine Mutter hatte eine Freundin, deren jüngere Schwester als eine der ersten Frauen die Wiener Universität besuchte. Ich weiß nicht, ob sie sich von mir ähnliches erhoffte, aber ganz deutlich hegte sie ein unverhältnismäßig großes Interesse an meiner Ausbildung, obwohl ich »nur« ein Mädchen war. Sie hielt mich zum Lesen an, und im Alter von sieben Jahren wurde ich in einer Bibliothek eingeschrieben. Meine Zeugnisse wurden immer genau überprüft, im Normalfall mit Freude, da mir das Lernen leichtfiel und ich meistens gute Noten bekam.

Mein Vater kritisierte mich niemals und schimpfte kaum mit mir. Es fiel in den Aufgabenbereich meiner Mutter, mir eine Standpauke zu halten, wenn ich zu weit gegangen war. Sie brachte mir auch Tischmanieren und Grußformeln bei. Diese waren Teil eines ausgeklügelten Zeremoniells, das unterschiedliche Formalitätsgrade aufwies. »Adieu« war eine normale Verabschiedung, »Grüß Gott« schon formeller und »Ich küß' die Hand«, abgekürzt zu »'s die Hand«, am allerförmlichsten. Letztere Grußformel war von einem leichten Kuß auf den Handrücken der Person, von der man sich verabschiedete, und einem Knicks begleitet. Wien war ein Ort, an dem das Leben gemessen und in Ritualen ablief.

Ich hatte meine Eltern sehr gern, obwohl ich manchmal Zorn gegen meine Mutter in mir hochwallen spürte; denn sie war es, die mich bestrafte und bisweilen unweigerlich frustrierte. Im Grunde meines Herzens fühlte ich mich dafür schuldig, daß ich meinen Vater mehr mochte, aber ich bemühte mich, mir das nicht anmerken zu lassen.

Nachdem ich in diesem liebenden, jedoch beschränkten Kreis aufgewachsen war, bedeutete die Schule eine willkommene Abwechslung für mein ruheloses Temperament. Ich mochte das Lernen gern. Unser Stundenplan

sah das Lesen, Rechnen, Schreiben, Singen und Turnen vor, und ich langweilte mich niemals. Einen großen Reiz bedeutete es auch, daß so viele Kinder in die Klasse gingen. Einige Namen von Kollegen gehen mir heute noch nicht aus dem Kopf: Faltynek, ein tschechischer Name, und Teufelholer, ein unglückseliger österreichischer Name. Unsere erste Lehrerin, Frau Gregory, war eine dicke Frau mit violettem Gesicht, ein Drache, der mit lautem Gekrächze sofortigen Gehorsam forderte. Ich blieb von ihrem Zorn meistens verschont. Nur einmal widerfuhr mir die Schande des Eckestehens, da ich bei einer Aufgabe getrödelt hatte. Unsere zweite Lehrerin, Frau Leopoldine Hanner, eine schlanke Frau um die dreißig, sprach sanft mit uns und förderte uns sehr. Ich verehrte sie abgöttisch und tat mein Bestes, um ihr zu gefallen. Sie belohnte mich dadurch, daß sie mir das Amt der »Kastenordnerin« zuteilte. Meine Aufgabe bestand darin, jeden Morgen die Hefte in der Klasse auszuteilen.

Im Gang stand ein Klavier, und wir lernten viele Lieder – Volksweisen und Lieder von Schubert, »Muß i' denn zum Städtele hinaus«, »Heidenröslein« und »Am Brunnen vor dem Tore«. Das waren einige der größten Schätze, die ich aus Österreich mitnahm. Viele Jahre später blieb mir vor Freude der Atem weg, als jemand ein Platte mit Schuberts »Winterreise« spielte und ich erkannte, daß der Liederzyklus einige Lieblingslieder aus meiner Kindheit enthielt.

Jetzt begann ich schon zu verstehen, daß »da draußen« eine große Welt lag. In den Zeitungen berichtete man darüber, was in einem Land namens England geschah. »Krönung« war das Wort, das oft vorkam.

»Worum geht es da?« fragte ich meinen Vater.

»Der König von England wird gekrönt.«

»Wird unser König auch bald gekrönt?« (Ich konnte es mir nie verkneifen, eine zusätzliche Frage zu stellen.)

»Nein, wir haben keinen König.«

»Wieso nicht?«

Ich stellte immer mehr Fragen, bis meinem Vater endlich der Geduldsfaden riß. Nur dunkel erinnere ich mich an Zeitungsbilder von eindrucksvollen Gestalten in langen Roben, gläsernen Kutschen, an Kronen und Tiaras – das Drum und Dran des englischen Königshauses.

*

Kurz danach drangen weniger erfreuliche Nachrichten von »außerhalb« zu mir vor. »Hitler« war nun ein Name, den jeder im Mund führte. Juden schauten grimmig und verschlossen drein, wenn sie von ihm sprachen. Ich erriet, daß er nichts Gutes für uns bedeutete. Mir wurde bewußt, daß er Juden besonders verachtete. Ich fragte mich, warum. Was hatten wir getan? Außer daß ich mich aufgrund der Religion meiner Eltern anders fühlte, hatte sich mir gegenüber niemand je feindselig benommen. Unsere Nachbarn, die Geschäftsleute und meine Lehrer hatten mich so behandelt wie andere auch. Meine Eltern besaßen nur wenig, das ihnen andere neiden hätten können. Sie befolgten die Gesetze und hatten meines Wissens keine persönlichen Feinde. Wieso mochte uns Hitler dann nicht? Ich hatte keine Ahnung, und niemand erklärte mir diesen irrationalen Haß. Vielleicht hätte ich es auch nicht verstanden, wenn sie es mir erklärt hätten. Ich konnte mich jedoch nicht des Gefühls erwehren, daß sich die Stimmung geändert hatte. Der Himmel verdunkelte sich und eine unerklärliche, jedoch allgegenwärtige Bedrohung überschattete mein kindliches Bewußtsein.

Mir wurde klarer, was in der weiten Welt vor sich ging. Der Name »Chamberlain« wurde oft erwähnt, manchmal trat er als Hoffnungsfigur, manchmal als

Stümper auf. Der Name des österreichischen Kanzlers Schuschnigg wurde mir auch zum Begriff. Wie alle Erwachsenen auf der Straße redeten jetzt sogar meine Eltern regelmäßig über Politik. Wir fühlten den Druck aus dem Ausland, so als ob ein Gewitter bevorstünde. Ich fand heraus, daß Österreich durch einen Anschluß an seinen mächtigeren Nachbarn Deutschland bedroht war. Juden steckten ängstlich die Köpfe zusammen, nicht-jüdische Bekannte verliehen der frommen Hoffnung Ausdruck, daß so eine Annektierung nicht passieren würde. Ich erinnere mich, wie die Mutter meiner Freundin Grete in einer theatralischen Geste die Hände zum Himmel streckte, um zum »jüdischen Gott« zu beten, wie sie es ausdrückte, daß er das Land von so einem Schicksal verschonen möge.

Im Radio, das meine Eltern vor kurzem erstanden hatten, vernahm man jetzt die schroff kreischende Stimme des Hasses. Hitlers Tiraden drangen durch den Äther. Dann hinterließen Abkürzungen einen düsteren Eindruck: NSDAP, Nationalsozialistische Deutsche Arbeiterpartei, ein Name, der sich harmlos genug anhörte. Wieso sprachen die Menschen die Abkürzung »Nazi« dann mit so viel Angst aus? Dann noch »Gestapo«, eine Abkürzung für »Geheime Staatspolizei«. Man nahm den Namen nur mit großer Furcht in den Mund. All das war sehr beunruhigend. Ich hörte, daß die Anhänger Hitlers im Stadtinneren aufmarschierten. Mein Vater ging zu einer dieser Versammlungen. Er kam scheinbar optimistisch gestimmt zurück und sagte immer wieder:

»Ja, es sind zwar viele, aber wir sind in der Überzahl.«

Meine Mutter, die sich von dieser naiven Einschätzung der Situation nicht beeindrucken ließ, seufzte nur tief.

Fahnen wurden plötzlich wichtig: Es gab das österreichische Kruckenkreuz, ein Kreuz mit Querbalken, und

das gefürchtete deutsche Hakenkreuz, ein bedrohlich gezacktes, schwarzes Symbol in einem weißen Kreis auf einem roten Banner. In einem Anfall von österreichischem Patriotismus malten einige Bürger das Kruckenkreuz auf die Gehsteige in der Inneren Stadt. Dies hatte schreckliche Folgen. Überall herrschte Spannung und Streit. Dennoch wagte es niemand, den ich kannte, sich zu rühren. Vielleicht teilten viele die Ansicht meines Vaters, daß das Schlimmste nicht passieren würde.

In jenen bedrückenden Wintertagen beging ich meinen achten Geburtstag, der sich von den sorgenfreien Feiern der früheren Jahre deutlich unterschied. Meine Mutter machte mir aber wie gewöhnlich eine Schokoladentorte mit Glasur, auf die sie meinen Namen mit kleinen silbernen Kugeln schrieb. Eine Verwandte, von der ich nicht mehr weiß, in welchem Verhältnis sie zu uns stand, schenkte mir ein Stammbuch. Ihre Tochter, die sich als meine Cousine Mary Erster vorstellte, trug sich als erste ein. Sie schrieb ein kleines Gedicht in Blockschrift und recht ungeraden Zeilen in das Album (man sah gleich, daß sie gerade erst schreiben gelernt hatte).

Lebe glücklich, lebe froh,
wie der Mops im Paletot
und vergiß die Freundschaft nicht
bis der Mops Französisch spricht.
Deine Kusine Mary Erster
2.1.1938

Sie oder jemand anderer hatte das Gedicht mit einem kleinen Hund illustriert. Von ihr selbst blieb mir keinerlei Erinnerung, ich sah sie auch niemals wieder. Das Stammbuch habe ich aber noch heute, es ist mein größter Schatz. Es enthält viele gutgemeinte Ermahnungen, mich mehr anzustrengen, und unanfechtbare Weisheiten – Di-

nosaurier aus einer versunkenen Welt, der eine brutale Machtordnung, die sich keineswegs um solche moralischen Begriffe scherte, den Niedergang bereitet hatte. Eine Seite in diesem Buch kann ich niemals aufschlagen, ohne daß mir Tränen über das Gesicht rinnen. Es sind die Verse, die mein Vater in das Buch schrieb, das einzige Erinnerungsstück, das mir außer einigen Fotos von ihm geblieben ist.

Bald danach hatte ich eine Reihe von Kinderkrankheiten: Mumps, danach Masern, gefolgt von Keuchhusten. Dr. Singer, unser praktischer Arzt, sah, daß ich, normalerweise ein pummeliges und robust aussehendes Kind, sehr dünn und blaß geworden war. Er bestand darauf, an mir eine Behandlung mit ultravioletten Strahlen durchzuführen. Dafür stellte er nichts in Rechnung, da er wußte, daß sich meine Eltern keine weiteren Arzthonorare mehr leisten konnten. Ich erinnere mich, wie ich im roten Lederfauteuil in seinem schick eingerichteten Wartezimmer saß und eine anscheinend wohlhabendere Welt nicht ohne Neid bestaunte. Ihre Privilegien sollten jedoch auch nicht mehr von langer Dauer sein.

Nach meiner Krankheit kehrte ich in die Schule zurück. Ich fühlte mich anfangs noch sehr schwach, kam aber nach und nach wieder zu Kräften. Eines Morgens machte ich mich wie gewöhnlich auf den Schulweg und war sehr überrascht, als ich einige neue Fahnen von der Musikschule wehen sah, an der ich immer vorbeiging. Ich wußte nicht, was das bedeutete, fühlte aber, daß etwas Seltsames passiert war. Die Straßen, auf denen normalerweise Schulkinder dahineilten, waren gähnend leer. War es ein Feiertag? Als ich in der Schule ankam, war mein Klassenzimmer leer und still. Nur meine Lehrerin, Frau Hanner, stand mit geröteten Augen und kummervoller Miene am anderen Ende des Raumes. Ich hatte sie noch

niemals so gesehen. Mich befiel eine schlimme Vorahnung. Sie war überrascht, mich zu sehen, schlug jedoch mit sanfter Besorgnis vor, daß ich vor dem Nachhausegehen meine Milch trinken solle, die uns der Staat zur Verfügung stellte. Ich stürzte das Getränk eilig hinunter. Ein Gefühl der Übelkeit stieg in mir hoch. So schnell wie möglich rannte ich nach Hause.

Dort entdeckte ich, was geschehen war. Wir müssen die einzigen gewesen sein, die an diesem Morgen nicht ihr Radio eingeschaltet hatten. So hatte mich meine Mutter in die Schule geschickt, sie wußte nicht, daß die Hitler-Armee in Österreich einmarschiert war. Unser Land war jetzt angeblich Teil des deutschen Reiches. Der »Anschluß« war vollzogen.

3.

Ein Leben unter dem Hakenkreuz

Das gefürchtete Ereignis war eingetreten und hatte verheerende Folgen. Unsere jüdischen Bekannten standen alle unter Schock. Zu diesem Zeitpunkt gaben sich die Erwachsenen nicht mehr die Mühe, ihre Besorgnis vor mir zu verbergen. Sie verschwiegen mir auch deprimierende Nachrichten nicht mehr: Einige Menschen begingen aus Verzweiflung lieber Selbstmord, als darauf zu warten, was Hitler – nach allem, was man aus Deutschland wußte –, mit ihnen vorhatte. Der Juwelier um die Ecke, zum Beispiel, hatte sich Gerüchten zufolge die Kehle durchgeschnitten und war in einer Blutlache gefunden worden. Ich hatte oft sein Schaufenster bewundert und hätte mir niemals gedacht, daß ihm solch ein Schicksal widerfahren würde. Bis jetzt waren die Einzelheiten über die zunehmende Judenverfolgung vor mir geheimgehalten worden. Da Menschen jedoch solch extreme Maßnahmen ergriffen, wurde mir klar, daß uns Fürchterliches bevorstand.

Ich erinnere mich, daß uns – zumindest die Juden, die ich kannte –, nach diesem Ereignis für kurze Zeit eine gewisse Gefühllosigkeit befiel. Da wir in einiger Entfernung vom Stadtzentrum wohnten, bekamen wir die Naziaufmärsche und Feiern nicht so sehr mit. Doch auch in unserer Gegend breitete sich eine Art Triumphgeist aus. Plötzlich klebten unzählige Hakenkreuze an Reklamewänden. Braunhemden mit Hakenkreuzbinden am Arm tauchten überall wie aus dem Nichts auf. Manchmal erkannte meine Mutter in einer dieser großspurig herumstapfenden Figuren fassungslos einen Nachbarn.

Meine Eltern waren selten ins Kino gegangen und unterließen es jetzt ganz. Deshalb sah ich damals keine Nazi-Propagandafilme. Irgendwie fiel mir jedoch eine Ausgabe des »Stürmer« in die Hände, der sich auf gräßliche Karikaturen von Juden spezialisiert hatte. Ich fand die Bilder von Menschen mit geschwollenen Körpern, zu häßlichen Grimassen verzogenen Gesichtern und monströsen Nasen einfach widerwärtig. Wenn ich mich selbst im Spiegel betrachtete, blickte mir ein gewöhnliches kleines Mädchen mit haselnußbraunen Augen, unauffälligen, ebenmäßigen Gesichtszügen und hellbraunem Haar entgegen, nicht zu groß und nicht zu klein für sein Alter. Hatten die Menschen, die das Heft herausgaben, vielleicht in einen Zerrspiegel im Prater geschaut? Damals verstand ich nicht, daß Haß dieselbe Wirkung haben kann.

Eines Abends saßen mein Vater und ich bei Tisch, während meine Mutter gerade das Nachtmahl auftrug. Wir hatten das Radio eingeschaltet. Auf einmal horchte mein Vater auf.

»Hast du das gehört? Es wird eine Volksabstimmung geben!« rief er meiner Mutter zu, die gerade aus der Küche kam.

»Was ist eine Volksabstimmung?« fragte ich.

»Die Bürger werden darüber abstimmen, ob Österreich ein Teil von Deutschland werden soll.«

»Werden die Leute dann sagen, daß sie die Deutschen nicht wollen? Ziehen sie dann ab?«

Meine Enttäuschung war groß, als ich das Resultat dieser Volksabstimmung ein paar Wochen später aus der Zeitung meines Vaters erfuhr: 99 Prozent hatten für den »Anschluß« gestimmt. Jeder nahm an, daß das Ergebnis manipuliert worden war, doch man konnte nichts dagegen tun. Mein Vater fand etwas Trost in der Tatsache, daß

eine größere Anzahl der Grazer und Linzer gegen die Mehrheit gestimmt hatte. Das wirkte sich jedoch nicht auf den Ausgang aus. Juden war der Urnengang nicht gestattet, und selbst wenn sie wählen hätten dürfen, wären sie eine zu kleine Minderheit gewesen, um das Ergebnis zu beeinflussen.

Bald danach hörten wir von ersten Akten der Aggression: Jene unglückseligen Kruckenkreuze des österreichischen Ständestaates auf den Gehsteigen in der Wiener Innenstadt waren den neuen Machthabern ein Dorn im Auge. Als Gegenmaßnahme trieben die jungen Schwarzhemden jüdische Frauen und alte bärtige Männer zusammen und zwangen sie, auf den Trottoirs zu knien, um diese unerwünschten Zeichen des österreichischen Patriotismus wegzuschrubben. Damals wußte ich nicht, daß diese Aktionen von Hohngelächter und brutalen Ausschreitungen begleitet waren und daß diese Menschen den Gehsteig mit einer Zahnbürste und einer Lauge, die ihre Hände angriff, putzen mußten. Allein die Tatsache, daß die Menschen aus ihren Wohnungen gezerrt wurden und diese Erniedrigung ertragen mußten, jagte mir Angstschauer über den Rücken. Meiner Mutter war dieses Martyrium erspart geblieben. Ich kannte eigentlich niemanden persönlich, der diesen öffentlichen Akt der Demütigung über sich ergehen lassen mußte, aber Berichte darüber drangen in unseren Bezirk vor und trugen zu meiner Verstörung bei.

Nach dem Schockerlebnis »Anschluß« und der ständigen Hetze gegen Juden kam es mir so vor, als ob ich in einem straff gespannten Netz der Feindseligkeit gefangen wäre, das ich nicht gewebt hatte und aus dem ich mich nicht lösen konnte. Daß ich und meine Familie nichts getan hatten, womit wir das verdient hätten, machte die Aussichten nur noch düsterer.

In den Straßen sah man überall uniformierte Männer in

braunen oder schwarzen Hemden mit Hakenkreuzbinden, die aggressiv in ihren Kanonenstiefeln daherkamen. Jede Woche wurden wir von Menschen belästigt, die uns ihre Spendenbüchsen vor die Nase hielten und uns aufforderten, Geld für diese oder jene Nazisache beizusteuern. Armeelastwagen, gesteckt voll mit finster dreinschauenden Schwarzhemden, stießen beim Vorbeifahren bedrohliche Signale aus. Dann wiederum verwandelte sich ein Zähnefletschen in ein Lächeln: Die Lastwagen waren voll mit Geschenken des wohltätigen Führers an die Österreicher. Ein stämmiger SS-Mann stand dann breitbeinig bei der Ladeklappe und grinste schmeichlerisch, wenn er Bananen unters Volk verteilte. Ich wußte instinktiv, daß diese Köstlichkeiten nicht für mich gedacht waren, ballte meine Hände zu einer Faust und entfernte mich unauffällig von der glückseligen Menge.

Auf dem Nachhauseweg fragte ich mich, wieso unsere Nachbarn, die bis vor kurzem noch freundlich zu uns gewesen waren, jetzt auf Distanz gingen und Bekannte, die vor nicht allzu langer Zeit ihren österreichischen Patriotismus lauthals kundgetan hatten, nun mit den neuen Machthabern anscheinend sehr gut zu Rande kamen. Eines Tages traute ich meinen Ohren kaum: Aus der Wohnung unter uns ertönte ganz deutlich das Lied »Heute gehört uns Deutschland, morgen die ganze Welt«, die stolze Hymne der Nazis. Mein Freund Karl klimperte die Melodie begeistert auf seinem Klavier.

Überall hörte man auch Hetzlieder, die meine Glaubensgenossen schlecht machten. Eines davon ging so:

Ein Volk, ein Reich, ein Führer
Schuschnigg wird immer dürrer,
Die Juden immer fetter.
Heil Hitler, unser Retter.

Nun, fetter wurden wir gerade nicht. Wenn man die Fahnen und Banner bei den Militärparaden betrachtete und die schrillen Stimmen Hitlers, Görings und Goebbels' im Radio vernahm, schien es so, als ob ein Orchester auf einen grausamen Höhepunkt zuspielte. Es wurde mir immer klarer, was passieren würde, wenn das Terrorregime seine Aggression gegen die Juden voll ausleben würde.

In weiser Voraussicht hatten einige Juden das Land verlassen, da sie begriffen hatten, was in Deutschland passiert war. Zu ihnen gehörte die jüngste Schwester meines Vaters und ihr Mann, die im Jahr 1933 nach Palästina emigrierten. Aber wie mein Vater sträubte sich die Mehrheit der Juden – trotz aller Bedrohung –, gegen die Vorstellung, ihre Wurzeln in Österreich auszureißen und in die völlige Ungewißheit zu fahren. Sie setzten zu sehr auf die Gemütlichkeit der Österreicher, ein Vertrauen, das sich – was sie betraf –, als vollkommen unbegründet erwies, so falsch wie die Inschrift auf dem Wiener Parlamentsgebäude, die Gerechtigkeit versprach. Jetzt, wo die Grenzen dichtgemacht worden waren, saßen sie fest. Täglich verleumdete sie die Propagandamaschine als unwillkommene Gäste, die dem Land zur Last fielen und alle Probleme in Europa verursacht hätten. Trotz all dem war es ihnen nicht gestattet, das Land zu verlassen. Wo hätten sie auch hingehen können? Kein Land wollte sie aufnehmen. Viele hätten alles dafür gegeben, um nach Amerika auswandern zu können. Die Vereinigten Staaten gaben jedoch eine Einreisequote vor, die viel niedriger war als die Zahl der Tausenden, die um Asyl ansuchten. Eine Bürgschaftserklärung, die ihnen die Einreise nach Amerika gestattete, war der Schlüssel zum Überleben, aber diese waren spärlich gesät. Großbritannien und alle anderen europäischen Länder erlegten Flüchtlingen ebenfalls

strikte Einwanderungsbestimmungen auf. Entkommen konnten nur einige wenige Glückspilze – vor allem die Reichen und die Berühmten.

Nach dem Überfall auf die Tschechoslowakei waren die deutschen Expansionspläne kein leeres Gerede mehr, sondern bedrohliche Wirklichkeit. Kein Land schien mehr sicher. Die Juden, denen eine Emigration nicht gelungen war, schlossen sich zusammen, um sich gegenseitig zu trösten. Unsere kleine Wohnung, die nur selten Besucher gesehen hatte, wurde jetzt zu einem Treffpunkt für Menschen, denen ich niemals zuvor begegnet war. Jeder dieser Besucher klammerte sich an einen anderen Hoffnungsschimmer: Einer konnte auf eine Erfindung verweisen, die ihm die Ausreise ermöglichen sollte; jemand anderer hatte einen Onkel in Manchester oder einen Cousin in China, den man bitten konnte, die große, von den Nazis für sicheres Geleit geforderte Summe auszulegen. Damals war mir die Absurdität des Ganzen nicht bewußt. Jetzt aber ist mir klar, daß all jene, die die Juden Geizhälse nannten, aus diesen unglücklichen Menschen gierig jeden Pfennig herauszogen.

Da alle Bekannten meines Vaters auf Anordnung der Nazis ihren Posten verloren hatten, versuchten sie irgendeiner Arbeit nachzugehen, um ihre Familien über Wasser zu halten. Mein Vater führte Anstreicherarbeiten für Nachbarn aus. Ich erinnere mich an die Schwämme, die er in Temperafarbe tauchte und mit denen er die Wände mit Tüpfelmalerei bedeckte. Einige Männer verdienten ein wenig Geld, indem sie für ihre wohlhabenderen Mitbrüder vor der amerikanischen Botschaft Schlange standen. Das konnte Tage dauern. Andere schaufelten im kalten Winter des Jahres 1938/1939 Schnee. Sie taten alles, um ihre Familien nicht hungern zu lassen.

Als seine neue Einkommensquelle versiegt war, erhielt

mein Vater eine zeitweilige Anstellung in einer Fabrik, in der Apfelsaft in Flaschen gefüllt wurde. Ich sehe ihn heute noch in den kalten Keller gehen, in dem der Saft verarbeitet wurde. Hier standen Maschinen, die die Flüssigkeit in dunkle Flaschen filterten. Der Raum war von einem sauren Geruch erfüllt. Wenn heute jemand eine Flasche Apfelsaft öffnet, bin ich unwillkürlich zurück in den Keller versetzt und sehe meinen Vater die Maschinen bedienen. Ich weiß nicht, was er von einer solchen Hilfsarbeit hielt, denn er beschwerte sich nie. Ich nehme an, daß er froh war, überhaupt etwas gefunden zu haben, das uns unser tägliches Brot einbrachte.

Als es für meinen Vater immer schwieriger wurde, Arbeit zu bekommen, meinte meine Mutter eines Tages:

»Frau Kiwetz hat mir erzählt, daß amerikanische Juden in Wien eine Suppenküche aufgemacht haben. Ich glaube, ich probiere sie einmal aus.«

»Almosen?« fragte mein Vater ärgerlich.

Dennoch überwand meine Mutter am nächsten Tag ihren Stolz. Bewaffnet mit einem großen Topf mit Drehverschluß, gingen wir los, um uns das Gratisessen zu besorgen. Als wir im Gebäude ankamen, wo das Essen verteilt wurde, wies man uns den Weg in einen dunklen Keller, wo wir uns, so kam es mir jedenfalls vor, stundenlang anstellten. Schließlich gelangten wir zu einigen Tischgestellen. Hier wurde eine Gemüsesuppe mit Bohnen aus einem riesigen Metallkessel in die Töpfe und Flaschen der Menschen gefüllt, die geduldig auf die mageren Rationen gewartet hatten. Eine dicke Rabbinersgattin überwachte die Aktion. Schroff schrie sie das Ausschenkpersonal an, das unter ihrem Kommando stand. Als sich ihre füllige Gestalt mit dem erhobenen Schöpflöffel nach hinten lehnte, erschrak ich über die roten Flecken, die ihr Gesicht entstellten. Mein Mutter hingegen schien nichts

aus der Ruhe zu bringen. Sie tratschte mit den Frauen, die um uns herumstanden. Es stellte sich heraus, daß all diese in Bedrängnis geratenen Damen dem Bürgerstand angehörten: Unter ihnen befand sich eine Musiklehrerin, die keine Schüler mehr hatte, die Frau eines Professors, der seinen Posten verloren hatte, und eine Schneiderin, die in der Nähe wohnte. Sie alle waren gezwungen, diese Art von Hilfe anzunehmen.

Wir erfuhren von neuerlichen Gewaltakten. Meine Eltern hatten versucht, diese Nachrichten von mir fernzuhalten, aber ich erfuhr viel aus Gesprächen unter Nachbarn. Einige Männer waren von der gefürchteten SS zusammengetrieben und zu Orten gebracht worden, die sowohl Erzählern wie Zuhörern einen gewaltigen Schrecken einjagten. Sie hießen Dachau und Buchenwald, und nachdem ich im Flüsterton erzählte Geschichten von den Vorkommnissen in den Lagern gehört hatte, liefen mir ebenfalls kalte Schauer über den Rücken. Eine Geschichte blieb mir als besonders gräßlich im Gedächtnis haften: Einige Leute hatten erfahren, daß ihr Mann/Vater/Sohn, der vor seiner Internierung vollkommen gesund gewesen war, im Laufe der Haft gestorben war. Für die Aushändigung seiner Asche, sollten die Angehörigen dann auch noch bezahlen.

Zu dieser Zeit wurde eine Maßnahme eingeführt, die mich persönlich betraf: Einer Verordnung zufolge durften jüdische Kinder nicht mehr gemeinsam mit arischen Kindern unterrichtet werden. Sie mußten deshalb eine separate Schule besuchen. Bis jetzt hatte mich meine Lehrerin als Vorzugsschülerin betrachtet, die sich mit Begeisterung an jede Aufgabe machte. Wie stimmte dies mit der offiziellen Ansicht überein? Da ich mich nicht geändert hatte, war diese Vorverurteilung umso schwerer zu ertragen. Plötzlich war ich von dem Ort, der mir ein sicherer Hafen

gewesen war, von der Lehrerin, die ich gerne gemocht hatte, und von den Kindern, die ich gut kannte, darunter meine Freundin Grete, abgeschnitten. Ich mußte das Schulgebäude jetzt durch einen anderen Eingang betreten, teilte ein Klassenzimmer mit anderen, mir fremden Kindern und wurde von einer angeblich jüdischen Lehrerin unterrichtet. Sie war zwar nett, konnte meiner geliebten Leopoldine Hanner jedoch nicht das Wasser reichen. Zum ersten Mal war ich mit Buben und Mädchen gemeinsam in einer Klasse. Dieses Arrangement erschien mir aber ohnehin nicht dauerhaft. Jeder versuchte, irgendwohin auszuwandern: in die Schweiz, nach Frankreich oder Schweden, Hauptsache so weit weg von den Nazis wie nur irgend möglich. Unsere Lehrerin, Fräulein Streckler, tat so, als ob sie uns unterrichten würde. Ich kann mich jedoch nicht erinnern, daß ich viel bei ihr lernte, obwohl ich noch immer das Heft besitze, das wir verwendeten. Es enthält nicht viel mehr als die Strophen des Lorelei-Liedes.

Zu der Zeit lebten wir bereits im Vorhof zur Hölle und befürchteten jeden Augenblick das Allerschlimmste. Uns schauderte davor, daß die schweren Militärstiefel unsere Treppe hinaufhasten würden und wir mitansehen müßten, wie die SS-Leute einen geliebten Mann, Vater oder Bruder brutal verhafteten. Die Opfer hatten wenig Alternativen. Sie konnten sich verstecken – aber wo und wie lange, bevor man sie entdecken und verraten würde? Jeder Widerstand war zwecklos, da die Schergen des Regimes schwer bewaffnet waren und keinerlei Flehen um Gnade duldeten. Mitleid war für sie ein Fremdwort. Sie schreckten auch nicht davor zurück, die Kinder ihrer Opfer zu fragen, wo sich ihre Väter verborgen hielten. Meine Mutter trichterte mir daher folgendes ein:

»Wenn sie dich fragen, wo dein Vater ist, sagst du, daß du es nicht weißt. Das wirst du sagen, nicht wahr?«

»Ganz sicher«, antwortete ich inbrünstig.

Angesichts dieser Situation war normaler Unterricht unvorstellbar geworden. Dennoch hielt uns die Lehrerin dazu an, unsere Talente im Zeichnen, Gedichteaufsagen und Singen zu üben. Ich erinnere mich noch gut an einen kleinen Buben, der Grünbaum hieß. Er war dünn und nicht sehr groß für sein Alter und hatte braune Haare und einen tieftraurigen Blick. Zu diesem nicht gerade vielversprechenden Äußeren gehörte eine erstaunlich vollkehlige Stimme, die die spannungsgeladene Atmosphäre des Klassenzimmers mit den schönsten Weisen erfüllte. Er sang ein Lied, das ich viele Jahre später als Schumanns Vertonung von Heines »Die Grenadiere« wiedererkannte. Es handelt von zwei Soldaten, die die Niederlage Napoleons beklagen und ihre niemals endenwollende Treue gegenüber ihrem Kaiser bekunden. Einige Teile des Liedes enthalten Anklänge an die Marseillaise. Obwohl das Lied wenig mit unserer Situation zu tun hatte, verlieh ihm der Bub eine so melancholische Note und drückte damit solch unaussprechliches Leid aus, daß mich die Erinnerung daran bis zum heutigen Tag verfolgt.

Furcht und Haß waren jetzt unsere ständigen Begleiter. Wir gingen damit schlafen und wachten wie aus einem Alptraum auf, nur mit dem Unterschied, daß dieser auch während des Tages anhielt. Meine Mutter tat ihr Möglichstes, um mich zu beschützen. Die Ereignisse, die ihr Kummerfalten ins Gesicht gruben, waren mir jedoch nur allzu gewahr. Ein Lichtblick war die unerwartete Freundlichkeit eines Nachbarn, des Mannes der krebskranken Frau, der meine Mutter in ihren letzten Tagen beigestanden war. Er war Koch in einem Wiener Hotel und stellte heimlich Punschkrapfen für uns auf das Fensterbrett am Gang. Soweit glaubte er gehen zu können, um unsere notleidende Familie zu unterstützen.

Ich sah meine alte Freundin Grete nicht wieder, schloß mich aber zwei anderen Mädchen an, die beide Ruth hießen. Ruth Gartner war in meiner Klasse und wohnte um die Ecke. Sie hatte ein schönes Zimmer, in dem viele Shirley-Temple-Bilder hingen, auf denen die Grübchen und Stoppellocken der kleinen Schauspielerin besonders gut hervortraten. Ruth Gartner besaß auch ein Puppenhaus mit einer Batterie, die wirklich Licht spendete, um das sich unser Spiel drehte. Meine andere Freundin, Ruth Aschkenase, war die Tochter einer Frau, die meine Mutter in der Warteschlange vor der Suppenküche kennengelernt hatte. Ihr Vater war Professor gewesen, hatte jedoch wie alle jüdischen Akademiker seine Anstellung verloren. Ich besuchte Ruth oft in ihrer großen Wohnung. Sie war ein charmantes Mädchen mit einem kleinen, nach unten spitz zulaufenden Gesicht, hellen Augen und schweren braunen Zöpfen, die mir beeindruckender erschienen als mein kurzer Bubikopf. Ihre Mutter bestreute die Tomaten, die wir zur Jause aßen, mit Salz – ein neuer Geschmack, an den ich mich erinnere, als wäre es gestern gewesen. Wie in glücklicheren Zeiten spielten wir Domino und Brettspiele.

Außerdem brachte der Turnverein etwas Abwechslung in mein Leben. Wir hatten einen Nachbarn, Herrn Boritz, den ich mochte, weil er mir immer zulächelte und etwas Nettes zu mir sagte. Seine Tochter Adi stand einem zionistischen Club für Kinder vor. Ich lernte dort nicht viel über Zionismus, mir gefielen jedoch die verschiedenen Turnübungen, die mir ein Ventil für meine Energien boten. Ich konnte auf Reckstangen schwingen oder über Böcke springen.

Zu dieser Zeit beschloß meine Mutter, daß ich Englisch lernen sollte, und ging mit mir zu diesem Zweck in unsere Synagoge. Sie schrieb mich in einen Kurs für Erwachsene ein, die sich auf ihre Auswanderung in den englisch-

sprachigen Raum vorbereiteten. Ich weiß nicht mehr, welchen Grund sie mir für diesen Plan nannte. Er muß jedoch so triftig gewesen sein, daß ich beschloß, den Kurs zu besuchen. Ich war das einzige Kind dort. Wir wurden von einer mageren jungen Frau unterrichtet, die wie eine Italienerin aussah und eine sehr forsche Art hatte. Sie schaute mich zweifelnd an, als mich meine Mutter in den Klassenraum führte. »Setz dich hier her, und paß auf!« befahl sie mir.

Sie begann die Stunde mit den Grundregeln der Sprache, mit dem Verb »to be«, das sie auf die Tafel schrieb. Wir mußten es alle lernen, und dann brachte sie uns andere Verben bei und die Namen von einigen Gegenständen im Zimmer. Sie zeigte darauf und fragte:

»That's a window. What is it?«

»A window«, wiederholten wir alle gehorsam im Chor.

Nach einigen Stunden trug sie uns auf, einen Aufsatz zu schreiben. Ich weiß nicht mehr, welches Thema sie uns vorgab, aber mit den wenigen Mitteln, die mir zur Verfügung standen, tat ich mein möglichstes und gab den Aufsatz rechtzeitig ab. Alle Schüler erhielten ihn in der darauffolgenden Woche mit Kommentaren versehen zurück. Auf meinem stand geschrieben: »Alles in allem, generell, nicht zu schlecht.«

Angestachelt durch dieses schwache Lob, beschloß ich, daß ich dieser Frau zeigen würde, wozu ich fähig sei. Sie wäre nicht schlecht erstaunt gewesen, mich zwei Jahre später fließend Englisch reden zu hören.

Ein politisches Ereignis dieser Zeit sollte fürchterliche Folgen für uns alle haben und jede Hoffnung auf ein normales Leben zerstören. Ein junger Jude namens Grünszpan, der die grausame Behandlung seiner Eltern durch die Nazis nicht mitansehen wollte, hatte einen Nazibeamten erschossen. Diese Tat war Anlaß und Vorwand für

eine unbeschreibliche neue Welle von Gewalt und Repressalien. In der Herbstnacht des Jahres 1938, die als »Kristallnacht« in die Geschichte einging, wurden jüdische Geschäfte zerstört und geplündert und orthodoxe alte Männer mit Bärten geschlagen. In jedem Dorf und jeder Stadt brannten Synagogen. Doch das Schlimmste stand noch bevor – in der Nacht kamen die Stiefel die Treppe heraufgestürmt und verhafteten meinen Vater. Meine Mutter und ich konnten es trotz all unseres Bittens und Flehens nicht verhindern. Wir wußten nicht, wohin sie ihn bringen würden und ob er je wiederkommen würde. Am nächsten Morgen entdeckte ich, daß die Väter vieler anderer Schüler ebenfalls festgenommen worden waren. In unserer sonst so gesitteten Klasse brachen Kinder in hysterisches Gelächter aus, diskutierten heftig oder schluchzten nur leise vor sich hin.

Einige Tage später kam mein Vater wieder heim. Zweifellos, um mir weiteres Leid zu ersparen, verriet er mir nicht, welche Torturen er erlitten hatte oder wo sie ihn hingebracht hatten. Erst als ich Jahre später Berichte von Überlebenden las, fand ich heraus, wie die Nazis mit ihren Gefangenen verfahren waren. Äußerlich schien es nicht so, als ob man ihn mißhandelt hätte – sein flotter Gang und sein schelmisches Lächeln waren jedoch verschwunden.

Die SA-Männer hatten auch den alten Mann, der ein Stockwerk über uns wohnte, nicht verschont. Als sie ihn wegzerrten, wiederholte er ständig, daß er kein Jude sei und zum Beweis einen Taufschein vorlegen könne. Seine Bekehrung machte auf die Nazis jedoch keinen Eindruck. Sie ignorierten seine Proteste einfach. Niemand wußte, wo seine arische Freundin zu diesem Zeitpunkt steckte. Den alten Mann sahen wir nicht wieder.

Meine Eltern begannen hektisch über mögliche Fluchtwege zu beratschlagen. Sie dachten daran, die Schwester

meines Vaters in Palästina um die Summe zu bitten, die für eine Ausreise erforderlich war. Als weitere Möglichkeit kam in Betracht, daß meine Mutter als Haushaltshilfe mit mir nach England ginge. Viele Frauen brachten sich dadurch in Sicherheit – sie arbeiteten als Stubenmädchen in Hotels oder bei Privatleuten. Leider wies meine Mutter diesen Vorschlag zurück, nicht aus Stolz, sondern weil wir meinen Vater, dessen Emigrationschancen mit jeder bedrohlichen Woche geringer wurden, zurücklassen hätten müssen. Dann tauchte eine weitere Hoffung auf: Meine Mutter war mit unserem praktischen Arzt in Verbindung. Er erzählte ihr von einer Organisation, die mir später unter dem Namen »Kindertransport« bekannt wurde. Diese brachte Kinder aus Deutschland, Österreich und der Tschechoslowakei ohne ihre Eltern in Jugendwohnheime und zu Pflegeeltern nach England. Unser Dr. Singer hatte meiner Mutter die Adresse eines Londoner Ehepaars gegeben, das bereit war, ein Kind aufzunehmen. Deshalb setzten meine Eltern alle Hebel in Bewegung, um mich in ein paar Monaten nach England zu schicken.

Als sie mich über ihre Entscheidung informierten, war ich am Boden zerstört und brach, wann immer ich daran dachte, in hysterisches Schluchzen aus. Schließlich war ich ihr einziges Kind, ihr Augenstern, und war noch nie von ihnen getrennt gewesen. Wie konnte ich sie jetzt verlassen? Dann begannen sie mich zu überreden: Es sollten nur Ferien sein. Wir wären auf ein Jahr getrennt und würden alle wieder in Palästina zusammenkommen. Ein Jahr bedeutet für eine Neunjährige eine Ewigkeit, und so wie die Dinge standen, schien die Möglichkeit eines Wiedersehens in Palästina so weit entfernt wie das Paradies. Ich ließ mich von diesen Aussichten nicht trösten, erkannte aber bald, daß meine Proteste sinnlos waren. Meine Eltern hatten sich bereits zu diesem Schritt entschlossen.

Es kam mir vor, als ob mich eine überwältigende Kraft in einen Abgrund reißen würde und ich es durch nichts verhindern konnte. Obwohl ich noch sehr jung war, hatte ich erlebt und verstanden, wie sich der Terror in den letzten zwei Jahren immer weiter ausgebreitet hatte. Daher war mir klar, daß meine Eltern keine Wahl gehabt hatten. Mir kam das Ganze auch nicht wie eine Zurückweisung oder Strafe vor. Zwar hätte ich mir damals nicht vorstellen können, welche Mittel die Nazis genau einsetzen würden, um mich bei meinem weiteren Verbleiben in Österreich umzubringen, doch ahnte ich, daß eine schreckliche Katastrophe über uns hereinbrechen würde. Dieses Gefühl verstärkte sich noch von Tag zu Tag, da die aggressiven Hetzparolen gegen uns immer lauter und wir in den grundlegendsten Dingen des Lebens zunehmend eingeschränkt wurden. Unsere Sicherheit war ständig bedroht. Ich verstand, aus welchen Gründen meine Eltern mich vor dieser Situation bewahren wollten, doch daß diese Rettungsaktion eine solch gräßliche Form annehmen sollte, erschien mir wie eine Art von Tod. Das Beste, was ich tun konnte, war so wenig wie möglich daran zu denken.

In der Zwischenzeit hatte mein Vater wieder seine Arbeit verloren. Obwohl meine Mutter eine intelligente Frau war, hatte sie doch keine Ausbildung, um außerhalb des Haushalts zu arbeiten. Um unsere verzweifelte finanzielle Lage zu verbessern, nahm sie eine Stellung als Gesellschafterin bei einer alten Dame an. Sie ging dieser Tätigkeit hauptsächlich nach, während ich in der Schule war, aber ein- oder zweimal kam ich in die Wohnung der Frau mit. Ich sah meiner Mutter zu, wie sie die Dame bediente, sie wusch, ihr die Haare kämmte oder ihr auf einem Tablett ein Essen anrichtete. Das alles war mir vollkommen neu. Ich hatte nicht im Traum daran gedacht, daß meine Mutter jemandem anderen gehören

könnte als mir. Als ich sah, wie sie einem anderen Menschen dieselbe Fürsorge, auf die ich den alleinigen Anspruch zu haben glaubte, zuteil werden ließ, war ich schockiert. Widerwärtig fand ich die Begeisterung, mit der sie anscheinend ihre Pflicht erfüllte. Als sich ihre Schmeicheleien sogar auf das schüttere, auf mich abstoßend wirkende weiße Haar der Dame ergossen, fand ich, daß sie entschieden zu weit ging. Wenn ich heute zurückblicke, erkenne ich, daß ich es als Einzelkind und Mittelpunkt der Familie meiner Mutter sehr verübelte, daß sie sich so bereitwillig um eine andere Person kümmerte. Es kam mir niemals in den Sinn, daß ich eine sehr ungewöhnliche Erziehung genossen hatte, weil mir meine Mutter so lange ihre ungeteilte Aufmerksamkeit schenken hatte können.

Während der Zeit, in der meine Mutter arbeitete, muß sie ein recht ordentliches Gehalt bekommen haben. Wir konnten uns keinen Luxus leisten, doch kaufte sie sich zum ersten Mal seit einigen Jahren einen eleganten neuen Wintermantel und einen Hut. Für mich erstand sie einen kamelhaarfarbenen doppelreihigen Mantel und einen zylinderförmigen roten Hut. Nach den dicken Teppichen, teuren Brokatvorhängen und dickgepolsterten Möbelstücken zu schließen, müssen ihre Dienstgeber wohlhabend gewesen sein. Eines Tages kam meine Mutter ganz weiß vor Schreck nach Hause zurück: Sie erzählte uns, daß sie ein großes Bündel Banknoten gefunden hatte, das ins Sofa gerutscht war. Es war selbstverständlich für sie, das Geld zurückzugeben. Heimlich hatte sie gehofft, daß ihre Ehrlichkeit durch einen Finderlohn belohnt werden würde. Zu ihrer Enttäuschung dankte man ihr jedoch nur in Worten. Ich frage mich heute, ob es ihr je in den Sinn gekommen ist, daß diese Summe unsere Freiheit erkaufen hätte können? Bereute sie ihre impulsive Ehrlichkeit? Ich

werde niemals eine Antwort auf meine Fragen erhalten, denn sie schilderte mir nichts anderes als den Sachverhalt, und so kann ich nur Mutmaßungen darüber anstellen.

Nun nahm ich auch wieder am Englischunterricht teil, den ich unterbrochen hatte. Ich hatte einen triftigen Grund gehabt. Meine Mutter hatte eine weitere Bekannte gefunden, deren Tochter auf ihre Ausreise in die USA wartete. Sie hatte ihren Posten verloren und war jetzt nur allzu bereit, sich die Zeit durch Gratisunterricht zu vertreiben. Sie war ein schlankes, elegantes junges Fräulein mit einem modischen Kurzhaarschnitt und lackierten Fingernägeln. Sie konnte recht passabel Englisch und brachte mir mit Hilfe eines kleinen Buches mit dem Titel »A Hundred Very Short Stories« ein wenig bei. Es waren zumeist heitere Anekdoten. Eine von ihnen handelte von einem Fehler, den jemand bei einer Lieferung von Affen gemacht hatte. Der Witz an der Geschichte war das Mißverständnis bei der Bestellung: statt »four *or* five«, also vier oder fünf Affen, wurden »four *o* five«, also vier null fünf, 405 »grinsende Affen« geliefert. Das Buch enthielt auch ein Gedicht:

There was a little girl
And she had a little curl
Right in the middle of her forehead.

Dieser Vers faszinierte mich, und ich rollte ihn mit einem starken gutturalen Akzent im Mund herum. Ich lernte auf diese Art eine ganze Menge nützlicher Vokabeln.

Als ich einmal bei meiner Lehrerin gerade eine Stunde hatte, hörte ich ein lautes Pochen aus der Wohnung über ihr. Als ich sie nach einer Erklärung fragte, sagte sie mir, daß die Leute über ihr, »echte Arier«, die Wohnung ihrer Familie bald übernehmen würden und deshalb eine inter-

ne Wendeltreppe bauten. Die gegenwärtigen Mieter konnten nichts anderes tun, als mit dem störenden Lärm zu leben, da Juden kein Recht auf Beschwerde hatten. Im Vergleich zu dem, was ärmere Leute ohne Fluchtaussichten durchmachen mußten, war dies noch ein geringes Übel. Mir aber kamen diese Schläge am Plafond wie lautstarke Symbole einer irrationalen Macht vor, die ungebeten in das Leben einzelner gedrungen war und es unwiederbringlich zerstörte.

Im Frühjahr des Jahres 1939 brachte die Schwester meiner Mutter ein zweites Baby zur Welt, ein Ereignis, das zu keinem ungünstigeren Zeitpunkt eintreten hätte können. Ich besuchte meine Tante im Wochenbett und durfte den neuen Erdenbürger sehen, nachdem die Hebamme die Mutter versorgt hatte. Er war ein hübscher kleiner Bub. In den darauffolgenden Wochen durfte ich das Baby wie schon seinen Bruder vier Jahre zuvor im Kinderwagen herumfahren. Wir gingen wieder in den Rosengarten an der Brigittenauer Lände, wo meine Tante wohnte. Ich spielte gern mit ihm, kitzelte seine Zehen und blies Luftblasen auf seinen Bauch. In meinem Album kleben noch immer Bilder von beiden Kindern: Der ältere Bub steckt in einem Anzug, den sich meine Tante für diesen Anlaß ausgeborgt hatte, und sieht aus wie Lord Fauntleroy, die beliebte Kinderbuchfigur. Das Baby, das zu diesem Zeitpunkt schon sechs Monate alt und recht rundlich war, räkelt sich auf einem Teppich und schaut mich mit staunenden Augen an. Meine Mutter sandte mir diese Fotos nach meiner Ankunft in England zu.

Inzwischen wurden uns die Daumenschrauben immer enger gedreht. Die Machthaber erließen ein Gesetz, demzufolge Juden nicht auf Parkbänken sitzen, Sportanlagen benutzen und Vergnügungsorte aufsuchen durften. Der Hitlergruß, den man mit gestreckter Hand leistete, war in

öffentlichen Gebäuden zwingend vorgeschrieben. Praktisch alle Nichtjuden hatten ein Hakenkreuzabzeichen auf ihrem Revers. Ich konnte mir nur schwer vorstellen, was bei Menschen, die ich jahrelang zu kennen geglaubt hatte, solch einen Gesinnungswandel hervorgerufen hatte. Mehr denn je fühlte ich mich ausgeschlossen und diskriminiert. Manchmal stellte ich mir vor, daß ich ein arisches Kind wie alle anderen wäre, das das ersehnte Abzeichen tragen und ein normales Leben führen konnte. Dann wiederum träumte ich von Rache und malte mir aus, daß sich das Blatt wenden würde und die Juden an der Macht und die Nazis die Opfer wären. Ich ersann einige ausgeklügelte Bestrafungsmöglichkeiten für meine Peiniger – die Wirklichkeit sah jedoch ganz anders aus. Wir waren eine kleine, unbewaffnete, schlecht organisierte Minderheit, und der Rest der Welt schenkte unserer Misere keine Beachtung.

Mein Vater versuchte immer wieder, uns durch witzige Vergleiche aufzuheitern. Er sagte etwa:

»Die Juden sind wie Tinte und die Nazis wie Wasser. Wenn man Tinte mit Wasser mischt, wird es schwarz. Wenn man der Tinte Wasser beigibt, bleibt sie immer noch Tinte.«

Ich weiß nicht, ob ich mich von dieser Vorstellung vollkommen überzeugen ließ. Glaubte er, daß wir trotz der lebensbedrohlichen Lage, in der wir uns befanden, überleben würden?

Ein anderes Mal sagte er: »Du kannst es nicht sehen, aber die ausländische Presse fotografiert alle Vorkommnisse in diesem Land. Sie haben Kameras in ihrem Knopfloch versteckt.«

Das mag der Fall gewesen sein. Nach der Hilfe, die uns die Außenwelt zukommen ließ, zu schließen, hätten wir aber ebensogut auf dem Mond leben können.

4.
Ein Flüchtlingskind

Im Frühjahr des Jahres 1939, ungefähr ein Jahr nach dem »Anschluß«, trafen bei uns Briefe von dem englischen Ehepaar ein, das anbot, mich in sein Heim aufzunehmen. Sie legten ein Foto von sich bei – zwei eher kleinwüchsige Leute. Er trug einen Wintermantel und einen Filzhut. Sie wirkte in ihrem Pelzmantel und mit dem breitkrempigen Hut eher pummelig. Beide machten einen gutmütigen und äußerst anständigen Eindruck. Sie erschienen sogar wohlhabend. Dieses Foto lieferte meiner Mutter nur weiteren Zündstoff für ihre Überredungskunst: »Siehst du, dir wird es bei netten Leuten sehr gut gehen.«

Freundlich sahen sie ja aus, und sie drückten auch großes Mitgefühl für die mißliche Lage aus, in der sich meine Eltern befanden, und versicherten ihnen, daß sie gut für mich sorgen würden. Ich bin mir sicher, daß die Entscheidung, mich wegzuschicken, meine Eltern genauso schwer traf wie mich. Ich glaube aber, daß ihnen diese beruhigenden Briefe auch ein wenig Trost spendeten. Meine Mutter lobte diese wunderbaren Leute in den höchsten Tönen: Sie empfänden nicht nur Mitleid, sondern wären auch bereit, tatsächlich zu helfen. Meine Mutter neigte sonst überhaupt nicht zur Übertreibung. Deshalb war ich umso überraschter, als sie sagte: »Ich würde für solche Menschen durchs Feuer gehen!«

Da ich mir einredete, daß es nicht so weit kommen würde, daß ich meine Eltern nie verlassen müßte, erschien mir dies als sehr dick aufgetragen.

*

Mir kam es vor, als ob ich in einer Welt lebte, die um mich herum mit tosendem Lärm gnadenlos zusammenbrach und mich in einen bodenlosen Abgrund riß. Dennoch drehten sich andernorts Räder, um mir eine letzte Fluchtmöglichkeit zu bieten: Ein offizieller Brief traf ein, der mich anwies, mich in einer Ambulanz untersuchen zu lassen. Als meine Mutter und ich dort vorstellig wurden, sagte man ihr, daß sie draußen warten solle. Mich aber führte man in ein Zimmer, in dem schon einige andere Mädchen saßen. Sie waren unterschiedlichen Alters, die jüngsten acht oder neun wie ich und die ältesten schon Jugendliche. Man befahl uns barsch, unseren Oberkörper für die Untersuchung freizumachen. Für Kinder meines Alters war das nichts Besonderes. Den Mädchen, die schon entwickelt waren und bereits Büstenhalter trugen, war es allerdings ganz offensichtlich peinlich, neben vielen anderen entblößt in einer Reihe zu stehen. Für mich war es auch eine neue Erfahrung. Ich wußte zwar, daß Frauen Brüste hatten und Büstenhalter trugen, aber ich war schockiert, Mädchen zu sehen, die nur unwesentlich älter waren als ich und doch schon einen Miniatur-Busen hatten. Hier wie in ähnlichen Situationen respektierte man unser Scham- und Feingefühl keineswegs. Wir mußten den Befehlen gehorchen, ansonsten ... Nach einer kurzen Untersuchung meiner Mundhöhle und meines Brustkorbes durfte ich mich wieder anziehen und zu meiner Mutter zurückgehen. An diesem Tag erkannte ich, daß die Trennung, die ich aus meinen Gedanken zu verbannen versucht hatte, immer näher rückte.

Bücher boten mir die einzige Möglichkeit, aus der furchtbaren Wirklichkeit zu flüchten. Ich verschlang deshalb alles Lesbare, das ich in der Bibliothek oder in Regalen von Freunden vorfand. Zu diesem Zeitpunkt schienen meine Eltern zu sehr abgelenkt, um meinen

Lesestoff zu kontrollieren. Deshalb war alles erlaubt. Ein Buch, an das ich mich erinnere, enthielt eine Sammlung von Geschichten über die jüdische Glaubensgemeinschaft in Polen. In einer Erzählung kam ein Monster namens Golem vor, ein Wesen, das nicht der menschlichen Rasse angehörte. Der Golem erinnerte mich ein wenig an Frankenstein, denn er vermasselte alles, was ihm aufgetragen wurde. Mir jagte dieser Gedanke Schrecken ein, und das nicht nur, weil in meinem eigenem Leben solch chaotische Zustände herrschten. Ein vollkommen anderes Buch entführte mich in eine romantische Welt, wo ein junger Kriegsinvalide trotz seiner Behinderung die Liebe eines bezaubernden Mädchens gewann. Ich konnte mich für dieses Thema sehr erwärmen, entdeckte jedoch keinen Schimmer dieser edlen Gefühle in meiner Umwelt wieder.

In der Zwischenzeit brodelte die Gerüchteküche in der jüdischen Gemeinde Wiens – man raunte, spekulierte, debattierte. Hoffnung und Verzweiflung wechselten einander in atemberaubender Geschwindigkeit ab. Einmal hörte man Schauergeschichten – daß Menschen zusammengetrieben und, nachdem sie sich ihr eigenes Grab schaufeln mußten, erschossen wurden. Dann wieder hörte man Geschichten, in denen Menschlichkeit bewiesen wurde und ein SS-Mann einige kleine Zugeständnisse gemacht hatte. Den Nazis bereitete dieses Katz-und-Maus-Spiel offensichtlich viel Vergnügen.

Auch sonst war die Stimmung in Wien ambivalent: Einerseits hörte man den aggressiven Lärm von in Gleichschritt marschierenden Stiefeln und Kampfparolen, andererseits ertönten sentimentale Lieder voller Wehmut wie »Schön ist die Jugend – sie kommt nicht mehr«.

Im Frühsommer ging überall das Gerücht um, daß man Juden an die österreichische Grenze deportieren würde.

Unter normalen Umständen wäre ein solches Vorhaben ungeheuerlich erschienen. Wir lebten jedoch in einem Ausnahmezustand und wußten wohl, daß man den österreichischen Juden jedes geringste Menschenrecht, das ihnen in der Vergangenheit zugebilligt worden war, absprach. Jede Umsiedlung, dachten einige Leute naiv, wäre besser, als in Wien zu bleiben und der ständig wachsenden Verfolgung ausgesetzt zu sein. Aber an welche Grenze würde man uns schaffen? Meine Eltern waren von der Idee besessen, daß man uns an die ungarische Grenze bringen würde. Mein Vater hatte Verwandte in Budapest, drei Nichten, und wenn wir nur nach Ungarn gelangen könnten, hätten wir vielleicht die Chance, ein normaleres Leben zu führen. In Erwartung dieses Ereignisses sandte meine Mutter ein Paket mit ihrer besten Wäsche nach Ungarn. Es enthielt Tischtücher und Polsterüberzüge mit Hohlsaumarbeit, bestickte Sesselüberzüge, Kreuzstich-Kissen, sowie Unterhemden und Unterröcke mit Applikationsstickerei – alles Handarbeiten meiner Mutter. Ein zweckloses Unterfangen, aber für meine Mutter war wohl alles besser als die erzwungene Untätigkeit. Vielleicht befriedigte diese Handlung – das Verstecken ihrer »Schätze« –, für einige Zeit ihren Hamsterinstinkt. Ich habe nie erfahren, ob dieses Paket sein Ziel erreichte und was mit ihm in der Folge geschah.

Das nächste Ereignis in meinem Leben war so bizarr und grauenhaft, daß ich mich selbst in den Arm zwicken muß, um mich davon zu überzeugen, daß es auch wirklich passiert ist. Wieder jagten Männer in Militärstiefeln unsere Treppe hinauf und nahmen meinen Vater in Gewahrsam. Er war unbewaffnet. Jeder Widerstand gegen die brutalen und schwer bewaffneten Männer hätte ohnedies nichts bewirkt. Meine Mutter, die krank vor Sorge war, fand irgendwie heraus, daß man ihn auf eine Polizei-

station gebracht hatte und deportieren würde. Wohin, konnte uns niemand sagen. Ich erinnere mich nicht mehr, wieso sich meine Mutter einredete, daß er nach Ungarn gebracht werden würde. Vielleicht war es Wunschdenken. Was in der Folge geschah, klingt vollkommen absurd, aber in Wien entbehrten die Dinge schon lange jeder Logik. Soweit ich weiß und mich erinnern kann, beschwor meine Mutter die Behörden, uns auch nach Ungarn zu deportieren und glaubte, daß man ihre Bitte erhört hätte. Am nächsten Tag fanden wir uns an dem Ort ein, wo man uns hinbeordert hatte. Wir hatten beide kleine Taschen mit ein paar Habseligkeiten in den Händen. Als wir ankamen, wurden sie durchsucht und uns abgenommen. Dann wurden wir geradewegs in eine Gefängniszelle gebracht. Bevor wir uns umdrehen konnten, hörten wir die Tür hinter uns ins Schloß fallen.

Es muß schrecklich sein, wenn man wegen eines Verbrechens seine Freiheit einbüßt. Aber um wieviel ärger ist es, wenn man überhaupt nichts verbrochen hat! Meine Mutter und ich schauten uns in der Zelle um. Am oberen Ende einer Mauer erspähten wir ein kleines vergittertes Fenster. An den beiden anderen Wänden standen Betten, auf denen eine grobe Decke lag. Daneben stand ein Sessel. In der Ecke bei der Tür befand sich eine Kloschüssel. Ansonsten gab es in diesem Zimmer nichts außer einem Guckloch in der Tür, durch das man uns von außen beobachtete.

Ich kann bloß mutmaßen, welche Gefühle meine Mutter gehabt haben mag, als sie erkannte, in welcher Situation wir uns befanden, denn Mutter hatte sich gänzlich unter Kontrolle, zweifellos um meine Moral zu stärken. Wir waren von der Außenwelt abgeschnitten und wußten nicht einmal, wieso wir hier festgehalten wurden, wie lange unsere Gefangenschaft dauern würde und welches

Schicksal uns erwartete. Den einzigen Kontakt zu einem anderen Menschen hatten wir, wenn sich die Zellentür kurz auftat und uns eine finster dreinschauende Wärterin das Essen zuschob. Das einzige Zugeständnis, das die Verwaltung machte, bestand in einem Glas Milch für mich wegen meines Alters.

In diesem kleinen Raum saßen wir also fest und hatten kaum Beschäftigungsmöglichkeiten. Wir waren vollkommen auf uns selbst angewiesen. Manchmal frage ich mich, wie Geiseln und Entführungsopfer ihre Tage verbringen, was sie sich ausdenken, um nicht verrückt zu werden oder mit dem Kopf an die Wand zu rennen. Genau das war auch unser Problem.

Wir überstanden die Zeit, indem wir uns verschiedene Aktivitäten ausdachten – alles war interessant, solange es uns nur ablenkte. Wir trugen einander Gedichte vor, wechselten uns mit dem Geschichtenerzählen ab und vertrieben uns die Zeit mit Ratespielen. Einer der wenigen Gegenstände, den wir mit in die Zelle nehmen hatten dürfen, war ein illustrierter Kalender mit einer Karikatur auf jeder Seite gewesen. Wir sponnen die Szenen in den Bildern weiter aus und machten aus ihnen kleine Sketches, die wir uns dann gegenseitig vorspielten. Auf einer Zeichnung war ein Mann mit Hämorrhoiden zu sehen.

»Was sind Hämorrhoiden, Mutti?« fragte ich.

Meine Mutter erklärte es mir, und wir kicherten über die kleinen Possen, die wir erfanden, um nicht in eine Depression zu verfallen.

Für ein anderes Spiel schnitten wir eine kleine Kartonschachtel mit unserem Eßmesser in rechteckige Stücke. Dann zeichneten wir zwei Bilder für jedes Paar darauf: zwei Äpfel, zwei Birnen, zwei Orangen etc. Mit diesen Karten spielten wir Schnipp-Schnapp. Ein Paar bestand

aus »Mutti und Papa«. Wenn diese im Spiel zusammenkamen, erschien mir das als ein Omen, daß wir auch bald wieder vereint sein würden, und einen Augenblick lang klatschte ich freudig in die Hände. Wenn ich jedoch länger über unsere Lage nachdachte, konnte ich nur schwer meine Tränen zurückhalten und meine Angst unterdrücken, daß es – im Gegensatz zum Märchen – für uns kein »Ende gut, alles gut« geben würde.

Wie sehr wir uns auch anstrengten, uns bei Laune zu halten, die Zeit verging doch nur im Schneckentempo. Wir waren schon circa vier Tage da, als in unsere Zelle eine ziemlich wild aussehende Frau kam, die um die dreißig war. Ich bin mir nicht sicher, ob sie wegen eines Verbrechens eingesperrt wurde. Auf jeden Fall war sie keine Jüdin. Wegen ihr mußte ich nun mit meiner Mutter eines der schmalen Betten teilen. Die Frau verbreitete einen unangenehmen Geruch im Raum. Für die Körperpflege erhielten wir täglich eine Schüssel Wasser. Die Frau kam mit meiner Mutter ins Gespräch. Ich konnte nicht viel von dem verstehen, was sie sagte, aber es schien, daß sie ihre Tage hatte und ihre Binde wechseln mußte.

All das war mir neu. Ich wußte noch nicht über die Menstruation Bescheid. Auf meine ständigen Fragen über den immer größer werdenden Bauch meiner Tante Dora vor der Geburt ihres Babys hatte mir meine Mutter erklärt: »Babys wachsen im Bauch ihrer Mami.« Sie sagte mir nicht, wie sie dort hingelangen oder was es bedeutete, eine Periode zu haben. Jetzt waren genauere Ausführungen angebracht, zumindest über die Regel. Ich glaube nicht, daß ich viel davon aufnahm, denn ich war mit meinen Gedanken woanders. Ich wollte wissen, wie lange wir unseren Freiheitsentzug erdulden würden müssen – eine viel wichtigere Frage.

Ungefähr zwei Tage später öffnete sich unsere Zellentür, und man sagte uns, daß wir entlassen würden. Ich werde niemals wissen, was aus dem Plan wurde, uns nach Ungarn zu deportieren. Meine Mutter und ich fielen einander erleichtert in die Arme und verabschiedeten uns von unserer Zellengenossin. Im Büro erhielten wir unsere Sachen zurück. Obwohl meine Mutter versuchte, äußerlich einen ruhigen Eindruck zu vermitteln, war sie aufgeregt und erschöpft zugleich und ließ beim Hinausgehen etwas aus ihrer Tasche fallen. Es war eine hübsche Puderdose aus Glas, die ihr ihr Dienstgeber geschenkt hatte. Sie lag in vielen bunt schillernden Stücken auf dem Steinboden. Meine Mutter hatte dieses Geschenk sehr geschätzt, doch jetzt war es zerstört wie so vieles andere in unserem Leben.

Alles ist relativ. Die Aussichten, denen wir bei unserer Freilassung entgegensahen, waren düster genug, aber zumindest konnten wir den Himmel sehen, auf der Straße gehen und mit einigen Leuten sprechen. Freiheit ist ein Gut, das man nicht genug schätzt, bis man es verliert. Da mein Vater noch immer inhaftiert war, kehrten wir nicht nach Margareten zurück, sondern machten uns auf den Weg zu meiner Tante Dora, die uns in ihrer kleinen Wohnung im zwanzigsten Bezirk aufnahm. Meine Mutter stand ihrer Schwester sehr nahe. Die beiden Frauen müssen einander in den schwierigen Zeiten einigen Trost gespendet haben. Ich tollte auch gern mit meinem Cousin Martin herum und spielte mit Baby Norbert. Sie halfen mir, meine Sorgen für eine Weile zu vergessen.

Es war nun Juni, und ein Brief kam an, der das Datum meiner Abreise nach England festsetzte: Wir hatten uns am 20. Juni spätabends an einem Wiener Bahnhof einzufinden. Wir sollten nur einen kleinen Koffer mit unseren Sachen mitnehmen und beim Abschied keine Szenen

machen. Juden war es offensichtlich nicht einmal mehr gestattet, ihrem Schmerz Ausdruck zu verleihen, wenn sie sich von ihren Lieben trennen mußten.

Die Vorbereitungen für die Reise begannen nun ernst zu werden. Meine Mutter fand einen kleinen Aktenkoffer, den sie bald mit einigen meiner Habseligkeiten gefüllt hatte: Unterwäsche, ein Rock und eine Bluse, ein Kleid und die von mir am meisten geschätzten Besitztümer – die blonde Puppe, die mir meine Tante aus Belgien gebracht hatte, einige Fotos von meinen Eltern, mein Stammbuch und Lieblingsbücher wie die deutsche Ausgabe von den »Märchen aus 1001 Nacht« in Frakturschrift. (Dieses Buch habe ich noch immer.) Meine Mutter kaufte mir ein aufblasbares Kissen, auf dem ich schlafen konnte, denn die Reise würde ja lange dauern. Jede weitere Phase der Reisevorbereitungen kam mir wie ein kleiner Tod vor. Zu diesem Zeitpunkt war ich jedoch zu abgestumpft und schockiert, um ernsthaften Widerstand zu leisten.

Mein Vater war damals offensichtlich noch immer in einem Polizeigefängnis in Wien. Am Tag vor meiner Abreise besuchte ich ihn mit meiner Mutter. Wir warteten in einem kleinen Büro, und schließlich führten ihn zwei Wachen herein. Er sah traurig aus und war unrasiert. Wie sehr unterschied er sich von dem eleganten Mann, den ich in früheren Zeiten gekannt hatte! Ich erinnere mich kaum noch daran, was er zu mir sagte. Was konnte er sagen? Und was konnte ich tun? Über all die Greuel, die uns widerfuhren, schreien oder fluchen? Meine Arme um ihn werfen und mich weigern, ihn zu verlassen? Ich tat nichts dergleichen. Er umarmte mich zärtlich und wünschte mir eine gute Reise. Dann sah ich, wie meine Mutter ihm Geld in die Hand drückte und ihn küßte, bevor er weggeführt wurde. Es war das letzte Mal, daß ich meinen Vater sah.

Ich durchlebte die nächsten Tage wie in einem Trancezustand – nichts schien mir mehr wirklich. Mein Koffer war gepackt, ich verabschiedete mich von meiner Tante und meinen Cousins und versprach, ihnen zu schreiben. Meine Mutter machte mir einige Schinkenbrote, eine seltsame Wahl in Anbetracht der Tatsache, daß Juden kein Schweinefleisch essen sollen. Ich glaube, daß sie zu diesem Zeitpunkt jeden Glauben an den jüdischen Gott verloren hatte und es nicht mehr für wichtig erachtete, ihn zu besänftigen. Oder vielleicht fand sie nur, daß Schinkenbrote einfach eine praktische Reiseverpflegung wären.

An jenem Abend brachte mich meine Mutter zum Bahnhof. Als wir dort ankamen, hatte sich schon eine große Zahl von Kindern mit ihren Eltern versammelt. Ich war erstaunt, als ich sah, daß sich eine Mutter und eine Tochter in den Armen lagen und bitterlich weinten – und dies trotz der strikten Anweisung, Gefühlsausbrüche zu unterlassen. Meine Mutter und ich hielten uns an die Regeln: Wir vergossen keine Träne. Plötzlich öffneten sich die großen Tore am Ende des Wartesaals noch vor dem angegebenen Zeitpunkt, und wir erblickten den abreisefertigen Zug auf dem Bahnsteig. Ich umarmte meine Mutter zum letzten Mal. Schweren Herzens kletterte ich mit meinem kleinen Koffer ins Abteil. Ich trug noch immer den dummen roten Hut, dessen Krempe mir dauernd ins Gesicht schlug. Im Zug saßen Kinder unterschiedlichsten Alters. Ganz widerwillig fand ich mir auch einen Sitz. Plötzlich ging ein allgemeiner Aufschrei durch die Menge, und die Kinder stürmten zu den Fenstern. Den Eltern war streng verboten worden, ihren Kindern auf den Bahnsteig zu folgen, aber einige hatten diese Vorschrift mißachtet und waren aus dem Wartesaal zum Zug gelaufen. Die Kinder, die sie mit Freude erspähten, konnten ihnen ein letztes Mal zum Abschied winken. Ich such-

te das Meer von Gesichtern fieberhaft in der Hoffnung ab, einen letzten Blick von meiner Mutter zu erhaschen, aber sie war nicht mehr da.

Ich muß so erschöpft gewesen sein – es war bereits spät am Abend – und mir muß so schlecht gewesen sein, daß ich wenig Notiz von den anderen Kindern in meinem Abteil nahm. Ich erinnere mich überhaupt nicht mehr daran, wie viele es waren oder wie alt sie waren. Ich weiß nur, daß sich in diesem Teil des Zuges keine Erwachsenen befanden, die uns beschwichtigen oder trösten hätten können, wenn Beschwichtigung oder Trost unter diesen zermürbenden Umständen überhaupt möglich gewesen wären. Dazu kam noch, daß ich selbst unter den günstigsten Umständen das Reisen sehr schlecht vertrug, da mir in jedem sich bewegenden Fahrzeug übel wurde. Das war auch der Grund, warum mein Vater ausgedehnte Spaziergänge durch Wien mit mir unternahm und dabei tunlichst auf die Benützung von Verkehrsmitteln verzichtete. Jetzt hatte ich alle Mühe, mein Abendessen, das ich einige Stunden zuvor zu mir genommen hatte, nicht zu erbrechen. So blies ich mein Luftkissen auf, das letzte Andenken an die zärtliche Fürsorge meiner Mutter, und döste wohl mit meinem Kopf gegen die Polsterung des Abteils gelehnt für einige Zeit weg.

Am nächsten Morgen erhaschte ich flüchtige Blicke auf eine hübsche Landschaft und einen breiten Fluß mit grünen Ufern, den die älteren Kinder, die jetzt wach waren und lebhaft durcheinanderplapperten, als den Rhein erkannten. Einmal stürmten alle zum Fenster, um den Felsen der Lorelei zu sehen. Wir hatten alle das Lied der Lorelei gelernt – der Zauberin, die der Sage zufolge verliebte Matrosen in den Tod am Felsen lockt. Dort hatte sie also ihr Unwesen getrieben! Für eine Zeitlang lenkte uns diese Geschichte von dem größeren Frevel ab, der an

uns begangen wurde. Einige der älteren Kinder begannen über ihr Reiseziel zu sprechen.

»Ich fahre in eine Stadt, die Manchester heißt!« oder:

»Ich fahre ganz nach Norden in die Nähe von Schottland!«

»Wohin fährst du?

»Nach Bow«, antwortete ich. »Das ist ein sehr schöner Teil von London.«

Nun, dies war mir zumindest gesagt worden. Wieso sollte ich es also nicht glauben?

*

Ich erinnere mich nur an wenige Einzelheiten der Reise, vor allem, daß sie lange dauerte und daß ich keine Ahnung hatte, in welche Richtung wir fuhren. Andere ehemalige Flüchtlinge haben die Erleichterung beschrieben, die sie empfanden, als sie Deutschland verließen und nicht mehr der allgegenwärtigen Bedrohung durch die SS ausgesetzt waren. Sie schilderten, wie froh sie waren, die Grenze in die freundlich gesinnten Niederlande zu überqueren, wo sie die Holländer offensichtlich willkommen hießen.

»Wir wurden von der Menschheit in die Menschlichkeit zurückgeholt«, schrieb eine Autorin. All dies ging unbemerkt an mir vorüber. Ich war entweder zu jung, oder mir war zu schlecht, um es schätzen zu können.

Woran ich mich allerdings erinnere, ist, daß wir ein riesiges Schiff bestiegen, das weitaus größer war als jenes, auf dem ich auf der Donau nach Budapest gefahren war, um Verwandte zu besuchen. Bald wurde es wieder Nacht. Zu diesem Zeitpunkt hatte ich die Übersicht über die Tage vollkommen verloren. Ich fand mich in einer Kabine mit Kojen und Bullaugen wieder. In dem Augenblick

erfaßte ich, daß die schlingernde Bewegung des Schiffes für mich weitaus schlimmer war als das rhythmische Rütteln des Zuges. Dennoch und trotz der seltsamen Umgebung schlief ich dann unruhig ein. Als ich aufwachte, war der Morgen angebrochen. Irgendwer muß uns wohl die Anweisung gegeben haben, eine wackelige Treppe in den Eßsaal hinaufzuklettern, wo weiß gedeckte Tischreihen für uns bereitstanden und uns ein Frühstück serviert wurde. Da sah ich zum ersten Mal die kleinen englischen Zuckerwürfel. In Wien waren sie größer gewesen. Da ich fälschlicherweise annahm, daß ich die Zahl der Stücke verdoppeln oder verdreifachen mußte, um den Größenunterschied auszugleichen, war mein Getränk so süß, daß sich meine bereits starke Übelkeit noch vergrößerte. Meine Schinkenbrote, die ich kaum angerührt hatte, schimmelten in der Zwischenzeit in meinem Essensbeutel in der Kabine vor sich hin.

Etwas später stiegen wir nochmals um, diesmal vom Schiff in einen Zug, der auf dem Kai auf uns wartete. Ich begriff jetzt vage, daß ich in England war, hatte aber immer noch keine Ahnung, in welche Richtung wir fuhren. Es sollten Jahre vergehen, bis ich mir ein Bild davon machte, daß wir von Wien aus nach Norden gefahren waren, entlang des Rheins und dann nach Hoek van Holland. Von dort hatten wir die Nordsee nach Harwich überquert. Jetzt wurde unser Gepäck von Männern mit komischen Stimmen in den Zug verladen. Sie trugen dunkle Schirmkappen mit den Buchstaben LNER. Ich war wirklich in einem fremden Land! Ich probierte mein Englisch an einem dieser Männer aus. Als ich meine Lehrerin gefragt hatte, was Koffer auf englisch heißt, hatte sie mir »trunk« geantwortet. Da sie aus einer reichen Familie stammte, beschrieb »ein Schrankkoffer« ihr Gepäck sicherlich treffend. Aber wie ich so dastand, meine kleine

Aktentasche pathetisch in der Hand hielt und den Träger mit meinem gutturalen Akzent fragte, »Wo kann ich meinen Schrankkoffer hinstellen?« schaute er mich nur an, als ob ich nicht ganz richtig im Kopf wäre.

Der folgende Reiseabschnitt war wesentlich kürzer. Schließlich kamen wir in einem riesigen Bahnhof an. Ich war zu diesem Zeitpunkt endgültig verwirrt und hatte meine Orientierung verloren. Dunkel erinnere ich mich, daß ich in einen geräumigen Saal geführt wurde, wo mich jene Menschen treffen sollten, die für mein zukünftiges Wohl verantwortlich sein würden. Ich muß dort eine Zeitlang gesessen sein. Mein roter Hut rutschte mir ins Gesicht, und mein Kopf sank vor Erschöpfung nach vorne. Schließlich hörte ich jemanden meinen Namen rufen.

»Martha Immerdauer!«

Ich stolperte vorwärts, geradewegs in die Arme einer kleinen, stämmigen Frau mittleren Alters, die mich bei meinem Vornamen nannte. Ich nickte nur, als ob ich sagen wollte: »Ja, das bin ich.«

Sie nahm mein schmales Gepäck in die Hand – die Brote hatte ich schon lange vorher weggeworfen. Ich bemerkte, daß sie eine Begleiterin hatte, eine größere junge Frau. Meine Ziehmutter und sie steuerten mit mir auf einen Ausgang zu, um mich in mein neues Heim zu führen. Ich erinnere mich lebhaft an zwei Dinge, die während dieser Fahrt passierten. Die große Frau stieß einen Kummerschrei aus: Sie hatte sich eine Laufmasche in ihren besten Seidenstrümpfen geholt, und es war sehr teuer, diese zu ersetzen. Diese Katastrophe erschütterte sie wirklich, und sie sorgte dafür, daß wir das auch mitbekamen. Dann mußten die Damen noch mit meiner Reisekrankheit fertig werden – der Übelkeit, die mich in jedem Fortbewegungsmittel überfiel. Mir war in dem Bus, in den wir einstiegen, schlecht und in der U-Bahn, in die wir

schließlich umstiegen. Meine Ziehmutter war so besorgt, mich wohlbehalten in ihr Heim zu bringen, daß sie für den Rest der Fahrt ein Taxi nahm. Ihre Begleiterin hatte sich irgendwann in Luft aufgelöst, um ihre Laufmasche im Schoß ihrer Familie zu beweinen.

5.
Menschen und Plätze im Londoner East End

Da ich Fotos von meiner Ziehmutter im Pelzmantel gesehen hatte, erwartete ich, daß sie, wenn schon nicht in einem imposanten, dann doch in einem ansehlichen Haus leben würde. Soweit mir mein Magen ein erstes Urteil erlaubte, stellte sich mir mein neues Heim aber als ein niedriges, rußgeschwärztes Haus in einer Reihe ähnlicher Gebäude vor. Alle hatten Eisengeländer, seltsame, sich nach außen wölbende Fenster und Stufen, die in ein Untergeschoß führten. Ich hatte geglaubt, daß mir ein Dienstmädchen die Tür aufmachen würde, aber im Gang hallten nur unsere eigenen Schritte gespenstisch wider.

Meine Ziehmutter führte mich ins Haus und fragte mich auf Jiddisch, was ich denn tun wolle. Ich verstand sie, weil dies ja eine alte Form des Deutschen ist. »Schlafen«, antwortete ich kurz und bündig.

Daraufhin führte sie mich eine Treppe hinauf in ein spärlich eingerichtetes Zimmer, in dem ein Bett für mich gerichtet war. Sie zeigte auf den Nachttopf, den ich verwenden sollte, da es oben keine Toilette gab. Vor solch einer unfeinen Intimität schreckte ich zurück, da ich, was meine Körperfunktionen betraf, ausgesprochen schamhaft war. Jedenfalls muß ich dann bald in einen tiefen Schlaf gefallen sein.

Am nächsten Morgen weckte mich die Sommersonne und strahlte mir ins Gesicht. Es war nun der 23. Juni. Drei Tage waren seit meiner Abreise aus Wien vergangen. Als ich das mir unvertraute Zimmer ansah – einen Kleider-

schrank mit Einlegearbeit und einen dazupassenden Spiegel, eine Nähmaschine in der einen Ecke und ein Bett, das ganz anders aussah als das schmale, weißlackierte, in dem ich zu Hause geschlafen hatte –, wurde mir mit einem Schlag bewußt, was mit mir geschehen war. Im Alter von neun Jahren war ich allein in einem fremden Haus in einem fremden Land, in dem eine fremde Sprache gesprochen wurde, und, was am schlimmsten war, getrennt von den Eltern, die ich innig liebte und womöglich niemals wiedersehen würde. Ich brach in einen Schwall von Tränen aus. In diesem Zustand fand mich meine Ziehmutter vor, die ihr Möglichstes tat, um mich zu trösten.

Sie führte mich in die Küche, einen kleinen, netten Raum mit hübschen graublauen Vorhängen und einem großen Tisch. Ich setzte mich zu einem Frühstück mit Bananen in Obers und englischem Tee mit Milch. Beides war mir fremd. Ich fand diese Mahlzeit jedoch recht gut und paßte diesmal auf, nicht zu viele Zuckerstücke zu nehmen. Meine Ziehmutter bestand darauf, daß ich sie »Tante« und nicht »Mutter« nennen sollte, da meine eigene Mutter ja woanders lebte. Was mag wohl diese Mutter empfunden haben, als sie vom Bahnhof den Nachhauseweg antrat? Ich hoffe, daß ihre Schwester, bei der sie jetzt wohnte, ihr ein wenig Trost gespendet hat.

Meine Tante führte mich nach dem Frühstück durchs Haus. Wie ich später herausfinden sollte, befand ich mich in einem viktorianischen Reihenhaus, das sie und ihr Mann gemietet hatten. Den Keller hatten sie untervermietet. Im oberen Stockwerk befanden sich zwei Schlafzimmer. Das größere war mit massiven Walnußmöbeln eingerichtet. Da gab es einen großen Kleiderkasten, eine Kommode mit Aufsatz, einen Drehspiegel, einen Toilettentisch, dessen Oberfläche mit Nippes aus Glas bedeckt war, und ein großes Doppelbett, wie ich es noch nie

gesehen hatte. Vor den Fenstern hingen malvenfarbene Vorhänge. Auf dem Boden lag ein Teppich in derselben Farbe. Eine ebenfalls malvenfarbene Decke war über das Bett gebreitet. Das zweite Schlafzimmer, das ich bereits beschrieben habe, war weniger eindrucksvoll und enthielt ältere Möbel. Toilette gab es in diesem Stockwerk keine.

Im Vorderteil des unteren Geschoßes befanden sich zwei Gesellschaftszimmer, wie sie großartig hießen. Sie waren eher klein, durch Schiebetüren getrennt und mit übermäßig großen Mahagonimöbeln ausgestattet. Ein ovaler Eßtisch auf geschwungenen Beinen mit dazupassenden schweren Sesseln und eine massive Anrichte im Queen-Anne-Stil mit einem Spiegel standen in dem einen Teil. Der andere Teil war mit tiefen Ladenkästen, auf dem zwei riesige Vasen und zwei Porzellantänzerinnen mit geschwungen Röcken standen, bestückt. Eine dreiteilige Sitzgarnitur mit Lederüberzug, ein japanischer Grammophonschrank, ein poliertes Kamingitter und Schürhaken, sowie samtene Vorhänge, die durch einen weißen Netzvorhang mit Troddelsaum abgetrennt waren, rundeten die Einrichtung ab. In beiden Zimmern bedeckte ein Teppich die Böden aus poliertem Linoleum.

Ich fand bald heraus, daß diese vornehm eingerichteten Zimmer nur für besondere Anläße benutzt wurden. In der Küche lebten und aßen wir und unterhielten uns die meiste Zeit. Wir saßen dort auf harten, geraden Stühlen um den Tisch, der den Mittelpunkt des Hauses darstellte. In der jüngsten Vergangenheit war das Allerheiligste – einer der Gesellschaftsräume –, durch die Ankunft eines jungen Mannes entweiht worden. Er war ein Flüchtling aus Berlin, den meine Zieheltern aufgenommen hatten, solange sie auf mich warteten. Er war schon länger als abgemacht geblieben und hatte sich nun auf der Bettbank im vorde-

ren Zimmer eingerichtet. Meiner Tante erschien dies als großes Zugeständnis.

Der Rest des Hauses bestand aus drei Kellerräumen. Um von unserem Teil des Hauses nach unten zu gelangen, mußte man eine dunkle und steile Treppe von der Küche hinabsteigen. Sie mündete in einen stets finsteren Gang. Danach führte eine Tür in das Klo, eine kleine Hütte im Hintergarten. Bevor man hinunterging, riß man einige Stück Toilettepapier von einer Rolle ab, die oben aufbewahrt wurde. Meine Zieheltern trichterten mir ein, daß jeder übermäßige Gebrauch dieses Papiers Verschwendung wäre. In diesem Schattenreich lebte eine junge Familie – eine sehr junge Frau, die ihre glatten Haare mit einer Brennschere in Locken legte, ihr Mann, der in der Landwehr diente und ein Motorrad fuhr, und ihr blasser Sohn. Vielleicht war diese Kellerwohnung für sie das Sprungbrett in eine besser Zukunft. Mich schauderte es jedoch jedes Mal, wenn ich ins Untergeschoß mußte.

Am zweiten Abend lernte ich meinen Ziehvater kennen. Ich hatte ihn am Abend meiner Ankunft verpaßt, da ich schon schlief, als er von der Arbeit nach Hause kam. Er war ein kleiner, dünner, sanftmütiger Mann mit einem verschmitzten Lächeln um die Lippen. Seine blaßblauen Augen, sein schütteres braunes Haar und seine geradlinigen Züge ließen ihn viel weniger jüdisch aussehen als seine Frau. Sie stammten beide aus Polen, sie aus Płock, einer Kleinstadt bei Warschau, und er aus einem Dorf in der Nähe der ostpreußischen Grenze, weshalb er auch ein wenig Deutsch konnte. Beide waren vor dem Ersten Weltkrieg nach England ausgewandert. Wie viele ihrer Landsleute hatten sie Polen aus gutem Grund verlassen – der im Land grassierende Antisemitismus machte den Juden das Leben schwer und veranlaßte die wagemutige-

ren unter ihnen, in der Fremde ein besseres Auslangen zu suchen.

Da mein Ziehvater seine Eltern in jungen Jahren verloren hatte, war er allein nach England gekommen. In London lernte er seine Frau kennen. Bevor er sich zu einem Berufswechsel entschloß, hatte er viele Jahre lang als Schneider in einem Ausbeuterbetrieb im East End gearbeitet. Auf Touren mit seinem Fahrrad prägte er sich das Londoner Straßennetz genauestens ein, wie es für die Taxifahrer der Stadt unbedingt erforderlich ist und bestand daher auch die entsprechende Prüfung. Die solide Basis, auf der das Heim meiner Zieheltern stand, war ein höheres Gehalt und eine größere Unabhängigkeit.

Ich habe ihn als einen einfachen, liebenswerten Mann in Erinnerung. Er sprach mehrere Sprachen – Englisch, Polnisch, Jiddisch und etwas Deutsch –, war aber eher wortkarg. Trotz seines begrenzten Horizonts – weder er noch seine Frau hatten in Polen die Schule besucht – konnte man sich voll auf ihn verlassen. Er war immer fröhlich und unterhielt jede Gesellschaft. Mein Ziehvater hatte ein paar Paradewitze auf Lager. Wenn ihn jemand fragte: »Wollen Sie noch eine Tasse Tee?« antwortete er: »Nein danke, ich möchte noch mehr Tee in derselben Tasse.« Mit solchen harmlosen Späßchen heiterte er seine Umgebung auf und hielt uns bei Laune.

Ich sah ihn nur ein einziges Mal richtig wütend, als wir wieder einmal von einer Greueltat der Nazis erfuhren. »Schweine!« schrie er und stocherte mit der Gabel wild in seinem Abendessen herum. Mir gegenüber war er immer geduldig und warmherzig. Ich habe keine Ahnung, wieviel er von der Kompliziertheit meiner Situation verstand. Sein großes Herz war jedoch ein Schutzschild gegen eine verrohte Welt.

Er hieß Woolf, aber meine Tante nannte ihn »Willie«,

was von manchen Engländern zu »Will« abgekürzt wurde. Sein Familienname war »Greensztein,« eine Mischung aus Deutsch und Englisch mit einem aufdringlichen polnischen »z« in der Mitte. Dieser Name spiegelte die komplexe Identität eines Mannes wider, der wie viele andere Juden mit mehreren Kulturen und sprachlichen Traditionen aufgewachsen war. Später kürzte er seinen Namen zu »Green« ab, aber der amtliche Name blieb weiterhin »Greensztein«.

Während der Woche kam er mit einer alten Schirmmütze am Kopf von der Arbeit nach Hause. Vom Revers seiner Jacke, die er die meiste Zeit trug, um sich im Auto vor der Zugluft zu schützen, baumelte seine Taxifahrermarke. Ich hatte keine Vorstellung von dem Streß und den schwierigen Situationen, denen er im Londoner Verkehr ausgeliefert war. Wenn er sich über seine Müdigkeit beklagte, sagte ich in kindlichem Unwissen: »Aber du sitzt den ganzen Tag ja nur in deinem Taxi!« Seine Zurechtweisungen fielen, wenn überhaupt, stets nur sehr milde aus.

Am Freitag vollzog sich ein Wandel im Haus. Mein Ziehvater hörte normalerweise früher mit der Arbeit auf, wusch sich in einer öffentlichen Badeanstalt und schlüpfte von seiner Arbeitskleidung in den dunklen Anzug. Meine Tante breitete dann für das traditionelle Sabbatmahl, das aus Hühnersuppe mit Nudeln, gedünstetem Huhn mit Kartoffeln, Gemüse und einem Kompott bestand, ein gebügeltes Damasttuch über den Tisch aus. Vor dem Essen entzündete sie zwei weiße Kerzen in großen Messingständern und sprach wie meine Mutter den Segen. Danach tranken mein Onkel und ich immer zwei vollkommen verschiedene Getränke – er ein Glas von seinem Lieblingsbier und ich eine Limonade. Diese Rituale hatten etwas ungeheuer Beruhigendes an sich.

Obwohl das Haus meiner Tante nicht so groß war, wie

ich es mir vorgestellt hatte, faszinierten mich einige ihrer modernen Gebrauchsgegenstände. Sie besaß ein elektrisches Bügeleisen (meine Mutter hatte nur ein gasbetriebenes), einen elektrischen Ofen, der jedoch nur selten, im Winter, benutzt wurde, und einen Staubsauger. (Meine Mutter schlug ihre Teppiche normalerweise mit einem Teppichklopfer, dem »Pracker«, auf einer Klopfstange im Hinterhof so fest, daß Staubwolken herumwirbelten.) Meine Tante mag zwar nicht gebildet gewesen sein, unterhielt jedoch ein aktives Gesellschaftsleben, so daß uns oft Leute besuchen kamen. Außerdem boten ihr Tätigkeiten außer Haus, wie zum Beispiel das Bleichen der Eingangsstufen mit einem speziellen Pulver, Gelegenheit, mit den Nachbarn in Kleiderschürze, Hausschuhen und Lockenwicklerturban zu plaudern. Eines der eindrucksvollsten Erlebnisse war für mich die Ankunft des Milchmannes, der mit seinem Wagen Flaschen aus Kisten austeilte. Wenn er die Milch auf unsere Türstufe stellte, trottete sein Pferd einfach unaufgefordert zum nächsten Haus weiter. Wenn die Frauen tratschten, der Ruf des Milchmannes erschallte, der Fetzentandler seine Glocke anschlug oder der Scherenschleifer seine Dienste lauthals anbot, war diese kleine Querstraße zur Bow Road von regem Leben erfüllt.

Ich hatte wenig Kleidung mitgebracht. Meine Tante führte mich deshalb zum örtlichen Markt und kaufte mir zwei Sommerkleider, einen Blazer mit Silberknöpfen und ein Haarband mit Schottenmuster. Ich war auf diese Errungenschaften sehr stolz und erinnere mich, wie ich sie meiner Mutter in einem Brief beschrieb. In Beantwortung ihrer besorgten Fragen bezüglich meines Gesundheitszustandes und meines Wohlergehens malte ich ihr ein rosiges Bild. Vielleicht hellten diese Briefe ihr trauriges Schicksal etwas auf. Sie boten mir Gelegenheit, mich

meinem Heimweh und Kummer ein wenig hinzugeben, denn auf der Tagesordnung stand Fröhlichkeit.

Zwei Tage nach meiner Ankunft beschloß meine Tante, daß ich auch mit Kindern meines Alters zusammen sein sollte. Sie war niemand, der Dinge auf die lange Bank schiebt, und marschierte mit mir zu zwei Nachbarhäusern, wo zwei Mädchen ihren Befehl befolgten und mit mir auf die Straße trotteten. Wie spielten Ball gegen die Wand des Luftschutzkellers, der bereits am oberen Ende der Straße aufgebaut worden war. Dann spielten wir mit dem Ball auf dem Gehsteig weiter, denn in den Seitenstraßen gab es außer hin und wieder einem Pferdewagen wenig Verkehr. Wir waren also sicher. Danach holte eines der Mädchen eine Springschnur hervor, und jede von uns kam ein paar Mal an die Reihe. Ich konnte kaum ein Wort mit ihnen sprechen, und so lächelten wir einander nur an und nickten uns zu.

Endlich fragte mich eine von ihnen: »Are you tired?«

Da ich keine Ahnung hatte, was das bedeutete, muß ich ziemlich verständnislos dreingeschaut haben. Daraufhin folgte eine Reihe von Grimassen: Sie ließen ihren Kopf nach vorne fallen, schlossen ihre Augen und legten ihre Hände seitlich an die Wangen. Da ich glaubte, daß dies ein Spiel wie »Figuren nachmachen« in Wien war, ahmte ich alles nach und begriff nicht, warum sie mich so verzweifelt ansahen. Schließlich führte mich eines der Mädchen zu ihrer Mutter, die mich auf Jiddisch fragte: »Di bist mid?«

Mir ging ein Licht auf, und ich antwortete, zu jedermanns Erleichterung, auf deutsch: »Ja, ich bin müde.«

Ein paar Tage später lernte ich meine neue Umgebung besser kennen. Ich machte mit dem Lebensmittelgeschäft in der Bow Road Bekanntschaft, wo meine Tante die meisten Einkäufe machte. Die Besitzerin des Ladens war

eine Frau mittleren Alters, die Brillen trug und ihr gewelltes graues Haar zu einem Knoten gebunden hatte. Ihre Frisur war genauso streng wie die graue Kleiderschürze, die sie trug. Ich war verblüfft, wie stark sie sich von ihrer Tochter, die sich hin und wieder im Geschäft tummelte, unterschied. Es war als hätte man eine Krähe neben einen Pfau gestellt. Die eleganten Kleider, der moderne Haarschnitt und der seltsame gelbe Gesichtspuder, den die Tochter immer auftrug, machten einen starken Eindruck auf mich.

Meine Tante schickte mich oft in dieses Geschäft, um verschiedene Dinge zu besorgen. »Ein Viertelpfund Räucherlachs vom Bauch«, trug sie mir auf zu bestellen, was die Greißlerin mit einem wissenden Lächeln quittierte. Meine Tante hätte sich nicht mit minderwertigen Fischstücken zufrieden gegeben.

Auf der gegenüberliegenden Seite der Straße lebten noch zwei andere Mädchen, Frances und Joan, mit denen ich am Wochenende spielte. Ihre Mutter und meine Tante waren besonders gut befreundet. Eines Tages sagte mir meine Tante, daß eine andere Nachbarin auf mich aufpassen würde, da sie und die Mutter dieser Mädchen zum »London Chest«, wörtlich »Londoner Brustkorb«, gehen würden.

»Wessen Brustkorb?« fragte ich.

»Ins London Chest Spital im Victoria Park!« war die Antwort.

Ich war noch verdutzter als sonst. Zu meiner großen Überraschung gingen an jenem Nachmittag beide Damen miteinander fort und hatten beide ihre besten Sommermäntel, hübsche Pumps und Seidenstrümpfe angezogen. Meine Tante kehrte mit einem zufriedenen Gesichtsausdruck und einer riesigen Flasche mit bernsteinfarbener Flüssigkeit zurück. Der Spitalsbesuch war wohl zugleich ein Ausflug wie auch ein Beweis dafür, daß sich die Welt

ihrer annahm. Sie brachten beide eine Arznei mit, damit sich ihr Gesundheitszustand verbessere.

Arzneimittel spielten im Leben meiner Tante überhaupt eine große Rolle. Bald nach meiner Ankunft fragte sie mich:

»Haben sich deine ›Bells‹ schon geöffnet?« Ich konnte mir nicht vorstellen, was sie mit »Bells«, »Glocken«, meinte.

»Warst du schon am Klo?« fragte sie weiter.

Erst allmählich fand ich heraus, daß sie meine Gedärme – »Bowels« – meinte, und ich beeilte mich, die Frage zu bejahen. Wenn ich verneinte, brachte sie eine ganze Ladung von Heilmitteln zum Vorschein. Sie hatte ein Abführmittel mit Schokoladegeschmack, Exlax, Feigensirup für richtig widerspenstige Gedärme und Brooklax, das angeblich wie Dynamit wirken sollte. Ich fand heraus, woher der seltsame Geruch in ihrem Schlafzimmer kam: von den Tinkturen, mit denen sie ihre rheumageplagten Gliedmaßen einrieb. In ihrem Nachtkasten befand sich ein wahres Arsenal an Tinkturen und Säften – Zambuk und Germolene, Jod für Schnittwunden, Andrews' Liver Salts für Verdauungsstörungen und noch vieles mehr. Für mich war das eine neue Erfahrung. Eine schwarze Salbe, die der Arzt meinem Vater für ein Fußleiden verschrieben hatte, und ein Glas Aspirintabletten waren die einzigen Arzneimittel, die ich im Haus meiner Eltern gesehen hatte.

Meine Zieheltern lebten in Bow, eigentlich ein Teil des East End, aber etwas weiter abgelegen von Bezirken wie Whitechapel und Stepney, wo sich jüdische Einwanderer ursprünglich niedergelassen hatten. Sie hatten dort billige Quartiere in überfüllten und oft insektenbefallenen Häusern gefunden, als sie nach ihrer Reise im »Zwiebelboot«, wie sie es scherzhaft nannten, von Rußland, Polen

oder Litauen an Land gekommen waren. Namen von Straßen im East End kamen in ihren Gesprächen häufig vor. So lernte ich Black Lion Yard, Hessel Street und »the Lane« (Petticoat Lane) kennen. Dies waren Überbleibsel einer Geschichte, an der ich nicht teilhatte, die den Erwachsenen aber wichtig erschien.

Bald nach meiner Ankunft in England führte mich meine Tante zu ihrer Freundin Raisl (Rosie), die im echten East End wohnte. Die Busstrecke führte entlang einer lauten und geschäftigen Hauptstraße, die von kleinen Läden, Lagerhäusern und Werkstätten flankiert war, an denen Firmenschilder auf abbröckelnden Fassaden angebracht waren. Wir gingen dann eine Seitenstraße hinunter, in der eine Reihe von sehr niedrigen Arbeiterreihenhäusern im viktorianischen Stil standen, deren Türen direkt auf die Straße gingen. Nachdem wir eines der Häuser betreten hatten, gingen wir einen engen Gang entlang. Ich bemerkte, daß der Boden mit ausgetretenem Linoleum bedeckt war und auf den Wänden eine rauchgeschwärzte Tapete klebte. Nach der ersten Tür links führte man uns in den Gesellschaftsraum, in dem sich das »beste« Mobiliar und eine Reihe von Familienfotos befanden. Ich betrachtete Rötelbilder von Bräutigamen in Abendanzügen und Bräuten in langen weißen Kleidern, die sich gegen eine elegante Balustrade lehnten – Leihgaben aus dem Studio von Boris, dem Fotografen. Bald lud man uns jedoch in das wahre Zentrum des Hauses, die Küche. Unsere Gastgeberin war eine Witwe, um die Mitte sehr dick und kurzatmig. Sie trug ein weites Hauskleid, das den Großteil ihres fülligen Körpers bedeckte. Ich war von ihrem Gang, einem o-beinigen Wackeln von einer Seite auf die andere, fasziniert. Sie machte uns in ihrer überfüllten Küche Tee, während ihre Söhne in einer anderen Ecke politisierten. Raisl hatte offensichtlich ein hartes Leben hinter sich, dennoch strahl-

ten ihre noch immer wachen veilchenblauen Augen Wärme aus, und ihre Gesten hießen uns willkommen.

Ein anderes Mal trug man mir auf, Golda, einer Freundin meiner Tante, die um die Ecke lebte, etwas auszurichten. Das bedeutete, daß ich am Friedhof am Ende unserer Straße entlanggehen mußte. Ich versuchte auf der sonnigen Seite zu gehen und vermied es tunlichst, einen Blick durch die Einfriedung auf die geschwärzten Grabsteine zu werfen. Die Freundin meiner Tante lebte mir ihrer alten Mutter zusammen, einer stillen, unergründlichen Person, die trotz der sommerlichen Temperaturen in mehrere Kleiderschichten gehüllt war. Auf ihrem Kopf trug sie glattes, braunes, künstlich aussehendes Haar, das ich als Perücke einer orthodoxen Jüdin wiedererkannte. Sie saß nur stumm und ausdruckslos da, während sich ihre Tochter angeregt mit mir unterhielt.

Ich lebte nur für kurze Zeit in dieser Umgebung, wo ich mir der verschiedenen Stufen von Armut bewußt wurde. Als nachhaltigste Eindrücke blieben mir davon Gemeinschaftsgefühl, Freundschaft und gute Nachbarschaft. Es wäre kaum möglich gewesen, sich hier alleine und verlassen zu fühlen.

Ich habe meine Ziehmutter, meine »Tante«, bis jetzt noch nicht im Detail beschrieben. Sie hieß Annie, eine englische Anpassung des hebräischen Namens Hannah. Sie war Mitte vierzig, eine kleine Frau, kaum 1,50 groß. Sie hatte leicht gewelltes Haar, das mit Henna gleichmäßig braun getönt war und ihr rundes Gesicht umrahmte. Ihre Augen blitzten gutmütig hinter Brillen aus Schildpatt hervor. Sie hatte eine breite Nase mit fliehenden Flügeln und dünne Lippen. Große Brüste, eine dicke Taille und Hüften auf dünnen Beinen gaben ihr etwas Bachstelzenhaftes. Sie glich jedoch diese unattraktive Figur durch einen sehr aufrechten Gang und zielgerichtete

Bewegungen aus. Nachdem sie in Polen schon sehr früh Waise geworden war, hatte sie den Mut aufgebracht, als junges Mädchen alleine die Reise in ein fremdes Land anzutreten, um sich eine bessere Zukunft zu sichern. Ihr Horizont war begrenzt – sie konnte weder lesen noch schreiben – und ihr Wissen beschränkte sich auf rein praktische Dinge. Dennoch hatte sie sich eine Cleverness angeeignet, mit der sie viele Härtefälle im Leben überstand.

Alltagsenglisch sprach sie ziemlich fließend, wenn auch mit einem leichten ausländischen Akzent. Das »W« war ein schwieriger Laut für sie, und manchmal sprach sie Wörter auch falsch aus, da sie sich der richtigen Schreibweise und Aussprache nicht vergewissern konnte. Zu Hause sprach sie eine Mischung aus Englisch, Jiddisch und Polnisch, letzteres besonders dann, wenn sie nicht wollte, daß ich sie verstehe. Dennoch konnte ich normalerweise vom Gesichtsausdruck und den Gesten, die ihre Worte begleiteten, ablesen, um welches Thema es ging. Mein Onkel hatte einen beruhigenden Einfluß auf seine leicht erhitzbare Frau und redete während ihrer Ausbrüche mit sanften Worten auf sie ein. Ein polnischer Ausdruck, den ich ihn öfter sagen hörte, beeindruckte mich so sehr, daß ich ihn fragte, was er hieß. Er hörte sich so an wie »Daye spokoi byidna jezko«, und er sagte mir, daß er »Laß das arme Kind in Ruhe« hieß. Zweifellos war dies seine Art, Beschwerden über mein Betragen abzustellen.

Meine Ziehmutter wollte unbedingt Kinder, hatte aber leider nur einige Fehl- und Totgeburten erlitten. Es war ein Glück für uns beide, daß ihr starkes Bedürfnis, mütterliche Gefühle auszuleben, mit meinem Verlangen nach Trost und Sicherheit in einer sehr schweren Zeit meines Lebens Hand in Hand gingen.

Im Gegensatz zu meiner leiblichen Mutter machte meine Ziehmutter ihren Gefühlen leicht Luft. Sie stieß ein paar »Oi weh!«-Schreie aus, wenn ihr eine Nachbarin ihre Sorgen anvertraute. Ich kann mich noch erinnern, wie sie eine Cousine mit ein paar entsetzten Zungenschnalzern am Telefon bemitleidete, weil deren Tochter operiert werden mußte. Niemand hatte jedoch so viel gelitten wie meine Tante – sie steuerte selbst einige geringfügige Mißgeschicke zu den Sorgen der anderen bei und zwar mit den oft wiederholten Worten »Sarah, du weißt überhaupt nichts«, was für mich ein Schlagwort wurde. Sie sprach ohne Scheu über ihre Krankheiten – doppelte Lungenentzündung, Asthma, Bronchitis und Rheuma. Sie war warmherzig und leicht zu rühren, konnte aber jeden, den sie verdächtigte, sie beleidigt zu haben, böse auf Jiddisch verfluchen.

Einen Aspekt ihrer Offenheit fand ich störend: Bald nach meiner Ankunft hörte ich sie zu einer Nachbarin sagen: »Sie hat bitterlich geweint. Das brach mir das Herz.« Ich verstand damals schon genug Englisch, um zu wissen, was sie sagte. Daß meine intimsten Gefühle so breitgetreten wurden, verletzte meinen Stolz. Nach diesem Vorfall hielt ich meine Gefühle in Zaum, um nicht noch einmal verraten zu werden.

In der Zwischenzeit ging mein Kampf mit einer mir noch fremden Welt weiter. Straßenschilder, -zeichen und -namen waren mir allesamt unverständlich. Ich ließ meine Augen erleichtert auf den wenigen Namen verweilen, die ich als alte Freunde wiedererkannte: Odol Zahnpasta, Nivea Creme, Maggi Suppenwürfel. Aber ich erkannte nicht viel aus meinem früheren Leben wieder. Selbst die Fenster waren anders. Man schob sie auf beweglichen Rahmen nach oben und nach unten, was immer Probleme verursachte. Zu Hause hatte ich sie ein-

fach nach außen geöffnet. Ich dachte noch auf deutsch und sprach mit meinen Zieheltern meine Muttersprache. Außer mit dem jungen Mann aus Berlin und einem Bekannten meiner Zieheltern, der während eines Aufenthalts in Deutschland einige zynische Reime gelernt hatte, unterhielt ich jedoch keinen Kontakt mit Menschen aus der alten Heimat. Manchmal erklangen im Radio die Takte des Donauwalzers oder die Melodie von »Wien, Wien nur du allein«, das Richard Tauber mit seinem bebenden Vibrato vortrug. Diese Melodien weckten versteckte Gefühle in mir. Ich konnte mich jedoch dieser Wiener Schwärmerei nicht hingeben, denn wie kann man für ein Land nostalgische Gefühle empfinden, das einen so vollkommen zurückgewiesen hat?

Meine Tage waren erfüllt von neuen Erfahrungen, und so hatte ich kaum Zeit, die Bücher zu vermissen, die ich gelesen hätte, wenn ich noch in Wien gewesen wäre. Was mich jedoch ärgerte, war, vom Nachrichtenfluß abgeschnitten zu sein. Zeitungen waren mir nicht mehr zugänglich, und das Radio hörte sich für mich anfangs wie ein verwirrendes Gelalle an. In normalen Gesprächen redeten die Leute zu schnell, so daß ich kaum etwas verstand. Ich hingegen mußte meine Worte langsam wählen und genau aussprechen, damit man mich verstand. Ich hatte meine Englischlehrerin in Wien gefragt, was ich sagen sollte, wenn ich jemandem nicht folgen konnte, und »I don't understand« war in dieser Zeit sehr nützlich.

Selbst Kinobesuche konnten Frustration bedeuten. Es schien so, als ob sich auf jeder Hauptstraße in London ein Lichtspieltheater befand, das großartig Plaza, Paramount oder Regent hieß. Die mit weichem Teppichboden bezogenen Innenräume entführten die Besucher für kurze Zeit eher in eine luxuriöse Traumwelt, als daß sie ihnen ein zweites Zuhause boten. Ich erinnere mich daran, daß ich

ein langes Programm sah, in dem auch der »Zauberer von Oz« vorkam. Mir gefielen der Film und Judy Garlands Lieder, aber ich verlor immer wieder den Faden. Wenn meine Tante meinen Bitten nach Erklärung nachkam, hörten wir nur ein lautes »Psst!« aus der Reihe hinter uns.

Ein paar Speisen, die mir vorgesetzt wurden, waren ebenfalls seltsam. Hühnersuppe mit Nudeln und Borschtsch, eine russische Suppe aus roten Rüben, hatte ich schon zu Hause gegessen. Meeresfische waren jedoch eine neue kulinarische Erfahrung für mich, denn in einem Binnenstaat wie Österreich waren damals nur geschmacksarme Süßwasserfische wie Karpfen und Hecht erhältlich. Es dauerte eine Weile, bis ich mich an den starken Geschmack von Scholle, dieses merkwürdig flachen Fisches, gewöhnt hatte, besonders wenn er kalt und paniert mit dem allgegenwärtigen Heinz-Tomatenketchup serviert wurde. Mir gingen das Wiener Schnitzel und die Krautrouladen meiner Mutter ab. Nachdem ich mich einmal an die Küche meiner Tante gewöhnt hatte, schmeckte mir ihre, wenn auch begrenzte, Speisenauswahl im großen und ganzen aber ziemlich gut.

Donnerstags ging meine Tante für den Sabbat einkaufen, und ich begleitete sie auf ihren Expeditionen zum Markt. Nach unserer Ankunft untersuchte meine Tante die Vögel in der Geflügelabteilung genau, um herauszufinden, in welchem Zustand sie waren. Dann begann sie zu feilschen und entrüstete sich über die Preise. Die Besitzerin des Standes konterte, indem sie meiner Tante den Ruin ihrer Familie voraussagte, wenn sie mit dem Preis noch weiter hinunterginge. Dieser Wortwechsel erfolgte in einem scharfen Jiddisch, begleitet von den dazugehörigen Gesten. Als das Schattenboxen vorbei war und sich die Frauen auf einen Preis geeinigt hatten, rupfte die Händlerin den Vogel und wickelte ihn in Zeitungspapier ein.

Zu Hause mußten wir das Tier erst aufschneiden und seine Gedärme und andere ungewollte Teile entfernen. Manchmal fanden sich noch kleine runde Eier darin, die wir in der Suppe mitkochten. Dann mußte das Geflügel eingesalzen werden und auf einem Holzbrett ausbluten, damit es koscher wurde. Danach konnten wir mit dem Kochen beginnen. Meine Tante war bedacht darauf, kein einziges Stück zu verschwenden. Zuerst viertelte sie den Vogel. Dann trennte sie die Beine *(Pulkas)* und Flügel *(Fliegel)* ab. Die Haut brannte sie ab, um den letzten Rest des Flaums und der Federkiele, die die Marktfrau übersehen hatte, zu entfernen. Danach legte sie das Hühnerklein in einen Topf mit Wasser und gab Gemüse dazu, um eine Suppe zu machen. Als nächstes füllte sie den Hals mit einer Mischung aus Mehl, Fett und Gewürzen und legte ihn ebenfalls in den Suppentopf. Als letztes mußte sie noch das Fett abklären. Wenn man es erhitzte, schmolz es zu einer bernsteinfarbenen Flüssigkeit, die nach dem Abkühlen eine gelbe Paste ergab, die man ebenfalls zum Kochen gebrauchen konnte. Einen Restbestand der kleinen, knusprigen Fettbratreste ließ meine Tante ungeklärt *(Greeven)*. Diese Grammeln waren köstlich, wenn man sie salzte und auf Roggenbrot schmierte.

*

Ich fand mich nun schon gut in meiner neuen Umgebung zurecht, fühlte mich aber noch immer als Außenseiterin. Mein Name allein erregte schon Aufsehen. Wenn mich die Leute sahen, begannen manche das Lied »Martha, Rambling Rose of the Wild Wood« zu singen. Ich fand das schmeichelhaft, genierte mich aber gleichzeitig auch. Dann wieder wunderten sie sich darüber, daß ich so einen altmodischen Namen hatte, der ihrer Meinung besser zu

alten Jungfrauen und Dienstmädchen aus dem viktorianischen Zeitalter paßte als zu einem jungen Mädchen wie mir. Ich hatte keine Ahnung, wieso meine Eltern diesen Namen gewählt hatten. Erst später erfuhr ich von meiner Tante in Israel, daß ich nach der Lieblingsschwester meines Vaters benannt worden war, die Marya geheißen hatte.

Ich weiß nicht, ob meine Tante nun langsam genug von meiner ungeteilten Aufmerksamkeit hatte oder dachte, daß es gut für mich wäre, Kinder meines Alters kennenzulernen. Auf jeden Fall beschloß sie, mich in die Schule zu schicken, obwohl das Ende des Semesters schon bevorstand. Ich fand mich daher bald in einer Volksschulklasse wieder mit Aufgaben, die mir unverständlich waren. Das Rechnen war mir zu Hause nie schwergefallen, bereitete mir jetzt jedoch Probleme. Da ich das metrische System erlernt hatte, addierte ich in Zehnerreihen, fand zu meinem Entsetzen aber heraus, daß dies mit englischem Geld nicht funktionierte. Viertelpennies, halbe Pennies, Pennies, Shillings und Pfund mußten alle gesondert behandelt werden. Was die Maßeinheiten betraf, waren sie auf dem Kontinent in handlichen Zehner- und Hundertereinheiten berechnet worden. Das alles half mir nicht bei *»rods«, »poles«, »perches«, »chains«* und *»furlongs«,* die alle eigenwillige Längenmaße ohne eine mir verständliche Logik waren. Ich mußte das Rechnen anscheinend von neuem lernen. Als ob ich mit einer neuen Sprache nicht schon genug zu tun gehabt hätte! Ich nehme an, daß ich dankbar hätte sein müssen, daß zumindest das Alphabet mehr oder weniger gleich blieb.

Wenn ich mit einer Fülle von neuen Eindrücken, Wörtern und Liedern nach Hause kam, bat ich meine Tante und meinen Onkel in Unkenntnis ihres begrenzten Wissens um Erklärung.

»Wer ist Vater Temsis?« fragte ich sie eines Tages nach einer Singstunde, in der wir ein Lied über die Themse gelernt hatten.

»Vater Temsis? Den gibt es nicht«, antwortete mein Onkel.

»Ja, doch!« hakte ich ein. »Wir haben heute ein Lied gesungen: Der alte Vater Temsis rollt zum weiten Meer.« Alle um herum mich waren verdutzt – tatsächlich hieß es im Lied »Old Father Thames is rolling along«, was bei mir zu Father Thamessis mutiert war.

Ein anderes Mal bat uns Werner, der junge Mann aus Berlin, der noch immer bei uns wohnte und die Schneiderei erlernte, um einen »simble«, wie er es mit seinem deutschen Akzent ausdrückte. Mein Onkel lächelte nachsichtig. »Nicht ›simble‹, ›timble‹ heißt das Wort«, korrigierte er Werner.

Bei dem Gegenstand, über den sie sprachen, handelte es sich natürlich um einen Fingerhut, »thimble«, doch das englische »th« war für beide zu schwierig. Ich mußte bald feststellen, daß meine Zieheltern zwar warmherzig und gefühlvoll, aber keine verläßlichen Wörterbücher waren. Ich vertraute stattdessen auf das BBC-Radio, das mir beim korrekten Spracherwerb half.

Das Schuljahr neigte sich bald seinem Ende zu. Statt des normalen Unterrichts standen nun Sing- und Tanzstunden auf dem Programm. So kam ich zum ersten Mal mit englischen und amerikanischen Schlagern in Kontakt. Ein Mädchen meldete sich freiwillig, um »Pennies from Heaven« mit amerikanischem Akzent zu singen. Sie hielt ihre Hände auf, um den Refrain des Liedes, »Groschen vom Himmel« darzustellen. Ein anderes Mädchen stellte sich vor die Klasse, um ein Lied zu singen, das mit den Worten »Oh, Johnny, oh, Johnny, how you can love!« begann. Ihr Gesang war von einem wissenden Augen-

zwinkern und -rollen unterstrichen, und sie schwang ihre dicken Hüften im Rhythmus. Eine prüde Neunjährige wie mich brachte solch frühreife Sexualität in Verlegenheit. Andere Kinder sangen »Any Umberellas« und »Underneath the Arches«, Lieder, die von Flanagan und Allen populär gemacht worden waren. All diese Melodien unterschieden sich deutlich von den schwungvollen Wiener Liedern, an die ich gewöhnt war.

Die Mädchen in der Klasse hatten auch einige Tanznummern einstudiert, die sie ihren Müttern am letzten Schultag vorführen wollten. Sie drehten sich im Kreis, klatschten und bildeten mit ihren Armen elegante Bögen zu Liedern wie »Gathering Peasecods« und »Dashing White Sergeant«. Niemand versuchte, mir die Schritte beizubringen, die die anderen Schülerinnen schon konnten. Die Lehrerin sah, wie traurig ich war, als mir klar wurde, daß ich an dieser Aufführung nicht teilnehmen konnte, und wies mir eine kleine Rolle in dem Unterfangen zu: Ich sollte mir ein langes Kleid anziehen und so tun, als ob ich die Lehrerin der Tänzerinnen sei. An dem Tag der Vorführung stellte ich mich also vor die versammelten Eltern, unter ihnen meine Tante, verbeugte mich tief und forderte die Tänzerinnen mit einer ausladenden, spontanen Geste dazu auf, nach vorne zu kommen, während ich feierlich meinen Platz einnahm. Schließlich war es nicht meine Art, daß ich anderen erlaubte, mich vollkommen zu übersehen.

Jetzt, wo die Schule vorbei war, dachten alle an Urlaub. Meine Eltern hatten sich nur selten einen solchen Luxus leisten können. Die einzigen Ausnahmen, an die ich mich erinnern kann, waren hin und wieder ein Tag an der Donau oder eine Fahrt flußaufwärts gewesen. Der Gedanke, zwei ganze Wochen in einem Hotel, oder eigentlich in einer Pension zu verbringen, erschien mir sehr aufregend.

Wir mußten Vorbereitungen treffen und einkaufen gehen: eine weiße Jacke für meine Tante und weiße Leinenschuhe und einen Badeanzug für mich. Wir fuhren ans Meer! Nachdem ich neun Jahre in Mitteleuropa gelebt hatte und das Meer nur auf meinem Weg nach England gesehen hatte, freute ich mich sehr darauf. Koffer mußten gepackt und Fahrkarten gekauft werden. Ich konnte nicht anders und ließ mich von der allgemeinen Vorfreude mitreißen.

Am Horizont standen jedoch auch dunkle Wolken. »Wir machen das nur, wenn kein Krieg ausbricht«, war ein Satz, den meine Zieheltern oft wiederholten. Niemand wollte Krieg, und der damalige Premierminister Chamberlain hatte seinen Landsleuten nach seinem Staatsbesuch bei Hitler in München »Frieden auf Lebzeiten« versprochen. Niemand wußte damals, daß der »Friede auf Lebzeiten« nur ein Jahr dauern würde. All jene, die den Tatsachen wirklich ins Auge sahen, waren sich der aggressiven Aufrüstung in Deutschland wohl bewußt.

Am Himmel bemerkte ich einige wurstartige graue Objekte, die wie riesiges aufblasbares Spielzeug ausschauten. »Was sind diese Dinger da oben?« fragte ich.

»Sperrballons«, erhielt ich als Antwort. »Wenn, Gott behüte, ein Krieg ausbricht und ein feindliches Flugzeug uns zu bombardieren versucht, würde es in den Kabeln unter diesen Dingern hängenbleiben und abstürzen.«

Ich konnte die Wirksamkeit eines solchen Abwehrgeräts natürlich nicht beurteilen, es machte mir jedoch die allgegenwärtige Kriegsgefahr klar und die damit verbundene Tatsache, daß der Nachrichtenfluß zu meiner Mutter unterbrochen sein würde. Ein weiteres unheilvolles Zeichen war der Luftschutzkeller, der am oberen Ende unserer Straße schon aufgebaut worden war, ein Ziegelbau, dessen Inneres nach Moder und abgestandener Luft roch.

An den Wänden standen Holzbänke, sonst gab es kein weiteres Mobiliar. Die Außenwände eigneten sich gut zum Ballspielen. Nachdem wir Kinder einmal unsere Neugier bezüglich des Innenraums gestillt hatten, waren wir nicht weiter versucht, uns länger dort aufzuhalten.

Eines Tages zogen Lichtkegel kreuz und quer über den Himmel. Ich hatte ähnliches schon in Wien gesehen, und als ich damals meine Mutter fragte, was das sei, hatte sie mich zu beschwichtigen versucht und vorgegeben, daß das Licht eine Art von Werbung für die großen Geschäfte sei. In England erfuhr ich die Wahrheit. »Das sind Suchscheinwerfer. Mit ihnen können wir den Himmel nach feindlichen Flugzeugen absuchen und sie dann abschießen.«

Londoner Eltern war auch mitgeteilt worden, was sie tun sollten, um die Kinder im Kriegsfall aus der Stadt zu evakuieren. Alle diese Vorbereitungen reichten aus, um einen Schatten auf unsere Urlaubspläne zu werfen. Dennoch waren die Menschen entschlossen, den Rest dieses verhängnisvollen Sommers so weit wie möglich zu genießen.

Die englische See war eine komplett neue Erfahrung für mich. Erneut fand ich mich in einem fremden Schlafzimmer wieder, wenn auch unter glücklicheren Umständen. Die Menschen im Hotel lächelten uns freundlich an, als wir uns zum Speisesaal aufmachten. Das Hotelpersonal kannte meinen Onkel und meine Tante schon aus den Vorjahren, und die blonde Kellnerin verweilte an unserem Tisch, um mit uns zu plaudern und mit meinem Onkel, der dort sehr beliebt war, zu spaßen.

Nach dem Mittagessen sah ich zum ersten Mal den Strand. Wenn man zum Meer gelangen wollte, mußte man steile Felsen mit einer Drahtseilbahn überqueren, die von der Promenade zum Strand führte. Während mir

meine Tante das Sommerkleid auszog, unter dem ich den Badeanzug trug, holte mein Onkel drei Liegestühle für uns. Dann schmierte meine Tante meinen blassen Hals, Arme und Beine mit einem klebrigen Öl ein. Bis wir uns endlich barfuß über den glasigen, trockenen Sand an den Sonnenanbetern vorbei zum feuchteren Sand manövrierten und an den Rand der Wellen, die sanft unsere Füße umspülten, gelangten. Da ich nicht schwimmen konnte, mußte ich mich damit zufrieden geben, im Wasser zu planschen, meine Füße in kleine Kieselpfützen einzugraben und die kunstvollen Gebilde zu bewundern, die einige Kinder aus Sand gebaut hatten. Nach einigen Tagen versuchte ich, bewaffnet mit einem Schwimmreifen, die Anweisungen meiner Tante zu befolgen, um einige Grundkenntnisse im Schwimmen zu erwerben. Ich hatte jedoch zu große Angst, um meine Füße vom Boden wegzuziehen. Als wir ins Hotel zurückkamen, juckten meine Füße vom Sand, und auf dem Rücken hatte ich mir trotz des Öles einen Sonnenbrand geholt. Ein kühles Bad, das mehrmalige Einreiben mit Zinkspatcreme und ein gutes Essen verfehlten jedoch ihre beruhigende Wirkung auf mich nicht.

Am darauffolgenden Tag machte ich mit einem Bauwerk Bekanntschaft, das ins Meer hinausragte – dem Pier. Wir spazierten über die Planken und atmeten die salzige, seetangdurchtränkte Luft ein. An der einen Seite standen in einer Kabine Apparate mit blinkenden Lichtern und andere mit Glasgehäusen. Auf ihrem kieselsteinbedeckten Boden lag eine Menge von Schätzen. Ein Miniaturkran versprach, einen dieser Gegenstände aufzuheben, wenn man eine Münze in den Schlitz warf. Aber leider – nach einigen spannungsgeladenen Momenten, in denen man den Preis beinahe schon in Händen zu halten glaubte, rutschte er aus den schlaffen Klauen des Kranes,

der nur einige Kieselsteine oder bestenfalls noch einen Trostpreis in Form eines Bonbons aufhob.

Ich hatte noch nie zuvor in so kurzer Zeit so viele neue Eindrücke gesammelt. Es gab Tüten mit Lyons-Eis, das zwar nicht so gut war wie das italienische, das ich in Wien gegessen hatte, aber das ich mir dennoch schmecken ließ. Ich aß Zuckerwatte, die schöner aussah als sie schmeckte, und Pfefferminzstangen in eindrucksvoller Buchstabenform. Auf der Promenade boten die Geschäfte Wurfringspiele, Strandschuhe, Kübel und Spaten an. Auf Drehkarussellen steckten Ansichtskarten, auf denen »Ich wünschte, du könntest auch hier sein« stand. Grell gefärbte Witzkarten zeigten übermäßig dicke Frauen, die schmächtige kleine Männer überragten. Auf einer war ein Rechtsanwalt gezeichnet, der seine Hände unter die große Brust einer Klientin hielt. Darauf stand:

»Gnädige Frau, wollen sie ihre Angelegenheiten meinen Händen anvertrauen?« Ich setzte meinen Zieheltern zu, damit sie mir das Wort »Angelegenheiten« erklärten, verstand den Witz aber erst einige Jahre später.

An der Promenade waren Boote vertäut. Vor diesen warben Schilder für Ausfahrten entlang der Küste. Da meine Tante sich meiner begrenzten Reisetauglichkeit nur allzu bewußt war, wollte sie das Schicksal nicht herausfordern. Stattdessen gingen wir am späten Nachmittag zum Musikpavillon, um ein Konzert zu hören. Wir sangen mit der Kapelle Schlager wie »Somewhere over the Rainbow«. Ich lernte den Refrain und schrie wie der Rest des Publikums am Ende des »Lambeth Walk«: »Oi!« Ein anderes Mal versuchte ich, den Ball in die Löcher des Grüns am Übungsgolfplatz zu schießen, ließ mich auf einem ausgestopften Esel fotografieren und ritt im Sand auf einem echten. Mir fehlte die Gesellschaft von Kindern, aber meine Tante und mein Onkel waren entschlossen, mir

trotzdem einen schönen Urlaub zu bereiten. Daher wäre es sehr undankbar von mir gewesen, meine Freude an ihren Bemühungen um Unterhaltung nicht zu zeigen.

In meinem Hinterkopf dachte ich jedoch immer daran, wie es wohl meiner Mutter gerade ging und was mit meinem Vater passiert war. Ich schrieb einen langen Brief nach Hause, um meine Mutter aufzuheitern. Ich empfand Gewissensbisse, daß ich Spaß hatte, während ich mir sehr gut vorstellen konnte, wie die in Wien Zurückgebliebenen jeden Tag neuen Schikanen ausgesetzt waren. Da mir die Umstände bewußt waren, erwartete ich nicht, meine Eltern bald wiederzusehen. Ich hoffte jedoch auf das Unmögliche, daß sie sich in Sicherheit bringen könnten und wir eines Tages wieder vereint sein würden. Abgesehen von dem Heimweh, das mich manchmal aufzufressen schien, war das stärkste Gefühl, das ich in England nach meiner Ankunft empfand, eine große Erleichterung gewesen – daß ich meinen Kopf am Abend auf einen Polster legen konnte, ohne auf das brutale Hämmern an der Tür warten zu müssen. Aber es belastete mich, daß meine Eltern dieses Gefühl der Sicherheit nicht auch genießen konnten.

6.
Evakuierung und Luftangriffe

Als unser zweiwöchiger Urlaub zu Ende ging, war es höchste Zeit, nach London zurückzufahren. Die Schlagzeilen in den Zeitungen brachten uns in eine Realität zurück, die sich deutlich von Strand und Zuckerwatte unterschied. Alle Erwachsenen mußten sich nun sofort Gasmasken und Verdunkelungsmaterial kaufen. Dann traf die Nachricht ein, daß die geplante Evakuierung der Londoner Schüler in zwei Tagen stattfinden würde. Wieder einmal wurde mein Koffer gepackt. Mit einer Gasmaske um meine Schulter und einem Schild auf meinem Blazer führte mich meine Tante zu der langen Schlange von Kindern, die sich ähnlich ausgestattet auf dem Spielplatz unserer Schule eingefunden hatten.

Wie ich so dastand, hatte ich ein starkes Déjà-vu-Erlebnis: Massen von Kindern, Handgepäck, Abschied – hatte ich mich nicht schon einmal dafür gerüstet, all dies zu ertragen? Ich beschloß in diesem Augenblick, daß ich genug davon hatte. Als mich meine Tante also dem Strom der Kinder zuzuführen versuchte, grub ich meine Absätze in den Boden und sagte: »Ich fahre nicht mit!«

»Aber du bist in der Gesellschaft deiner Freunde. Alle andern fahren auch. Und außerdem ist es ja nicht für lange.«

Ihre Überredungskunst versagte. Sie konnte mich nicht umstimmen. »Die anderen gehen mich nichts an. Ich bin doch kein Paket! Ich fahr' nicht mit!«

Meine Tante legte in diesem Moment eine Einsicht an den Tag, die überhaupt nicht typisch für sie war. Sie gab nach, und gemeinsam trotteten wir zurück zu ihrem klei-

nen Haus in Bow, wo uns mein Onkel überrascht begrüßte. Einige Tage später brachten sich meine Zieheltern gemeinsam mit mir in Sicherheit, und mir blieb das Trauma einer neuerlichen Trennung erspart.

*

Ich hatte keine Ahnung, welche Probleme meine Weigerung, mit den anderen Kindern mitzufahren, verursachte. Von Geldangelegenheiten wußte ich so gut wie nichts. Ich wußte nur, daß meine Eltern aus Geldmangel nicht aus Österreich emigrieren konnten und daß meine Zieheltern anscheinend gerade genug hatten, um halbwegs ein Auslangen zu finden. Ich hatte diese Tatsache nicht mit der Taxifahrertätigkeit meines Onkels in Verbindung gebracht. Auch war mir nicht klar gewesen, daß er anderswo nicht leicht Arbeit finden würde.

Weil Krieg drohte, der London zweifellos zur Zielscheibe für Bomben werden ließ, konzentrierten sich unsere Energien darauf, der Stadt zu entkommen. Unsere Mieter im Keller waren ausgezogen – der junge Mann hatte sich seinem Regiment angeschlossen, und seine Frau und sein Sohn waren zu Verwandten aufs Land gezogen. Werner, der junge Mann aus Berlin, hatte letztendlich doch ein Affidavit für die Einreise in die Vereinigten Staaten erhalten und war auf der »Queen Mary« über den Ozean gefahren. Wir packten deshalb unser Gewand und die wichtigsten Habseligkeiten, versperrten das Haus und nahmen ein Taxi – nicht das meines Onkels – zur Paddington Station. Unser Reiseziel war Paignton in der Grafschaft Devon. Wir fuhren dorthin, weil der Cousin und die Cousine meiner Tante sich bereits in dem Ort befanden und meine Tante zweifellos einige bekannte Gesichter um sich brauchte. Auf dem Bahnhof erwartete

uns eine Szenerie sich hektisch tummelnder Menschen: Kofferträger flitzten mit großen Haufen von Gepäck auf ihren Wagen an uns vorbei, an den Schaltern reihten sich endlose Warteschlangen, und ganze Trauben von jungen Männern mit Seesäcken warteten darauf, sich ihrer Einheit anzuschließen. Auf dem Bahnsteig wimmelte es von Menschen, die sich umarmten und von den in London zurückbleibenden Verwandten verabschiedeten, um sich auf dem Land in Sicherheit zu bringen.

Wir wohnten zuerst in einer kleinen Pension. Nach einer langen Reise kamen wir spätabends müde an und trafen sogleich auf den Cousin und die Cousine, die sich in einem anderen Teil desselben Hauses eingerichtet hatten. Sie waren im Schlafrock und bereits zum Schlafengehen vorbereitet. Unser Abendessen bestand aus einem hastig von einem Tablett verzehrten Imbiß in einem mir neuerlich ungewohnten Schlafzimmer. Mir erschien alles konfus drunter und drüber zu gehen. Das einzig Beständige in meinem Leben war die beruhigende Anwesenheit meiner Zieheltern. Nach der ersten Woche wurde klar, daß die Pension keine dauerhafte Lösung für unser Wohnproblem darstellte, da sie zu teuer war. Die Erwachsenen machten sich daher auf die Suche nach einem unmöblierten Haus, das mehreren Familien Platz bieten würde. Sie fanden eines auf einem kleinen Hügel in einer Seitenstraße zur Hauptstraße und richteten es mit Ramsch aus einem Pfandleihhaus in der Stadt ein.

Wir waren drei Familien: Außer meinem Onkel, meiner Tante und mir befanden sich noch Cousin Max, ein stattlicher älterer Herr, und seine Frau Miriam, eine schlanke Dame mit eleganter Hochsteckfrisur im Stil der Königin Mary, sowie ihre Tochter Helen und deren sechs Monate altes Baby Melanie in Paignton. Als das Haus bezugsfertig war, siedelten wir in unsere neue Heimstätte um. Wir

machten keine Anstalten, das Haus zu verschönern, denn wir hatten nur die grundlegendsten Dinge gekauft. Das Wohnzimmer enthielt eine Sammlung von alten, nicht zusammenpassenden Sesseln. Das Sofa mit einem ausgebleichten Chintzüberzug sank deutlich in der Mitte ein. Dem Radioapparat wurde ein Ehrenplatz eingeräumt. Er befand sich auf einer großen braunen Stellage und hatte ein abgerundetes Oberteil sowie eine massive Drehscheibe. Wir hörten uns immer begierig die Nachrichten über den Stand des Krieges an.

Die Schlafzimmer der Erwachsenen waren alle recht ordentlich eingerichtet. Mein Zimmer war jedoch das kleinste und düsterste. Ein Bettgestell aus Eisen und ein Sessel fanden gerade Platz darin. Die Wände waren mit einer häßlichen erbsengrünen Leimfarbe gestrichen. Auf dem Boden lag ein ebenfalls grünes Linoleum. Ansonsten gab es in diesem Raum nichts. Im Vergleich zu dem Leid, das die Menschen in Europa erdulden mußten, hatte ich keinen Grund zur Klage, aber wenn ich mir die unwirtliche und kalte Atmosphäre dieses kleinen Zimmers ins Gedächtnis rufe, schaudert es mich noch heute.

Jeden Abend vor dem Schlafengehen betete ich zu Gott auf deutsch, daß er meine Eltern in Sicherheit bringen möge. An meine Fürbitte schloß ich noch ein kurzes hebräisches Gebet an, das mir mein Vater beigebracht hatte und in dem ich Gott ebenfalls um Schutz anflehte. Ich sprach dieses Bittgebet barfuß auf dem kalten Linoleumboden und hoffte, daß mich der Allmächtige dadurch eher erhören würde. Ich machte dies einige Wochen lang. Als keine dramatische Wendung eintrat, wurde meine Willenskraft schwächer, und ich betete in meinem vergleichsweise behaglichen Bett weiter.

Wir hatten Chamberlains Kriegserklärung vernommen, was uns traurig stimmte, aber keineswegs überraschte.

Die mächtige deutsche Armee war rücksichtslos in Polen eingefallen. Alles spitzte sich nun auf einen langen Konflikt zu. Verdunkelungsvorhänge und Fensterläden mußten in alle Fenster eingepaßt werden, damit kein Licht nach außen dringen konnte und die feindlichen Flugzeuge keine Zielscheiben finden würden. Wir mußten unsere Gasmasken überallhin mitnehmen. Sie waren in Kartonschachteln ausgegeben worden, die bald zerfielen. Es setzte also ein reger Handel mit Verpackungen ein, die mehr aushielten. Wohlhabendere Leute konnten sich teure Schachteln aus Schweinsleder mit Taschenlampen leisten. Der Rest kaufte sich billige aus Kunstleder. Die Maske selbst bestand aus Gummi, und man zog sie sich über den Haaransatz und die Stirn. Durch einen Plexiglasschlitz konnte man nach außen sehen. Eine Metallscheibe, die einem Schweinerüssel glich und sich unterhalb von Nase und Mund befand, sollte das Gas filtern und die Zufuhr von frischerer Luft ermöglichen. Der ganze Apparat roch widerlich nach Gummi, wenn man ihn überzog, und wir hofften alle, daß wir die Maske nie im Ernstfall benutzen müßten. Ein weiteres wichtiges Gerät war die Taschenlampe, die uns während eines Stromausfalls Licht spenden sollte. Batterien der Stärke acht paßten in die gebräuchlichsten Lampen und waren daher sehr gefragt. Immer wenn das Gerücht aufkam, daß ein Geschäft sie vorrätig hatte, gab es einen großen Ansturm darauf.

Nach und nach gewöhnte sich unsere Großfamilie aneinander. Es gab nur ein Badezimmer, in dem jedoch nie reger Andrang herrschte. Da aus den Hähnen nur kaltes Wasser strömte und die Zimmertemperatur alles andere als behaglich war, wuschen wir uns lieber in unserem Schlafzimmer mit Hilfe eines heißen Teekessels und einer Schüssel. Dennoch war Freitag immer Badetag. Wir wechselten uns

dabei ab, Münzen in den Durchlauferhitzer zu werfen. Dieses rostige Objekt rumpelte und pfiff, spuckte zuerst einen braunen Tropfstrahl aus und anschließend gerade soviel Wasser, daß ein Teil des Körpers bedeckt war.

Die Frauen mußten sich die Küche teilen, und wir versammelten uns alle im Wohnzimmer. Da die Cousine meiner Tante die orthodoxen Vorschriften strenger als der Rest der Familie einhielt, erlaubte sie keinem jüdischen Hausbewohner, am Sabbat den Kamin anzuzünden. Wir lösten dieses Problem, indem wir den Sohn eines nichtjüdischen Nachbarn dafür bezahlten, diese Tätigkeit für uns auszuführen. Mir kam dieses Unterfangen nicht logisch vor, aber ich war dankbar für die Wärme des Feuers, auch wenn man sie nur spüren konnte, wenn man nahe genug an den Kamin ging.

Mich hatte der Kriegsausbruch besonders getroffen. Ich konnte meiner Mutter, die sich in dem nunmehrigen Feindesland befand, nicht mehr schreiben. England, wo ich mich sicher gefühlt hatte, schwebte jetzt in Gefahr. Ich glaubte, daß die deutschen Horden bald bei uns einfallen würden. Zu meiner Überraschung betrachteten die Erwachsenen die Situation viel gelassener, obwohl überall die Zeichen auf Krieg standen. Die ältesten Söhne von zwei anderen Verwandten meiner Tante, die in der Nähe wohnten, wurden einberufen und traten in die britische Luftwaffe ein. (Ich fand erst später heraus, daß einer von ihnen die gefährliche Aufgabe eines Heckenschützen in einem Spitfire-Flugzeug übernommen hatte.) Die Badehütten am Meer wurden durch kegelförmige Panzerfallen aus Beton ersetzt. Die Uferpromenade strotzte nur so vor Stacheldraht. Auf dem Rasen vor einem der größten Hotels exerzierten die neuen Rekruten zum Trommelschlag. Wenn sie in ihre Kaserne zurückkehrten, sangen oder pfiffen sie ein lustiges Lied mit dem Refrain:

I've got tuppence to lend and tuppence to spend
And tuppence to send home to my wife.

Die Moral mußte um jeden Preis hochgehalten werden.

Nun wurde klar, daß mein Onkel nicht länger bei uns bleiben konnte. Wir lebten von unseren schwindenden Ersparnissen. Gemeinsam mit den anderen Männern des weiteren Familienkreises meiner Tante kehrte er unter der Woche nach London zurück, um seiner Arbeit nachzugehen. Da zwei Verwandte meiner Tante wohlhabende Optiker waren und einen damals seltenen Luxusgegenstand, ein eigenes Auto, besaßen, kam am Freitagabend eine ganze Ladung Männer angefahren, die sich schon nach ihren Frauen und Kindern sehnten. Während dieses »Sitzkrieges« passierte in London und überall sonst in Großbritannien nicht viel. Obwohl diese Strategie nicht gefahrlos war, stellte sie den einzig möglichen Kompromiß zwischen dem Bedürfnis nach der Nähe der Familie und der Notwendigkeit, einen Lebensunterhalt zu verdienen, dar. Wenn mein Onkel aus London zurückkehrte, brachte er uns immer ein besonderes Geschenk mit, für mich meistens meine Lieblingskaramellbonbons mit Nüssen.

Meine ersten Spielgefährten in Paignton waren drei Buben, die jüngeren Söhne von zwei Cousins meiner Tante, die ebenfalls alle in der Nähe wohnten. Sie ließen sich dazu herab, mich, obwohl ich »nur« ein Mädchen war, in ihr Spiel aufzunehmen. Wenn es nicht regnete, spielten wir für gewöhnlich auf einer schlammbedeckten Straße Fußball. Mir war ausnahmslos die Position des Torwarts zugedacht, was fast ebenso langweilig war wie mit den Erwachsenen im Haus zu bleiben. An Regentagen unternahmen wir allerdings interessantere Dinge. Wir spielten Monopoly, ein Spiel, das ich in Österreich nicht gekannt hatte. Da meine Spielgefährten etwas älter als ich

und die Söhne von richtigen Unternehmern waren, stellten sie sich beim Kauf von Häusern, Hotels und öffentlichen Versorgungsbetrieben sehr geschickt an. Mir fehlte dieses Talent vollkommen, und so übertrafen ihre gesammelten Reichtümer im Spiel, nicht anders als im wirklichen Leben, die meinen haushoch. Ich fand jedoch Gefallen daran, die Namen von Bahnhöfen und bekannten Londoner Straßen wie Fenchurch Street und Piccadilly, die auf dem Spielbrett standen, auf meiner Zunge herumzurollen.

Ein weiteres Spiel, bei dem ich mehr Erfolg hatte, war »Schifferlversenken«. Dabei gilt es, die Schiffe, die durch Quadrate auf einem Stück Papier gekennzeichnet sind, durch Erfragen der Position zu versenken. Der militärische Beigeschmack dieses Spiels machte das Gewinnen umso befriedigender. Selbst wenn ich die feindlichen Schiffe nur in meiner Phantasie abschoß, kam es mir so vor, als hätte ich Einfluß auf die wirklichen Geschehnisse.

Da wir nun zu so etwas wie einem Alltag gefunden hatten, beschloß meine Tante, daß es abermals Zeit für mich sei, die Schule zu besuchen. Die Volksschule im Ort befand sich in einem hellen, modernen Gebäude, das die Form eines Quadrats hatte. Die Klassenzimmer erstreckten sich über drei Seiten, und das Innere des Quadrats durchzog eine Säulenhalle. Auf der einen Seite war diese Wind und Wetter ausgesetzt, da die Schulbehörden der Meinung waren, daß die frische Devon-Luft für Kinder zu allen Jahreszeiten gesund war. In der Mitte des Gebäudes befand sich eine Grünfläche, die auf der einen Seite an den Festsaal und die Direktionskanzlei anschloß, in die wir von der Schulsekretärin geführt wurden.

Die Direktorin war eine große, furchterregend aussehende Frau. Da sie Schwierigkeiten voraussah, musterte sie mich zuerst argwöhnisch. Nach Abschluß dieser

Inspektion gab sie mir ein Stück Papier und einen Bleistift und befahl mir: »Schreib ›I like living in Paignton!‹ – ›Ich lebe gerne in Paignton!‹«

Ich war mir nicht sicher, ob das wirklich der Fall war, hielt es aber für besser, ihren Befehl auszuführen. Mein Englisch hatte sich schon verbessert, und so konnte ich den Satz fehlerfrei schreiben. Bei der Schreibung des Wortes »Paignton« gab ich besonders acht. Die Direktorin zeigte sich überrascht über meine Kenntnisse. Ihr war offensichtlich gesagt worden, daß die neue Schülerin wenig bis gar kein Englisch sprach. »Das ist sehr gut!« sagte sie, und es mag sie veranlaßt haben, mich in einer Klasse mit Gleichaltrigen einzuschulen.

In den darauffolgenden Wochen zogen die Unterrichtsstunden als ein undurchschaubarer Nebel an mir vorbei. Ich nahm Wörter und Sätze auf, steuerte aber selbst nichts bei. Als sich der Nebel eines Tages etwas lichtete, hörte ich den Lehrer sagen:

»Heute lernen wir etwas über *›area‹*. Weiß jemand, was ich damit meine?«

Dieses Wort – der englische Begriff für »Fläche«, wir sollten etwas über Flächenberechnung lernen – kam mir sogleich bekannt vor, denn hatte ich nicht zu Hause die Erwachsenen oft davon reden gehört: »Dazu braucht man einen *›aerial‹*, eine Antenne, funktioniert nicht ohne *›aerial‹*, ohne Antenne«?

Triumphierend hob ich die Hand. Der Lehrer, ein großer, rothaariger Waliser, wurde rot vor Freude, als sich seine ausländische Schülerin so unerwartet im Unterricht meldete. »Ja, Martha«, sagte er mit einem aufmunternden Lächeln. »Was ist damit gemeint?«

»Man braucht es fürs Radio«, antwortete ich eifrig.

Die ganze Klasse bog sich vor Lachen.

Meinem jüngst erworbenen Titel des »Flüchtlings«

konnte ich noch den der »Evakuierten« hinzufügen. Ich haßte beide aus ganzem Herzen und wünschte mir nichts mehr, als ein ganz normales Schulkind zu sein. Zu meiner großen Verlegenheit verursachte der lange deutsche Name Immerdauer am Schulanfang oft Schwierigkeiten. Neue Lehrer, die an meinen Namen nicht gewöhnt waren, gingen schnell die Liste der Namen, die sie aussprechen konnten, durch. Wenn ihr Blick jedoch auf meinen Familiennamen fiel, schauten sie verwirrt drein, husteten, begannen mit den ersten zwei Silben, machten eine Pause und schlossen mit einer Version des letzten Teiles, die sich wie »dor,« »dur« oder »dar« anhörte. Ich beließ es dabei, alle Versionen zu akzeptieren, da wir so am schnellsten zu einem interessanteren Thema übergingen.

Nachdem meine Klassenkameraden diesen eigenartigen Namen gehört hatten, beschlossen sie, daß ich eine deutsche Spionin sein müsse. Ihrer Meinung nach machte man Spionen das Leben am besten so schwer wie möglich. Drei von ihnen, die unterschiedlich groß und gefährlich waren, lauerten mir nach der Schule auf und jagten mir auf dem Nachhauseweg nach. Wenn sie mich eingeholt hatten, stellten sie mir das Bein und schlugen mich. Ich fand eine pragmatische Lösung für dieses Problem: Jeden Tag brachte ich einen Regenschirm mit in die Schule. Wenn meine Angreifer zu nahe an mich herankamen, drosch ich ihnen auf die Beine. Ich konnte meiner Ziehmutter nur mit einigen Schwierigkeiten erklären, wieso ich den Regenschirm an Schönwettertagen brauchte. Trotzdem kam es mir auch niemals in den Sinn, das Schweigen zu brechen, das Kinder in solchen Fällen bewahren. Zu meinem Glück gaben meine Peiniger bald auf, und ich konnte in Frieden nach Hause gehen. Ich weiß nicht, ob sie meine primitive Form der Selbstvertei-

digung abgeschreckt hatte oder ob es ihnen einfach zu langweilig wurde, mich zu verfolgen.

Da sich mein Englisch mit der Zeit verbesserte, gewann ich auch neue Freunde und konnte an Klassenaktivitäten teilnehmen. Wir verbrachten lange Nachmittage in Kirchensälen, während eine ganze aus London evakuierte Schule unsere Gebäude abwechselnd mit uns benutzte. In der Kirche lernten wir Tänze und Lieder aus der Gegend, malten und vertrieben uns auch mit allerlei anderen kreativen Beschäftigungen die Zeit. Wir schrieben unsere eigenen Theaterstücke und führten sie mit der musikalischen Begleitung eines Buben auf, der gut Klavier spielen konnte. Wir verkleideten uns mit den Kostümen, die uns einige Eltern bereitwillig zur Verfügung gestellt hatten und stellten unsere Werke aus. Ich fühlte mich wohl an diesem Ort, wo der gesunde Menschenverstand regierte, obwohl in meinem Hinterkopf immer wieder die Frage auftauchte, wie es meinen Eltern im kriegsgeplagten Europa ergehen mochte.

Mit der Zeit ließen meine Lernprobleme nach. Ich war beim Rechnen immer schnell gewesen und bald gelang es mir, aus Pfund, Shillings und Pennies bestehende Summen gut zusammenzurechnen und Textbeispiele, die für die Volksschule üblich waren und von Wasserhähnen und Feldarbeitern handelten, rasch zu lösen. (Ich kann es dem Flüchtlingsbuben gut nachfühlen, der angeblich seufzend zu seiner Lehrerin sagte, nachdem er eines dieser Textbeispiele sah: »Ich wünschte, ich hätte ihre Probleme und sie meine!«)

Dennoch war das Rechnen noch am einfachsten für mich. Es fiel mir um einiges schwerer, eine neue Sprache zu erlernen und eine mir fremde Kultur zu verstehen. Ich setzte alles daran, schnell Englisch zu lernen, denn es mißfiel mir gewaltig, daß ich nicht verstand, was um

mich herum vorging. Es erschien mir selbstverständlich, mehr als eine Sprache zu sprechen, da meine Eltern sowohl Polnisch als auch Deutsch konnten, mein Vater auf Hebräisch betete und meine Zieheltern Polnisch, Jiddisch und Englisch sprachen.

Natürlich hatte ich zunächst einen starken deutschen Akzent. Meine »th's« kamen nur als »s« heraus. Mein »r« muß sich auch sehr kehlig angehört haben, denn ich erinnere mich, wie sich jemand über mich lustig machte, als ich nach einem Sturz die Worte »scratch« – Kratzer – und »bruise« – Prellung – aussprach. Da ich jedoch ein gutes Gehör für Klangunterschiede hatte, brauchte ich nicht lange, bis ich meine Vokale und Konsonanten der Sprechweise der Einheimischen angepaßt hatte. Ich kann mich nicht genau daran erinnern, wann ich meinen deutschen Akzent ablegte. Es muß einige Monate nach meiner Ankunft in England gewesen sein. Wenn ich verrate, daß ich in Österreich geboren wurde, sagen Leute heute noch: »Aber Sie haben überhaupt keinen Akzent!«

Mein Vokabular vergrößerte sich täglich. Mit Freude stellte ich fest, daß ich wieder lesen konnte. In Comic-Heften wie »Dandy«, für das ich ein Wochenabonnement hatte, verfolgte ich die Abenteuer von Desperate Dan und anderen Helden. Später ging ich dazu über, Geschichten von Angela Brazil und L. M. Montgomery zu lesen, die ich mir in der Bibliothek auslieh. Zu diesem Zeitpunkt fand ich auch schon Gefallen am Kinderprogramm der BBC. »Toytown« und »Uncle Mac« waren meine Lieblingssendungen. Ich mochte auch die Auszüge aus den »Pickwick Papers« und die Geschichten von Brer Rabbit, die uns unser Lehrer vorlas. Poesie entzückte mich, und ich beneidete die Schüler, die Gedichte vor der Klasse vortragen konnten. Ich hätte es ihnen gerne gleichgetan, wußte aber nicht, wie ich mir solche Glanzstücke aneignen konnte.

Bald war mein Englisch so gut, daß ich aufhörte, auf deutsch zu denken. Mit meinem glatten braunen Haar, meiner hellen Haut und meinen gleichmäßigen Gesichtszügen unterschied ich mich von meinen englischen Klassenkameraden nun durch nichts mehr. Was sich in meinem Inneren abspielte, war eine andere Sache. Ich hatte die kindliche Illusion, daß andere Menschen dasselbe wußten wie ich und verstanden, was es hieß, in Österreich von den Nazis verfolgt und gezwungen worden zu sein, ohne Eltern das Land zu verlassen. Zu Hause war man sich tatsächlich mehr oder weniger dessen bewußt, was ich durchgemacht hatte. Da alle Juden waren, wußten sie, was Verfolgung hieß. Ich frage mich jedoch, welchen Reim sich meine englischen Klassenkollegen auf mich machten.

Was mir passiert war, war so schmerzhaft, daß ich nicht darüber zu sprechen vermochte. Meine Tante und ihre Freunde deuteten Mitleid an. Mir mißfielen diese Bekundungen jedoch, und ich fand sie eher lästig, als daß sie mich getröstet hätten. Ich wollte von niemandem Mitleid. Obwohl es unglaublich erscheinen mag, erwähnte ich meine österreichische Vergangenheit oder meine wirklichen Eltern meinen englischen Schulkollegen gegenüber mit keinem Wort. Ich habe keine Ahnung, wieviel sie von anderen Leuten über mich in Erfahrung gebracht hatten. Sie akzeptierten mein Schweigen jedenfalls – entweder aus Takt oder aus Mangel an Interesse. Wir tratschten über Alltägliches, machten uns über Lehrer lustig und sprachen darüber, wer in der Klasse für wen schwärmte. Für mich war die Vergangenheit wie ein Schrank, den ich fest versperrt hatte.

Manchmal wurde ich von anderen Kindern nach Hause eingeladen. So lernte ich das englische Teeritual kennen, bei dem dünne Sandwiches, Teegebäck und Kuchen in

einer besonderen Reihefolge gereicht werden. Instinktiv erfaßte ich, daß ich nicht das schönste Stück Mehlspeise nehmen sollte, wenn es nicht genug davon gab. Es fiel mir schon schwerer, diese Gastfreundlichkeit zu erwidern. Da meine Freunde keine Erfahrungen mit Zieheltern hatten, nahmen sie an, daß meine Ziehmutter meine richtige Mutter war. Wenn ich sie wie sonst auch »Tante« genannt hätte, hätte dies lange Erklärungen nach sich gezogen, zu denen ich emotionell nicht fähig war. Also meisterte ich dieses Dilemma, indem ich meine Tante nicht direkt ansprach. Dies belastete mein bereits unsicheres seelisches Gleichgewicht.

Und dann gab es da so Fragen wie: »Gehörst du der ›High Church‹ oder der ›Low Church‹ an?« Ich wußte überhaupt nicht, welchen Unterschied es zwischen ihnen gab und erinnere mich nicht, was ich darauf antwortete. Meine Antwort muß verwundert haben, aber zu meiner großen Erleichterung wurde dann stets das Thema gewechselt. Als sich die Weihnachtszeit näherte, fragte die Mutter einer Spielgefährtin:

»Welche Weihnachtlieder lernt ihr denn in der Schule?«

»›Good King Wenceslas‹ und ›The First Nowell‹«, antworteten wir.

Zu meiner Überraschung kannte sie diese gut und spielte die Melodien sowie einige andere auf dem Klavier. Das einzige deutsche Weihnachtslied, das ich entfernt gekannt hatte, war »Stille Nacht«. Ein solch großes Repertoire von religiösen Liedern war mir also neu. Über solche Dinge sprach man auch in dem Haus, das meine Tante mit ihrem Cousin und ihrer Cousine teilte, nicht. In diesen schwierigen ersten Kriegsmonaten gelang es ihnen jedoch, einige kleine Kerzen zu erstehen, um Chanukkah, das jüdische Fest der Lichter, das ebenfalls im Dezember stattfindet, zu feiern.

Da meine Tante sehr viel auf Tradition hielt, schickte sie mich zum Hebräischunterricht, der am Sonntag in meiner Schule stattfand. Der Lehrer, der auch allgemeine Fächer unterrichtete, war ein munterer und sympathischer Mann. Da er den Lehrstoff interessant gestaltete, vertiefte sich meine Kenntnis der jüdischen Feste und ich konnte die hebräischen Gebete, die in der Synagoge vorgetragen wurden, besser lesen. Gleichzeitig lernte ich in der Religionsstunde in meiner Volksschule auch die Gleichnisse von Jesus. Da mir jede Art von Geschichten gefiel, erschienen mir diese interessant und ihre Bedeutung außerordentlich. Dennoch fühlte ich mich schuldig, daß ich sie mir anhörte, denn für Juden ist das Neue Testament streng tabu. Da in der Schule bisher kein Kind den Religionsunterricht nicht besucht hatte und ich das einzige jüdische Kind in der Klasse war, ging man davon aus, daß ich bei den anderen bleiben sollte. Meine Tante hatte an wichtigere Dinge zu denken, als herauszufinden, was genau ich lernte. Den Behörden war diese Anomalie auch noch nicht aufgefallen. Für mich war das gut, denn wenn ich dem Unterricht ferngeblieben wäre, hätte sich mein Gefühl des Außenseitertums gewiß verstärkt.

Ein- oder zweimal mußte meine Tante für ein paar Tage nach London fahren, um sicherzustellen, daß mit dem Haus in Bow noch alles in Ordnung war. Dann übernachtete ich bei einer meiner Schulkolleginnen. Sie nahm mich mit zur Sonntagsschule, wo wir herumtollten, eine Geschichte vorgelesen bekamen und ein christliches Gebet aufsagten. Im Gegensatz dazu wurden zu Hause am Freitag abend immer die Kerzen angezündet, und meine Tante fuhr eine ziemlich lange Strecke, um unsere koschere Fleischration aus Torquay zu holen.

All dies geschah gleichzeitig. Ich hatte dafür separate

Fächer in meinem Kopf und erzählte meinen christlichen Freunden nichts über meine jüdischen Erfahrungen und den jüdischen Erwachsenen nichts von meinen christlichen Einblicken. Ganz tief drinnen identifizierte ich mich jedoch stark mit der jüdischen Tradition als Fortsetzung meiner österreichischen Vergangenheit. Eigentlich konnte ich nicht verstehen, wie die harmlosen, ja sogar Güte verkündenden Auszüge aus dem Neuen Testament, die man uns in der Schule vorlas, zu der gemeinen religiösen Intoleranz paßten, die in Österreich vorherrschte.

Für diese gegensätzlichen Kulturen, Sprachen und Religionen einen gemeinsamen Nenner zu finden, hätte den Geist eines ausgewachsenen Philosophen überfordert, umso mehr den eines neunjährigen Kindes. Überdies hatten meine Erfahrungen mit den Nazis deprimierende Spuren in mir hinterlassen. Obwohl ich meine Eltern innig liebte und meine Erfahrungen in der jüdischen Gemeinde fast überwiegend positiver Natur waren, konnte ich mich unbewußt des Gefühls nicht erwehren, daß etwas am Judentum falsch und beschämend sein mußte. Wenn ich mir jetzt die abscheulichen Karikaturen von Juden in einem sogar relativ toleranten Land wie England ins Gedächtnis rufe – Fagin aus Charles Dickens »Oliver Twist«, Svengali aus George du Mauriers »Trilby« und eine Reihe von anderen –, erstaunt mich das nicht mehr.

Ich schämte mich, wenn meine Tante mit einer ihrer Freundinnen im Bus Jiddisch sprach. »Wenn sich Franzosen in ihrer Sprache unterhalten, kümmert das niemanden. Wieso sollte ich daher nicht Jiddisch sprechen?« konterte sie mir mit einer Logik, die meine eigene zu diesem heiklen Thema übertraf. Anstatt dieser plumpen Ausländerin wünschte ich mir eine Mutter mit einem Oberklasseakzent ähnlich dem von Mrs. Miniver aus dem gleichnamigen, oscarprämierten Film über die Kriegsop-

fer der englischen Zivilbevölkerung. Mir mißfiel auch, wenn einige ihrer Verwandten auf der Straße wild gestikulierten, wodurch sie sich ganz deutlich von den zurückhaltenden Bewohnern der Grafschaft Devon unterschieden. Mir wurde einmal vorgeworfen, einen dieser Verwandten ignoriert zu haben, als ich mit einer Freundin an ihm vorbeiging. Ich schämte mich im nachhinein für diesen Akt der Ablehnung, denn meine Tante und ihre Verwandten kamen trotz ihres fremdländischen Auftretens mit den Erfordernissen des Krieges gut zurecht und ihre Söhne, ja sogar ihre Töchter, nahmen den Kriegsdienst auf sich, als sie dazu aufgefordert wurden. Sie für ihren Teil verstanden meine Gefühle kaum. Sie waren jedoch der Propaganda der Nazis auch nicht in einem Alter ausgesetzt gewesen, in dem man sehr leicht zu beeinflussen ist.

Inzwischen erhielt ich zu meiner Überraschung noch immer Briefe von meiner Mutter, obwohl jeder offizielle Kontakt mit Österreich abgerissen war. Sie hatte einen Bruder in Antwerpen, der mir ihre Briefe weiterschickte, und meine nahmen denselben Weg. Sie tat ihr Bestes, ihre Briefe, die von einem möglichen Wiedersehen sprachen, hoffnungsvoll klingen zu lassen, und hütete sich davor, mir irgendetwas über die Schikanen zu berichten, denen sie zweifellos ausgesetzt war. Ich wiederum setzte alles daran, sie bezüglich meines gesundheitlichen Wohlbefindens und meiner Sicherheit zu beruhigen. Leider haben diese Briefe die Zeit nicht überdauert. Das einzige Handschriftliche, das mir von meinen Eltern blieb, ist das Gedicht meines Vaters in meinem Stammbuch.

Was mich in jenen schwierigen Zeiten rettete, war der beständige Alltagstrott in der Schule und zu Hause. Ich verdanke dies meinem Klassenvorstand und meinen

Zieheltern. Ich lernte gerne – Geschichte, Geographie, Naturkunde waren Wasser auf meinen Mühlen. Die Literatur, im besonderen Lyrik, hinterließ einen starken Eindruck auf mich. Ich erinnere mich gern daran, wie die ganze Klasse Alfred Noyes' Gedicht »The Highwayman«, (»Der Wegelagerer«) aufsagte. Damals identifizierte ich mich mit dem Mädchen, das seinen Geliebten vor den mit seinem Tod verbundenen Gefahren warnt. Außerdem gab es jede Menge kreative Aktivitäten. Ich war hocherfreut, als man mir eine Sprechrolle in einer Szene von »A Christmas Carol« von Charles Dickens zuteilte, das die Klasse gerade probte. Obwohl die Rolle der Mrs. Cratchit sehr klein war, gab ich mir alle Mühe, sie mit großem Ausdruck zu interpretieren. Unser Lehrer, ein musikalischer Waliser, begleitete uns in der Singstunde begeistert auf dem Klavier. Die Lieder, die er uns beibrachte – »All through the night«, »Where e'er you walk« und eine Version von Händels Menuett für »Berenice« – bewahre ich heute noch als wertvolle Kindheitserinnerung in meinem Gedächtnis.

Ich habe diese Zeit als eine relativ glückliche in Erinnerung, obwohl es da die zweite Seite, die quälenden Erinnerungen gab. Ich konnte mir diese Dinge jedoch nicht eingestehen oder wirklich daran denken. Die langen Abende, während der wir um den Kamin saßen, Kartoffeln brieten und Kopfschützer für die Armee strickten, gaben mir trotz alledem ein Gefühl der Sicherheit. Dieses Zwischenspiel dauerte allerdings nicht länger als bis nach Weihnachten. London, wo sich mein Onkel und Helens Mann befanden, war verdächtig ruhig. Also wollten die Frauen zu ihren Männern zurückkehren. Ich verabschiedete mich deshalb von meinen Schulkollegen, und wir brachen wieder nach London auf. Wir ließen das alte Ehepaar zurück, das sich zum Bleiben entschlossen hatte,

um die Möbel an die Pfandleihanstalt zurückzuverkaufen und anderswo ein Quartier zu suchen.

Als wir in London ankamen, bemerkte ich Wälle von Sandsäcken um öffentliche Gebäude und noch mehr Sperrballons am Himmel. Ganze Batterien von Flakgeschützen standen auf den freien Flächen, an denen wir auf unserem Weg vom Bahnhof vorbeifuhren. Busfenster hatte man mit grünlichen Netzen abgedeckt, um die Passagiere gegen herumfliegende Glassplitter zu schützen. Die Busse schauten jetzt wie Aquarien aus. Auf Plakaten waren Leute abgebildet, die unsachgemäß daran herumhantierten. Eine Figur namens Billy Brown of London Town ermahnte sie mit folgenden Worten:

I trust you'll pardon my correction –
this stuff is there for your protection.
(Entschuldigt, wenn ich euch ermahne,
aber diese Netze dienen eurem Schutz.)

Die Merchant Street, in der sich vor kurzem noch Menschen getummelt hatten, lag jetzt fast verlassen da. Die meisten Frauen und Kinder waren an sicherere Orte evakuiert worden. Zurückgeblieben waren nur ein paar Männer, die gezwungen waren, in London einer Arbeit nachzugehen, sowie die Luftschutzwarte. Kein Kind warf den Ball mehr gegen die Mauer des Luftschutzkellers. Meine Tante packte unerschrocken unsere Sachen aus und nahm erleichtert wieder von ihrem Territorium Besitz. Ihr war es nicht leichtgefallen, die Küche mit anderen Frauen zu teilen. Mein Onkel war in praktischen Angelegenheiten zwar sehr begabt, aber Kochen zählte nicht zu seinen Stärken. Er hatte deshalb während unserer Abwesenheit bei einem Bekannten Quartier bezogen. Auch er war froh, daß er wieder in seinem eigenen Bett schlafen und das Essen meiner Tante genießen konnte.

Die meisten Bekannten meiner Tante waren noch evakuiert. Nur ihre Freundin Debbie hatte sich geweigert, London zu verlassen. Ich habe sie als eine Frau mit einem schweren Körper in Erinnerung, der in einem voluminösen Schürzenkleid steckt. Sie blinzelte mich trotz ihrer dicken Brille kurzsichtig an. Bei ihrer gelassenen Art und ihrer fröhlichen Begrüßung: »Wie geht es dir, Millie, Mary, Martha?« fühlte ich mich gleich willkommen. Ihr Mann war einige Jahre zuvor gestorben und hatte sie mit fünf Kindern zurückgelassen. Ihr war es irgendwie gelungen, auch in Zeiten, als der Wohlfahrtsstaat sich noch nicht solcher Fälle annahm, für sie zu sorgen. Die Kinder waren jetzt erwachsen, und einige von ihnen dienten in der Armee.

Während des Krieges standen in Debbies Haus wahrlich Tür und Tor offen. Sie rühmte sich, daß ihr Heim so wie das Windmill Theater niemals zusperrte. In ihrem kleinen Haus in Mile End bot sie einigen ihrer Kinder sowie mehreren Kostgängern Quartier. Am Wochenende trafen sich dort Verwandte, Freunde und eine Reihe von jungen Leuten, die ihre Kinder eingeladen hatten. Dazu gehörten manchmal polnische Soldaten auf Fronturlaub, französische Flieger in der britischen Luftwaffe und später auch Amerikaner.

Trotz des beengten Raumes und der schäbigen Möbel war das Wohnzimmer immer gerammelt voll mit Leuten. Einige saßen auf wackeligen Stühlen um den Tisch, andere unterhielten sich in Gruppen in einer Ecke des Raumes. Zwischendurch servierten Debbie und ihre Familie Tee und Sandwiches. Das Essen war streng rationiert. Deshalb verstand es sich von selbst, daß die Besucher etwas zum Gemeinwohl beisteuerten: eine Packung Tee, ein paar Gramm Butter, eine Sardinenbüchse oder eine selbstgemachte Torte. In der Nähe des Erkerfensters im

vorderen Teil des Raumes stand ein altes, verstimmtes Klavier. Auf diesem klimperte der jüngere Sohn des Hauses mit seiner rechten Hand Schlager, während er mit seiner linken die Baßtasten strich, so wie es ihm gerade in den Sinn kam. Die Melodien, die er hervorbrachte, waren weniger melodiös als fröhlich, aber wen störte das? Seine Darbietung trug trotz ihrer Mängel dazu bei, unsere Moral zu heben. Seine jüngere Schwester, eine kurvenreiche Blondine, klopfte mit ihren Stöckelschuhen im Rhythmus und schnappte sich jeden jungen Mann, der sich gerade in ihrer Nähe befand, für einen Quickstep oder einen Foxtrott. Das Paar schwang sich dann im Takt auf einer engen Fläche, die von sitzenden Gästen freigehalten wurde.

Eines Abends, kurz nach unserer Rückkehr nach London, ertönte der Fliegeralarm. Nach vielen Übungs- und Fehlalarmen fragten wir uns, ob das wohl ein echter wäre. Es erschien aber doch sicherer, ihn ernst zu nehmen. Wir packten daher unsere Mäntel, einige Decken und eine Taschenlampe und begaben uns zum Luftschutzkeller. Als wir das Haus verließen, war der nächtliche Himmel hell von den kreuz und quer rotierenden Suchlichtern erleuchtet. Auf der Straße hasteten ähnlich ausgerüstete Leute wie wir zum Keller. Wir hatten uns kaum auf den Lattenbänken mit unseren Decken um die Schultern eingerichtet, als wir ein gewaltiges Krachen hörten, das immer lauter und heftiger wurde. Es waren die Flakgeschütze im Einsatz. Dazu gesellte sich Flugzeuggedröhn, dessen Knattern seine deutsche Herkunft verriet. Danach folgte ein dumpfer Knall und das Grollen explodierender Bomben. In dieser Kakophonie saß ich nur starr vor Schrecken da. Es schien so, als ob böse gestimmte Götter ein zügelloses Feuerwerk veranstalteten. Wenn die Flugzeuge über uns hinwegdonnerten,

hielten die Leute nur den Atem an und faßten sich an den Händen. Ihre Lippen bewegten sich in einem stillen Gebet, daß die nächste Ladung nicht auf uns fallen möge. Schließlich wurden die Aufschläge schwächer und hörten dann überhaupt auf. Endlich erlöste uns der Dauerton eines Entwarnungssignals, das wir um so vieles lieber hörten als den Jammerton des Alarms. Mit einem Dankesseufzer, daß wir uns noch immer am Leben befanden, kehrten wir in unser Haus zurück. Für diesmal war es unbeschädigt geblieben. In der Luft hing der Geruch von abgefeuerten Geschützen und der Rauch von einem in der Ferne lodernden Feuer.

Dieses Ereignis wiederholte sich in der folgenden und der übernächsten Nacht. Es wurde uns fast zur Gewohnheit, uns mit Thermos- und Warmwasserflaschen zum Keller zu begeben. Wenn wir im halbdunklen Raum saßen, sangen wir »Pack up your troubles«, »Tipperary« und »The White Cliffs of Dover«. Jedes Lied war recht, um unsere Moral zu stärken und den Lärm der Geschütze und Bomben zu übertönen. Meiner Tante wurde bald klar, daß sie den falschen Zeitpunkt für eine Rückkehr nach London gewählt hatte. Wieder einmal packten wir unsere Sachen, versperrten das Haus und machten uns auf den Weg zur Paddington Station. Mein Onkel kam für eine kurze Zeit mit uns, mußte aber – zur großen Besorgnis meiner Tante – bald wieder abfahren. Erneut fanden wir uns in einer Pension wieder. Dann mietete meine Tante ein paar möblierte Zimmer in einem anderen Teil von Paignton. Später zogen wir in eine unmöblierte Wohnung und ließen unsere Einrichtung aus London kommen. Wir hatten jetzt eine recht hübsche Wohnung im oberen Stockwerk eines Hauses an der Hauptstraße, und es schien so, als ob wir uns hier für einen längeren Aufenthalt niedergelassen hätten.

Ich kehrte in dieselbe Schule zurück, von der ich vor ein paar Wochen der Meinung gewesen war, daß ich sie für immer verlassen hatte. Da ich mich jetzt in allen Fächern besser auskannte, kam ich gerne zurück. Um zum Unterricht zu gelangen, mußte ich jeden Tag viermal einen Kilometer gehen, da das Mittagessen nicht in der Schule ausgegeben wurde. Die körperliche Ertüchtigung schadete mir aber nicht. Meine Schulkollegen nahmen meine Rückkehr ohne Verwunderung hin und luden mich ein, mich ihrem »Geheimbund« anzuschließen, dessen Zweck ich vergessen habe. Um das Aufnahmeritual zu bestehen, mußte man fünf Minuten auf Zehenspitzen stehen, was mir nicht allzu schwer fiel. Eine der Aktivitäten dieser Gruppe bestand darin, pro Woche eine Geschichte zur Unterhaltung der anderen Mitglieder zu schreiben. Das gefiel mir sehr gut, und so begann auch meine lebenslange Liebe zur englischen Sprache. In meinen Augen hat keine andere einen so reichen und nuancierten Wortschatz. Ihre Dichtung und Literatur hat mir viel Freude bereitet und mich zum Teil für die Einsamkeit in meinem Leben entschädigt.

Während dieser Periode relativer häuslicher Stabilität hagelte es täglich bestürzende Nachrichten aus dem Ausland. Die deutschen Panzereinheiten waren nun losgerollt. Der »Sitzkrieg« war vorbei, und der wahre Krieg hatte begonnen. In der Wochenschau sahen wir verschreckte Flüchtlinge, die Handkarren, mit ihren Habseligkeiten vor sich herschoben, um sich aus der Gefahrenzone zu retten. Sie wurden oft von Heinkel-Flugzeugen im Sturzflug bombardiert und mit Maschinengewehren beschossen. Belgien, wo mein Onkel lebte, wurde von den Deutschen erobert, und dadurch brach jeder Nachrichtenaustausch mit meiner Mutter ab. In den Zeitungen verwiesen dicke Linien und Pfeile auf den Vormarsch der Deutschen. Das

Dritte Reich hatte sich Holland und Norwegen ebenfalls einverleibt. Beide Länder hatten gegen eine Armee, die ihnen zahlen- und ausrüstungsmäßig überlegen war, tapferen, wenn auch hoffnungslosen Widerstand geleistet. Den größten Schlag versetzte uns aber die Kapitulation Frankreichs. Wir jubelten über das britische Expeditionskorps, das von heroischen kleinen Booten in Dünkirchen gerettet worden war. Es war jedoch erschreckend klar, daß wir alleine einem Feind gegenüberstanden, der bis an die Zähne bewaffnet war und sich in einer lächerlichen Entfernung von 40 Kilometern auf der anderen Seite des Ärmelkanals befand.

Mir jagte diese Situation Angst und Schrecken ein. Ich verfolgte den deutschen Vormarsch auf der Landkarte mit einer Mischung aus Faszination und Verzweiflung. Ich konnte schon vorhersehen, wie sich meine österreichischen Erfahrungen wiederholen würden, wenn die deutschen Invasoren die Juden wieder »aussortieren« würden. Abermals überraschte mich die unverständliche Ruhe der Erwachsenen, trösten konnte sie mich aber nicht. Wahrscheinlich hatte ich recht mit dem Gefühl, daß sie sich nicht ausmalen konnten, was sie erwartete, wenn Hitler dieses Land erobern würde. Eine seltsame Rollenumkehr fand statt: Zum ersten Mal spürte ich, daß ich mehr wußte als meine Umwelt.

Die offizielle Reaktion auf diese schwierige Situation war jedoch auf das Nützliche hin orientiert. Alleinstehende Frauen ohne Haushaltspflichten wurden zum Dienst in Munitionsfabriken eingezogen, Gitter und andere weniger wichtige Metallgegenstände wurden zu Granaten verarbeitet. Ältere Männer schlossen sich der Bürgerwehr an. Diese bunt zusammengewürfelte Gruppe von Männern wurde später in der englischen TV-Serie »Dad's Army« parodiert. In jenen Tagen waren sie jedoch ein

Symbol für den trotzigen Widerstand, den die Briten den Deutschen leisteten. Auf Plakaten wurden wir aufgefordert, »für den Sieg zu graben«. Wir gehorchten dem Befehl, indem wir Kartoffeln, Kraut, Erbsen und Karotten im Garten hinter unserem Haus anbauten. Andere Schilder verkündeten: »Eure Tapferkeit, Fröhlichkeit und eure Entschlußkraft bringen uns den Sieg!« Winston Churchill hielt seine berühmten Reden, die auf uns wie ein Lebenselixir wirkten und uns neuen Mut einflößten. Manchmal nur hörten wir Kassandrarufe, die angeblich Geheiminformationen über den Zeitpunkt des deutschen Einmarsches hatten. Dieses Datum verschob sich jedoch von Monat zu Monat.

In der Zwischenzeit ging unser Leben so normal wie möglich weiter. An einige Lebensmittel kamen wir nur schwer heran. Meine Tante meisterte die Lage jedoch sehr gut, indem sie ihre Augen offenhielt und viel Zeit mit Schlangestehen verbrachte, um knapp gewordene Waren wie Zwiebel, Äpfel oder was sonst noch fehlte, zu ergattern. So aßen wir ziemlich ausgewogen. Da Fette und Fleisch streng rationiert waren, nahmen wir mehr Fisch, Vollkornbrot und Bohnen zu uns. Dies erschien damals als karger Speisezettel, wird heute jedoch für gesünder erachtet als die eiweißreichen Mahlzeiten der sechziger Jahre. Damit unsere Zuteilungen länger vorhielten, machten wir nach Rezepten aus dem Radio eierlose Kuchen und Marmeladen aus seltsamen Zutaten wie zum Beispiel Markkürbissen. Wir frischten unsere Rationen aus den Geschäften mit den Gaben auf, mit denen uns die Natur versorgte. Meine schlauen Freunde vom Land wußten, wo Pilze, Kresse, Holunder und Brombeeren wuchsen. Den Holunder verarbeiteten wir zu Wein, und ich durfte Teigtaschen mit gezuckerten Brombeeren füllen, bevor sie in den Ofen kamen.

Wir wohnten fast direkt neben einem Kino, das, abgesehen vom Radio, die billigste und beliebteste Form der Unterhaltung war. Einmal nahm mich die Frau meines Hebräischlehrers sogar zu einer »Schwanensee«-Vorführung im Torquay Pavilion mit, die mich entzückte. Der Ausflug war jedoch für mich dadurch getrübt, daß meine Gastgeberin ganz offensichtlich über den Preis der Eintrittskarten bestürzt war und bezweifelte, ob sie sich diese auch wirklich leisten konnte. Dabei war es ihre Idee gewesen, mich einzuladen! Ein anderes Mal wurden meine Tante und ich von den Leuten, in deren Haus wir gewohnt hatten, zu einer musikalischen Darbietung eingeladen. Ihre Tochter, eine Geigerin, spielte in einem Konzert. Da meine Tante nicht viel von klassischer Musik verstand, gab sie Anlaß zu diskreter Belustigung, als sie fragte, welches Instrument ein Konzert denn sei.

Aber normalerweise gingen wir ins Kino, um uns zu unterhalten. In der alles umhüllenden Dunkelheit, die nur von der Leuchtschrift an den Seitenausgängen und hin und wieder von der Taschenlampe der Platzanweiserin durchbrochen wurde, konnte man seine eigenen Sorgen vergessen und stattdessen mit den Helden auf der Leinwand mitfühlen. Hier sah ich eine abwechslungsreiche und für mein Alter nicht immer ganz passende Palette von Filmen: die Komödien mit Will Hay oder Laurel und Hardy, Thriller, die mir das Blut in den Adern gefrieren ließen, Western, in denen man die Helden an ihrem weißen Hut erkannte, sowie Dramen und Musicals. In einigen bekämpften Bette Davis oder Joan Crawford tapfer ihre Komplexe, in anderen zeichneten fabelhaft aussehende junge Frauen Blumen auf Panzer. Erotik wurde gemäß den strikten Vorschriften der amerikanischen Zensur sehr schicklich dargestellt: kurze Küsse, Kleider ohne Ausschnitt und kein Liebespaar, das ein Bett teilte. Aus

Filmen lernte ich ein wenig über die Hollywoodtaktiken des Hofierens – Seitenblicke und eine aufreizende Körpersprache. Sie betrafen mich jedoch nicht direkt. Einige wenige Filme wie »Intermezzo« gaben mir einen quälenden Einblick, wie Menschen aus anderen Ländern flüchteten. Ich vermochte es nicht in Worten auszudrücken, welche Sehnsucht diese Filme in mir wachriefen, Kontakt mit einer Welt aufzunehmen, von der ich jetzt vollkommen abgeschnitten war. Wie gern hätte ich doch gewußt, was dort wirklich passierte, anstatt mich mit dieser sterilen Leinwandversion zufriedengeben zu müssen!

In London herrschte zur großen Erleichterung meiner Tante wieder Ruhe. Hitler war anderwärtig beschäftigt. Er richtete seine Aufmerksamkeit jetzt auch auf andere Städte, unter ihnen Plymouth, das sich in nicht allzu weiter Entfernung von uns befand. Mein Onkel arbeitete weiterhin während der Woche in London und kam am Wochenende mit dem Zug nach Paignton.

Als die deutschen Luftangriffe auf London wieder begannen, zogen mehrere Verwandte und Freunde nach Devon, unter ihnen die Schwester meiner Tante und ihre Nichte. Eine Bekannte hatte eine Tochter, die ungefähr in meinem Alter war – zehn oder elf. Sie übernachtete bei uns, als ihre Mutter kurz nach Hause fuhr. Im Gegensatz zu mir war Barbara schon aufgeklärt, und sie bestand darauf, mir dieses Wissen mitzuteilen. Ich wußte über Babys Bescheid und daß etwas besonderes in meinem Alter passierte. Wenn mir manchmal schlecht war und meine Tante ihren Freundinnen davon berichtete, fragten sie: »Ist es – du weißt schon was?«

»Nein, sie ist noch zu jung«, antwortete sie mit einem verschwörerischen Augenzwinkern. Ich wandte meinen Blick nur verächtlich von diesen Wichtigmacherinnen ab.

Ich hatte nur eine vage Vorstellung, wie Babys in den

Bauch der Mutter gelangen und von dort wieder herauskommen. Barbara brachte hier Licht ins Dunkel.

»Weißt du nicht, daß Buben ein Ding haben?« Ich hatte meine kleinen Cousins nackt gesehen und konnte ihre Frage also bejahen. Als sie mir verriet, was sie mit diesem »Ding« anstellten, schien es mir ungeheuerlich und abscheulich. Barbara ließ sich nicht davon abhalten, mich genau über die sexuellen Aktivitäten einiger Buben aus ihrem Bekanntenkreis zu informieren. Ich erzählte davon weder meiner Tante noch irgendjemandem sonst.

Wenn die Erwachsenen über Sex sprachen, taten sie das normalerweise nur im Flüsterton und warfen ängstliche Blicke auf die in einem anderen Teil des Raumes anwesenden Kinder, um sicherzustellen, daß wir nicht zuhörten. Wir taten, als seien wir mit anderen Dingen beschäftigt. Ehemänner, die fremdgingen, wurden verurteilt. Frauen, die dasselbe taten, unterlagen aber noch viel schärferer Kritik. Eine Bekannte, deren Affäre zur Geburt eines außerehelichen Kindes geführt hatte, wurde in den gemeinsten Tönen verfemt.

Obwohl ich immer neugierig ein Ohr für die seltsamen Enthüllungen der Erwachsenen offenhielt, lagen meine wahren Interessen anderswo. Ich hatte die anderen Schüler in meiner Klasse eingeholt. Bald nach meiner Ankunft in England hatte mir meine Tante zwei Gebäude gezeigt, eines davon ansehlich und eindrucksvoll, das andere schlichter und gewöhnlicher.

»Dort gehst du hin, wenn du ein Stipendium bekommst«, sagte sie und zeigte auf das erste Gebäude.

»Und dort gehst du hin, wenn du es nicht bekommst«, sagte sie, als wir beim zweiten vorbeigingen.

Diese Sätze bedeuteten mir damals wenig, aber ich nahm schon damals richtig an, daß mit dem Bestehen der Aufnahmeprüfung für das Gymnasium ein gewisses Pre-

stige verbunden war. Seit diesen frühen Tagen war nun mehr als ein Jahr vergangen. Ich war jetzt fast elf und besuchte mit meinen Altersgenossen an der »Oldway Junior School« die letzte Volksschulklasse. Die Stipendienprüfung, die ich im nächsten Frühjahr ablegen sollte, war nun ein wichtiger Bestandteil unserer Unterrichtsstunden, in denen wir Lesen, Rechnen und Schreiben übten.

Zu diesem Zeitpunkt verursachte mir das Rechnen überhaupt keine Probleme: Ich war schnell und genau bei den vier Grundrechnungsarten, beim Bruchrechnen, den Dezimalzahlen und den Textbeispielen. Wir lösten auch Sprachverständnisaufgaben, in denen man in Sätzen wie »Die Zehe verhält sich zum Fuß wie — zur Hand« die Lücken füllen mußte.

Ich löste diese Aufgaben im Handumdrehen. Der dritte Teil der Vorbereitungen bestand im Aufsatzschreiben. Da ich eine Leseratte war, eignete ich mir schnell einen guten Wortschatz und den richtigen Gebrauch der Grammatik und Zeichensetzung an. Darüber hinaus machte unser Lehrer regelmäßig mit uns Rechtschreibwettbewerbe, um uns die Kapricen der englischen Sprache beizubringen. Diese Vorbereitungen führten mich zwar nicht zu vollkommen unlogischen Schreibweisen, wie der von »Cholmondeley,« das »Chumley« ausgesprochen wird, aber ich begann zu akzeptieren, daß in dieser seltsamen Sprache das Wort »rough« »raff« ausgesprochen wird und »bough« »bau«. Im Frühjahr des Jahres 1941 las der Lehrer die Geschichten des Flüchtlingskindes, das am Anfang ganz verwirrt in der letzten Reihe gesessen war, regelmäßig als gute Beispiele für richtigen Sprachgebrauch vor. Meine Freunde akzeptierten dies ohne Groll oder Neid. Sie hatten ihre eigenen Stärken und Erfolge.

In unserer Klasse herrschte eine sehr strenge Disziplin,

Picus Verlag

Diese Karte habe ich folgendem Buch entnommen:

....

....

Bitte informieren Sie mich laufend über Ihre Neuerscheinungen. Besonders interessiere ich mich für folgende Gebiete:

❍ Literatur	❍ Zeitgeschichte
❍ Essays	❍ Politik
❍ Psychologie	❍ Judaica
❍ Kunst	❍ Architektur
❍ Kinderbücher	

....

....

Name: ....

....

Adresse: ....

....

Postkarte

An den
Picus Verlag
Postfach 64
A- 1082 Wien

die jedoch klaglos eingehalten wurde. Meistens hielt uns der Lehrer einfach bei Laune, indem er uns beschäftigte. Wir kannten den Unterschied zwischen den informellen Abschnitten des Tages, während derer wir beim Malen oder bei anderen Aufgaben leise miteinander sprechen durften, und den formelleren Stunden, während derer wir schweigend zuhören sollten. Wenn Kinder dem Lehrer ganz offensichtlich nicht gehorchten, verwarnte er sie zuerst. Wenn das nicht half, erhielten Mädchen mit einem Lineal Schläge auf die Handfläche und Buben Klapse auf ihr Hinterteil. Soweit ich mich erinnern kann, wurde ich nur einmal so bestraft. Die Erniedrigung, die den stechenden Schmerz in meiner Hand begleitete, verstimmte mich für einige Tage. Diese Art der Bestrafung wurde jedoch nur in Ausnahmefällen angewendet, und der Lehrer ließ damit die Sache auf sich beruhen.

Auch auf dem Schulhof herrschten strenge Regeln: Wenn einmal die Handglocke das Ende der Pause eingeläutet hatte, mußten wir ganz still stehen, bis wir uns wieder anstellen und in die Klasse zurückgehen durften. Eines Tages bemerkte ich, daß ein Mädchen vor mir ein Taschentuch fallen hatte lassen, nachdem die Glocke geläutet hatte. Ganz automatisch machte ich einen Schritt nach vorne, um es aufzuheben und es ihr zu geben. Weil ich die Vorschrift mißachtet hatte, wurde ich zur diensthabenden Lehrerin zitiert, die meine Erklärung ignorierte. Nachdem die anderen in die Klasse gegangen waren, marschierte sie mit mir zur Direktorin. Dort wiederholte ich meine Geschichte und sagte immer wieder: »Ich hob nur etwas auf, das das Mädchen vor mir fallen gelassen hat.«

Die Direktorin sah so aus, als ob sie mir glauben würde, aber ich vermute, daß sie die Bemühungen eines Mitglieds ihres Lehrkörpers würdigen wollte. So ging sie

zum Kasten und nahm einen kleinen, dünnen Spazierstock mit einem Griff an einem Ende heraus. Damit schlug sie mich nicht sehr fest auf jede Handfläche. Ich verabscheute sie dafür, nicht wegen des Schmerzes, sondern weil diese Bestrafung ungerecht war.

Angenehmer habe ich die Ankündigung eines Wettbewerbs in Erinnerung, bei dem man uns aufforderte mitzumachen. Obwohl die Nachrichten von der Front schlecht waren, hatte ein trotziges Paignton sich entschlossen, ein Musikfestival abzuhalten. Dabei sollten auch Gedichte zum Vortrag kommen, wofür ich mich bewarb. Wir konnten zwischen einigen Gedichten wählen. Ich entschloß mich, William Blakes »The Tiger« (»Der Tiger«) auswendig zu lernen. Ich kannte Blake nicht und wußte nicht, was er mit diesem Gedicht bezweckte, aber etwas Wildes und Heftiges in seinen Zeilen hatte mich doch soweit erreicht, daß ich es diesem Publikum vermitteln konnte. Als ich zur Gewinnerin in meiner Altersgruppe erklärt wurde, war ich außer mir vor Freude. Die Urkunde halte ich heute noch in Ehren.

7.
Eine Gymnasiastin

Mit dem weiteren Vorstoß der Deutschen in fast ganz Europa drangen Nachrichten von Niederlage um Niederlage von der Außenwelt zu uns. Offizielle Mitteilungen versuchten das zu verharmlosen – eine Schlappe wurde zum Beispiel ein »strategischer Rückzug« genannt. Niemand ließ sich jedoch wirklich von den heroischen Stimmen und Beschönigungen der Kommentatoren in den Medien zum Narren halten. Es kursierten Geschichten über Greueltaten gegen jeden, der Widerstand leistete. Erschießungen und Vergeltungsmaßnahmen waren mir als deutsche Strategie bekannt. Anscheinend wollte uns in diesen finsteren Tagen nichts gelingen. Als Kinder konnten wir sehr wenig zu den Kriegsanstrengungen beitragen. Wir sammelten nur Kappen von Milchflaschen und konzentrierten uns auf die Schule.

Ich hatte niemals große Hoffnung darauf gesetzt, daß ich meine Eltern je wiedersehen würde, und damit wohl viel Realitätssinn bewiesen: Ich hatte genug miterlebt, um mir sicher zu sein, daß Hitler nicht zögern würde, die jüdische Bevölkerung auszulöschen, wenn ihm der Sinn danach stand. Die genauen Methoden und das Ausmaß des grauenhaften Verbrechens, das in Europa begangen wurde, konnte ich mir nicht vorstellen. Ich war jedoch nicht allzu optimistisch, was ein Wiedersehen betraf. Meine Tante redete manchmal über diese Möglichkeit, und ich fragte mich dann, wie sich die zwei Frauen in diesem wenig wahrscheinlichen Fall verstehen würden – meine Mutter mit ihrem Anspruch auf Kultiviertheit und meine Tante mit ihrer direkten, bäuerlichen Art. Und zu wem würde ich

gehören? Ich hörte später von den Problemen einer frommen Christin, die zweimal verheiratet war und sich fragte, mit welchem Mann sie ins Himmelreich eingehen würde. Ich hätte mich in einem ähnlichen Dilemma befunden, glaubte aber nicht ernsthaft an so einen Fall. Ein Teil von mir war vollkommen verzweifelt und außer Fassung über die Lage, in der sich meine Eltern befanden. Ich fühlte mich dafür schuldig, daß sie mich von direktem Leid bewahrt hatten und dasselbe nicht auch für sich selbst tun konnten. – Ein anderer Teil von mir hatte diese unglücklicherweise nutzlosen Eltern bereits abgeschrieben.

In meinem engeren Umkreis sprach nun jeder über die immer näher rückende Stipendienprüfung. Den Bemerkungen meiner Lehrer zu entnehmen, sollte ich sie mit Sicherheit bestehen, wenn nichts schief ging. Ich löste die Testaufgaben deshalb mit großem Selbstvertrauen. Soweit ich mich erinnern kann, bereiteten sie mir wenig Probleme. Als einige Monate später ein Brief eintraf, in dem mir mittgeteilt wurde, daß ich ein Stipendium fürs Gymnasium erhalten hatte, hatte ich diese Sache schon fast vergessen. In meiner Freude fing ich meinen Lehrer auf seinem Schulweg ab. Er gratulierte mir herzlich. Als ich in die Schule kam, erfuhr ich, daß ein anderer Schüler – David, der Pianist – ebenfalls einen ähnlichen Brief erhalten hatte. Die Benachrichtigungen trafen anscheinend gestaffelt ein, denn in dieser Woche erfuhren ungefähr zwölf von den mehr als dreißig Schülern, daß sie es geschafft hatten. Alle meine Freunde befanden sich darunter. Ich fragte mich damals nicht, was mit den anderen passieren würde oder wie ihnen zumute war, als wir unseren Erfolg herumposaunten. Ich wußte nur, daß meine harte Arbeit angemessen belohnt worden war, und genoß mit einem großen Gefühl der Zufriedenheit, daß mir zum ersten Mal Gerechtigkeit widerfahren war.

Ich mußte mich nun zwischen zwei Gymnasien entscheiden, Torquay und Totnes. Die Auswahl fiel mir leicht: Die Schule in Torquay war nicht ganz sechs Kilometer von unserer Wohnung entfernt, die in Totnes war zweimal so weit weg. Ich hatte schon große Zweifel, ob ich mit meiner Reisekrankheit überhaupt die erste Strecke bewältigen könnte. Die längere hätte mein Durchhaltevermögen zu sehr beansprucht. So entschloß ich mich für die erste Möglichkeit. Selbst da mußte ich auf dem Heimweg oft schon auf halbem Wege aussteigen und meinen starken Brechreiz bekämpfen. Ich wußte leider nicht, daß sich alle meine Freunde für Totnes entschieden hatten. Als ich in den Schulbus einstieg – in meiner marineblauen Schuluniform, meiner weißen Bluse und Krawatte, den obligatorischen Samthut mit einem rot-blauen Band in den Schulfarben auf dem Kopf – sah ich daher kein vertrautes Gesicht.

Es erwartete mich noch eine weitere Enttäuschung. Unser Lehrer hatte uns gesagt, daß zwei Arten von Schülern das Gymnasium besuchen würden: solche, deren Eltern es sich leisten konnten, die Schulgebühr zu bezahlen, und jene, die sich ihren Platz aufgrund von eigener Leistung erarbeitet hatten. Irgendwie hatten wir nach seiner Aussage geglaubt, daß wir dabei die bevorzugte Stellung einnehmen würden. Als ich im September mit der Schule begann, war mein Erstaunen groß, daß dem nicht so war und sich die »Privatschüler« uns um einiges überlegen fühlten. Sie hatten im Jahr zuvor eine Vorbereitungsschule besucht, und einige Lehrer bestätigten sie in ihrer hohen Meinung von sich selbst, indem sie scheinheilige Bemerkungen anstellten wie: »Oh, warst du nicht in der Vorbereitungsschule?« Ich war wütend.

Noch dazu hatte mich meine Tante zum jüdischen Neujahr und zum Versöhnungstag zu Hause behalten, da dies

die wichtigsten Feiertage in unserem Kalender waren. Bei meiner Rückkehr in die Schule fand ich heraus, daß die anderen Schülerinnen im Turnunterricht auf ihre Fähigkeiten getestet und in Gruppen von A bis D eingeteilt worden waren. A stand für mögliche Athleten und D für die Nieten. Die Turnlehrerin würdigte mich nur eines kurzen Blickes und kanzelte mich mit den Worten ab: »Du gehst am besten in die D-Gruppe.« Ich war nicht nur darüber erzürnt, in welche Gruppe sie mich einteilte, sondern auch darüber, daß sie mir keine Chance gab, meine wahren Fähigkeiten unter Beweis zu stellen. Aus Rache beschloß ich, mich beim Turnen so wenig wie möglich anzustrengen.

In den anderen Fächern ging es mir jedoch gut. Geschichte, Geographie, Englisch, Naturgeschichte und Mathematik gefielen mir, und ich erfaßte die Grundlagen ohne Schwierigkeiten. Für jemanden, der bereits eine Fremdsprache gemeistert hatte, war Französisch ein Kinderspiel. Ich kann nicht behaupten, daß ich sehr angestrengt lernte, denn alles flog mir in dieser Phase ziemlich leicht zu. Ich beeilte mich, die Aufgaben in den Pausen zu erledigen, und ich rühmte mich, daß ich im ersten Jahr daheim kaum Hausübungen machen mußte.

Was Freundschaften betraf, erging es mir weniger gut. Ich vermißte meinen Volksschullehrer, dessen persönliche Fürsorge nun durch ein Dutzend anderer Lehrerinnen ersetzt worden war, die in ihren schwarzen Talaren wie Fledermäuse an uns vorbeischwirrten. Die Aufgabe des Klassenvorstandes schien darauf beschränkt zu sein, daß sie Eintragungen ins Klassenbuch vornahm und uns eintrichterte, auf welcher Silbe wir ihren Namen betonen mußten. Sie trug nichts dazu bei, aus einer bunt zusammengewürfelten Schar von Kindern eine Einheit zu formen. Sie war sich auch nicht bewußt, wie unglücklich ein

kleines Mädchen mit einem langen deutschen Namen war. Um mein Gefühl der Einsamkeit zu bekämpfen und mich bemerkbar zu machen, spielte ich den Pausenclown. Dies beeindruckte wenige Kinder. Erst nach und nach sicherte ich mir durch meine schulischen Leistungen einigen Respekt. Aber weiterhin hatte ich es schwer, wirkliche Freunde zu finden. Keine andere Schülerin wohnte in meiner Nähe. In jedem Falle hätte ein Besuch bei mir zu Hause Erklärungen nach sich gezogen, die ich lieber vermied. Ich sah meine alten Freunde weiterhin am Wochenende. Sie hatten jedoch neue Cliquen gebildet, von denen ich ausgeschlossen war.

Nachdem wir unsere Prüfungen am Ende des Jahres abgelegt hatten, beschlossen die Behörden, alle Mädchen, die sehr gut bei den Tests abgeschnitten hatten, in einer besonderen zweiten Klasse zusammenzufassen, die 2X hieß und von den Lehrern im Spaß die »Zwei exzellent« genannt wurde. Ich war sehr stolz darauf, in diese Klasse zu gehen, da dadurch meine gesellschaftliche Isolation ein wenig ausgeglichen wurde. Gegen Ende dieses Jahres fand ein weiterer Gedichtwettbewerb statt, diesmal aber nur in unserer Schule. Mir war ein Gedicht von Rudyard Kipling mit dem Titel »The Glory of the Garden« (»Die Glorie des Gartens«) unter die Finger gekommen, und ich beschloß, dieses aufzusagen. Das Gedicht beginnt mit der Zeile:

»Our England is a garden that is full of stately views.«

Es ist eine Metapher für die englische Gesellschaft und ihr Klassensystem.

In einer weiteren Zeile heißt es:

»And some are hardly fit to trust with anything that grows.«

Statuen, fürstliche Paläste und Pfaue lagen vollkommen außerhalb meines Erfahrungsbereiches. Irgend etwas in mir fühlte sich jedoch von den Begriffen Stolz und harter Arbeit angesprochen. Ich setzte meinen abfälligsten Ton für folgende Zeilen ein:

»Our England is a garden and such gardens are not made
By saying ›oh, how beautiful‹ and sitting in the shade.«

Meine glühendste Zustimmung drückte ich den Zeilen aus:

»While some go out and start their working-lives
By grubbing weeds from gravel-paths with broken dinner knives.«

Ich beendete das Gedicht mit einem großartigen Crescendo:

»And the glory of the garden it shall NEVER [Pause] PASS AWAY!«

Ich war mir nicht bewußt, wie unpassend ein solch patriotisches Gedicht für eine kleine Ausländerin war. Ich identifizierte mich mit den Aspekten, die mir sinnvoll erschienen. Wahrscheinlich zeigt diese Episode, wie sehr ich mich gezwungen sah, meine wahren Wurzeln und meine Identität aufzugeben. Ich brauchte einfach ein Ventil, durch das ich meinen aufgestauten Emotionen freien Lauf lassen konnte, und dieses Gedicht war alles, was ich hatte. Für diesen Vortrag erhielt ich einen Preis – einen Korb mit roten und weißen Kirschen. Noch niemals hatte mir Obst so gut geschmeckt.

Der Winter des Jahres 1942 war ins Land gezogen. Ich wußte wenig von den schrecklichen Greueltaten, die in Europa begangen wurden. Für die britischen Streitkräfte

sah die Lage nun besser aus. Unsere Moral wurde endlich durch die ermutigenden Siege von Montgomery in der libyschen Wüste gestärkt. Zum ersten Mal sahen wir in der Wochenschau, wie die Deutschen eine Niederlage einstecken und sich zu tausenden in Gefangenschaft begeben mußten. Ich werde niemals den Klang der Dudelsäcke vergessen, der den britischen Einmarsch in Tobruk begleitete. Debbie, die Freundin meiner Tante, hatte einen Sohn in der libyschen Wüste, der uns allen zwischen den Schlachten schrieb. Diese Briefe erreichten uns in der Form von Mikrofilmen, da das Postflugzeug Platz sparen mußte. Dave hatte seinen Einschiffungsurlaub bei uns in Paignton verbracht, und er schrieb in dieser gefahrvollen Zeit sogar mir. Ich habe noch immer einen seiner Briefe aufbewahrt. London war nun seit Monaten von Luftangriffen verschont geblieben. Wieder einmal beschloß meine Tante, in die Stadt zurückzuziehen, dieses Mal nicht ins East End, sondern in eine Wohnung im Bezirk Clapton, wo einige ihrer Bekannten wohnten. Mit großem Kostenaufwand wurden ihre Möbel nach London zurückbefördert, und wir räumten die Wohnung in Paignton. Ich ging ohne großes Bedauern von der Schule ab.

Vor meiner Rückkehr beorderte mich die Direktorin in ihre Kanzlei. Sie wünschte mir in der neuen Schule in London viel Glück und küßte mich zum Abschied. Ich war über ihre Wärme äußerst erstaunt. Ich bin sicher, daß keine sexuellen Untertöne mitschwangen. Vielleicht erkannte sie in mir trotz all meiner Fehler einen jungen Menschen, der gewaltig darum gerungen hatte, sich seinen klaren Verstand in einer zum Teil verrückten Welt zu bewahren.

*

Wir zogen nun in ein Haus im Nordosten Londons, das großzügiger angelegt war als das viktorianische Reihenhaus auf der Merchant Street. Es war weiter von der Straße entfernt, und die Zimmer waren größer. Wir mieteten das obere Stockwerk, die Besitzer des Hauses wohnten unter uns. Wir hatten nur eine Toilette im Haus und ein Badezimmer, das wir uns mit den Vermietern teilten. Die Hausherrin war eine dünne, kleinwüchsige ältere Frau. Ihr Gesicht war so flach wie eine Scheibe, ihre verrunzelte Haut warf sich über zwei rote Backen, und ihre Augen strahlten ständig Optimismus aus. Meine Tante, die ein viel nervöseres und feurigeres Temperament hatte, konnte unmöglich mit ihr streiten. Mrs. Gold, die Hausherrin, hatte zwei Kinder, die noch bei ihr lebten, einen Sohn, der Junggeselle war, und eine alleinstehende Tochter, die in einer Munitionsfabrik arbeitete. Wenn die Tochter Nachtschicht hatte, drehte sie ihr drahtiges rostbraunes Haar auf Lockenwickler, band einen Turbanschal darüber und machte sich so in warmen Hosen zur Arbeit auf. Wenn wir uns auf der Stiege begegneten, scherzten und kicherten wir oft miteinander und manchmal führte ihr Bruder eine Fred-Astaire-Steptanz-Imitation auf der Treppe vor. Von Zeit zu Zeit ging meine Tante zu einem Plausch hinunter. Es war gerade so, als ob wir in einer fröhlichen Großfamilie lebten.

Eines Tages fragten mich Sohn und Tochter, ob ich mit ihnen in das Finsbury Park Empire – ein Varieté –, gehen wolle. Natürlich nahm ich diesen Vorschlag mit Begeisterung an, da ich nicht oft zu solchen Veranstaltungen eingeladen wurde. In der Show sahen wir Vorführungen von Wilson, Keppel und Betty, die in einem Kübel ihren eigenen Sand auf die Bühne mitbrachten, um darauf einen Walzertanz und einen Sketch vorzuführen. Der Star des Abends war, und das hatte ich vorher nicht gewußt, die

Stripperin Phyllis Dixey. Zu jener Zeit waren Nacktszenen auf der Bühne nicht gestattet. Um diese Vorschrift zu umgehen, bedeckte sich Phyllis Dixey, nachdem sie sich nach und nach ihrer Kleidung entledigt hatte, mit einem Fächer aus übergroßen Straußenfedern. Wenn die Lichter ein paar Sekunden lang immer wieder aus- und eingeschaltet wurden, lüftete sie diesen Fächer delikat und zeigte ihren nackten Körper in verschiedenen Posen. Das war zwar nicht gerade die passendste Unterhaltung für ein dreizehnjähriges Mädchen, aber ich bin mir sicher, daß die Einladung freundlich gemeint war.

Nachdem mein Onkel das Linoleum aus unseren alten Wohnungen abtransportiert und wieder zusammengestückelt hatte und die Möbel an ihrem Platz standen, war ich bereit für einen neuerlichen Schulbesuch. Wir erhielten von den Behörden einen Brief, in dem stand, daß mir ein Platz in der »North-East London Emergency Secondary School for Girls« zugewiesen wurde, einer behelfsmäßig eingerichteten Mädchenschule. Sie befand sich im Gebäude der Dalston County School auf der Shacklewell Lane. Eines Morgens machten sich meine Tante und ich zu dieser Adresse auf. Als wir dort ankamen, führte man uns in die Direktionskanzlei. Die ersten Worte, die die Direktorin in einem starken schottischen Akzent an uns richtete, waren:

»Wieso sind Sie nach London zurückgekehrt? Um den Luftschutzwarten mehr Arbeit zu machen?«

Ich weiß nicht, ob und wie meine Tante antwortete. Nach dieser nicht sehr vielversprechenden Vorstellung führte man mich in die zweite Klasse.

Ich fand mich nun in einer seltsamen Umgebung wieder. In Torquay hatte kein großer schulischer Druck geherrscht. Die Schule umgaben ausgedehnte Spiel- und Sportplätze, und man hielt viel auf den Erfolg der ver-

schiedenen Volleyball-, Hockey- und Schlagballteams, die sich aus den vor Gesundheit strotzenden Töchtern der Bauern, Ladenbesitzer und Beamten aus der Gegend zusammensetzten. Der Intellekt wurde nicht sehr gefordert, dafür ging es sehr gesittet zu. Von dieser Schule konnte man nicht dasselbe behaupten. Es gab Gruppen von Schülerinnen, die von einem halben Dutzend verschiedener Schulen im Nordosten Londons kamen: Skinners', Clapton, Raynes, Owen's, Coborn und andere. Die meisten Schülerinnen aus diesen Schulen waren noch evakuiert. Deshalb hatte man den kleinen Rest, der nach London zurückgekehrt war, in einer Schule zusammengewürfelt. In der Folge bestand unsere Klasse aus mehreren sich bekriegenden Stämmen. Anscheinend waren hier alle Gassenmädchen von London vertreten. Der Schulhof diente oft als Austragungsort von Kämpfen, und selbst zwischen den Schulstunden fanden Raufereien statt, bei denen sich Körper auf dem staubigen Boden des Klassenzimmers wanden. Besonders ein Mädchen wurde böse verspottet und diente oft als Sündenbock. Im allgemeinen war die Atmosphäre in dieser Klasse so unangenehm, wie ich sie sonst in keiner Schule erlebt habe.

Mutlose Lehrer erteilten ihren Unterricht halbherzig. An den Lateinstunden nahmen nur ich und zwei andere Mädchen aktiv teil. Zu Beginn jeder Stunde begannen wir mit dem Gruß: »Salve, o magistra!« und die Lehrerin antwortete: »Salvete, discipulae!« Nach diesem förmlichen Anfang widmeten sich die anderen meist interessanteren Tätigkeiten, wie zum Beispiel einander Briefchen zu schreiben oder unter dem Tisch Zeitschriften zu lesen. Einige von uns, die nichts dagegen hatten, Latein zu lernen, lasen in einem Schulbuch über römische Geschichte, über den Ehrenmann Regulus, über Horatius, der die Brücke über den Tiber allein gegen die Etrusker vertei-

digt hatte, sowie über die Schlacht der Horatier und Curiatier. Diese Geschichten waren zweifelsohne auf den Geschmack von Buben in den privaten englischen Eliteschulen abgestimmt und gefielen nicht einmal einem wissensdurstigen Kind wie mir. Ich lernte jedoch gerne neue Vokabeln, besonders da mir dieses Wissen half, den Ursprung vieler englischer Wörter zu verstehen.

Ich habe die Französischlehrerin als eine fröhliche, extrovertierte Person in Erinnerung, die versuchte, uns für ihr Fach zu begeistern. Uns gefiel, wie sie je nach Gesprächspartner ganz leicht vom breitesten Cockney-Arbeiterklasseakzent zu einem vornehmen Mayfair-Englisch wechseln konnte. Andere Lehrer zeigten bereitwillig Filme, um Ruhe in der Klasse herzustellen. Ich habe in jenem Semester wirklich sehr viele Filme gesehen.

An meinem ersten Morgen an der Schule stürmten, nachdem die Glocke geläutet hatte, alle wie wild aus dem Klassenzimmer. Ich wußte natürlich nicht, was los war, und schloß mich der Meute an. So kam ich in einen Speisesaal, der im Gefängnisstil eingerichtet war. Die Tische waren zusammengeschoben worden und standen in langen parallelen Reihen im Raum. Am äußeren Ende stand ein Serviertisch, an dem sich die Schülerinnen anstellten. In dieser Schlange wurde gestoßen und gerempelt, und dann rannten alle Mädchen schnell zu den Tischen und vermieden es, sich an deren Ende niederzusetzen. Ich fand bald den Grund dafür heraus: Die beiden Mädchen am Ende jedes Tisches mußten alle Teller abservieren und die Tische nach dem Essen abwischen. Ganz im Sinne des in der Schule vorherrschenden Geistes stellten die Schülerinnen sicher, daß jemandem anderen diese Aufgabe zufallen würde.

Die Mahlzeiten setzten sich aus Speisen der englischen Küche in ihrer greulichsten Form zusammen. Das Schul-

essen in Torquay war nicht gerade aufregend gewesen, doch auf eine solche Erfahrung war ich nicht vorbereitet. Das Servierpersonal drosch ein ovales Stück Leder mit einem gelben Fettrand auf meinen Teller. Mir wurde mitgeteilt, daß es sich dabei um Lammbraten handle. Ein andermal setzte man uns eine unansehnliche braune Masse mit Kartoffeln vor, die sich Auflauf nannte, oder eine dunklere ovale Scheibe mit einem glitschigen Etwas – Rinderbraten mit gebackenem Eierteig. Letztere Speise schwamm in einer dünnen braunen Flüssigkeit und wurde mit einer Portion Grünzeug serviert, das aufgrund des langen Kochens ganz braun geworden war.

Die Größe der Portionen wurde vom Servierpersonal bestimmt, und wir durften nichts auf unseren Tellern übriglassen. Lehrer, die alle anderen disziplinären Verstöße in den Unterrichtsstunden übersahen, wurden im Speisesaal plötzlich streng. Ich versuchte alles, um mich dieses unappetitlichen Essens zu entledigen. Ich gab es an andere Schülerinnen weiter, die es auch tatsächlich aßen, warf Stücke unter den Tisch oder steckte es sogar in eine Papiertüte, wenn ich der Verzweiflung nahe war. Der zweite Gang entsprach schon eher meinem Geschmack. Ich mochte Rosinenpudding, gerollten Pudding mit Marmelade und Torte mit Eiercreme. Manchmal gab es Tapiokapudding, den wir Froschaugen nannten, aber meistens schmeckten mir die englischen Puddings. Die Desserts meiner Tante beschränkten sich auf Apfel- oder Zwetschkenkompott. Diese Süßspeisen waren also ein willkommene Abwechslung zu ihrer Küche.

Ein rundliches, mondgesichtiges Mädchen namens Sheila half mir, in dieser Welt zu bestehen. Da sie meine Herkunft von meinem deutschen Namen ablas, hatte sie beschlossen, mich unter ihre Fittiche zu nehmen. Mit ihrem Hausverstand und ihrer Gelassenheit entkam sie

den aggressiven Angriffen der Meute, und unsere Freundschaft schützte mich vor den schlimmsten Exzessen. Sheila war meine erste jüdische Freundin in England. Ihre Eltern waren polnische Einwanderer der zweiten Generation, und die in ihrem Heim vorherrschende Atmosphäre glich jener im Haus meiner Tante. Wie meine Tante hielten auch sie die Essensvorschriften ein, das heißt sie kauften ihr Fleisch in einem koscheren Geschäft, mischten Fleisch- und Milchspeisen nicht und aßen kein Schwein. Sie begingen ebenfalls die jüdischen Feiertage. Das ersparte mir gewisse Erklärungen, die bei den christlichen Mädchen nötig waren.

Sheilas Mutter war eine dünne, nervöse Frau, die ihre Tochter ständig kritisierte. Wenn Sheila irgendeinen kleinen Fehler begangen hatte, sagte sie immer »nur meine Sheila …«, was für mich zu einem geflügelten Wort wurde. Im Gegensatz zur Mutter war Sheilas Vater dick und freundlich. Er hatte eine Gymnasialausbildung in der Central Foundation School abgeschlossen, einer berühmten Talenteschmiede, die intellektuelle Größen wie Professor Bronowski und Professor Brodetsky hervorbrachte. Er selbst hatte keine akademische Laufbahn eingeschlagen, bewahrte aber ein reges Interesse an Politik und Kunst. In Sheilas Heim erhielt ich einen Vorgeschmack auf intelligente Diskussionen und las zum ersten Mal die Zeitschrift »The New Statesman«. Ihr Vater regte uns auch an, ins Theater zu gehen. Das erste Stück, das wir sahen, war »Arsen und Spitzenhäubchen«. Wir begeisterten uns für das New Theatre in der St. Martin's Lane, wo später Laurence Olivier und Ralph Richardson so brillante Darstellungen zeigten.

Im Herbst des Jahres 1943 war Hitler mit seinem Angriff auf Rußland beschäftigt und verschonte London für eine Weile mit Luftattacken. So wurde es für sicher

erachtet, die evakuierten Schüler in die Stadt zurückzuholen. Da die behelfsmäßige Schule schloß, kehrten jene Schülerinnen, die nach Clapton, Skinners' oder Owen's gehörten, wieder in ihre eigenen Schulen zurück. Ein Kontingent an Mädchen, das zur Dalston County School gehörte, kam aus der Evakuierung in Downham Market in Norfolk zurück. Gemeinsam mit den Mädchen kehrten auch einige Mitglieder des Lehrkörpers zurück, sowie die eigentliche Direktorin, statt der provisorischen, die uns so unfreundlich begrüßt hatte.

Miss Griffith, die Direktorin, eine unscheinbare Figur, hatte schon fast das Pensionsalter erreicht. Sie hatte kurze glatte Haare und zog sich sehr schlicht an. Wie wir jedoch bald in Erfahrung brachten, versteckte sich hinter diesem strengen Äußeren ein ausgeprägter Sinn für Humor und ein gewisses Mitgefühl. Trotz ihrer stillen Art stellte sie wieder Ordnung in der Schule her. Raufereien und andere Störungen gehörten nun der Vergangenheit an, Filme und andere Notbehelfe der Lehrer wurden aus dem Unterricht verbannt. Es wurde klar, daß dieses Lehrpersonal seinen Beruf ernst nahm. Obwohl einige Unterrichtsstunden, gemessen am heutigen Standard, trockene Vorträge waren, machten die Lehrerinnen im allgemeinen einen sehr kompetenten Eindruck und erwarteten sich volle Aufmerksamkeit von ihren Schülerinnen. Der einzige Verlust, den ich durch diese Veränderung erlitt, war, daß Sheila nunmehr in die John Howard School in Clapton ging. Wir blieben trotzdem Freundinnen.

*

Mit meinem zunehmenden Wissen vergrößerte sich die Kluft zwischen meiner Tante und mir. In meiner Kindheit hatte ich aus ihrer Widerstandsfähigkeit und Zuneigung

Kraft geschöpft, ohne es zu wissen. In meiner Pubertät nahm ich das, was sie mir gab, ohne große Dankbarkeit hin, wie das Teenager so oft tun. Zusätzlich wurde ich mir ihrer intellektuellen Schwächen genau bewußt. Sie lebte dahin wie ein Tier, das sich gut an seine Umwelt angepaßt hat. Sie konnte eine Wohnung einrichten, kochen und Freundschaften schließen. Was außerhalb ihres Wirkungsbereiches lag, interessierte sie nicht. Mit abstrakten Gedanken befaßte sie sich niemals. Dieser Umstand führte zu einigen seltsamen Mißverständnissen. Ich erinnere mich, wie sie einmal sagter: »Ich war schon in jedem Seebad.«

Sie zählte daraufhin ein halbes Dutzend Orte auf, von Bournemouth bis Margate.

»Aber Tante, wie kannst du überall gewesen sein?« antwortete ich skeptisch. Ich versuchte ihr zu erklären, daß England eine Insel ist und es darauf Hunderte von Städten und Dörfern am Meer gibt, sie also unmöglich überall gewesen sein konnte.

»Ich war schon in jedem Seebad«, beharrte sie. »Nur in Blackpool bin ich noch nicht gewesen.« Dies war die einzige Ausnahme, die sie zuließ.

Da sie meine arrogante Mißbilligung ihres Unwissens fühlte, sagte sie oft:

»Du magst vielleicht gebildet sein, aber ich habe Hausverstand.«

In diesem Satz lag mehr als nur ein Körnchen Wahrheit. Ich habe jedoch lange gebraucht, bis ich mir das eingestand.

In vielerlei Hinsicht erschien mir meine Tante als seltsame Mischung: Wenn sie sich für eine »Angelegenheit«, zum Beispiel eine Feier, hergerichtet hatte, ein Friseur ihre Naturlocken in Façon gebracht hatte und eine Zigarette in ihrem Mund steckte, glich sie dem Bild einer kultivierten Frau. Doch hinter dieser modernen Hülle verbarg sie einen

seltsamen Aberglauben. Ich durfte Messer nicht überkreuzen, da ich damit Streit heraufbeschwören konnte. Wenn jemand einen Handschuh fallen ließ und ich ihn aufhob, durfte mir die Person nicht danken, denn dann würde die Freundschaft in die Brüche gehen. Wenn sie oder ich einen Knopf an meine Bluse nähte, ohne daß ich sie auszog, mußte ich ein Stück Baumwollstoff kauen, da man ohne diese Vorsichtsmaßnahme das Hirn eines Menschen wegnähte. Das Fußende eines Bettes durfte niemals gegenüber der Tür stehen, da man die Toten in diese Position legte. Wenn mir jemand ein Kompliment machte, machte sie die Spuklaute »tu, tu, tu«, um den bösen Blick abzuwehren. Gott kam in Gesprächen und Briefen sehr oft vor. Wenn uns eine Cousine meiner Tante einen Brief schrieb, war dieser mit den Abkürzungen, GG, BG und GD, »Gelobt sei Gott«, »Bitte, Gott« und »Gottseidank«, gespickt. Die meiste Zeit hindurch sprach meine Tante ein volkstümliches Jiddisch, eine Sprache, die ich erst sehr spät zu schätzen lernte. Es strotzte vor Flüchen und abschätzigen Bemerkungen, aber auch vor Lebensweisheiten.

Viele Bekannte meiner Zieheltern waren Menschen ihres Schlages, Einwanderer mit extrem unterprivilegiertem Hintergrund, die sich ein anständiges Einkommen, wenn auch keinen Wohlstand erarbeitet hatten und ihre Familien so gut wie möglich versorgten. Für die meisten war Bildung ein Fremdwort. Manche waren sogar vollkommene Analphabeten, was mich in eine seltsame Lage brachte. Da ich die einzige war, die gut schreiben konnte, fiel mir die Rolle der Sekretärin zu. Wann immer Briefe an diese oder jene Person oder die Behörden verfaßt werden mußten, waren meine Dienste gefragt.

Meine Fähigkeiten kamen im Falle der jüngsten Schwester einer Freundin meiner Tante zur wohl bizarrsten Anwendung. Sadie war als Teenager von Polen nach

England gekommen. Etwas älter geworden, war sie noch immer sehr hübsch, sexy und äußerst warmherzig. Jeder war von ihrem freundlichen Lächeln, ihrer schlanken Figur, den feinen Seidenblusen und dem Geklappere ihrer Stöckelschuhe entzückt. Bernard, den sie nach kurzem Werben geheiratet hatte, war in die Armee eingezogen worden. Das wurde zu einem Problem, denn Bernard, ein liebevoller Ehemann, der in England geboren und aufgewachsen war, wollte mit Sadie unbedingt korrespondieren. Sie hatte ihm jedoch verschwiegen, daß Lesen und Schreiben nicht zu ihren Stärken zählten.

Es wurde meine Aufgabe, Sadie beim Briefeschreiben zu helfen und ihr auch Bernards Briefe vorzulesen. Dieses Unterfangen zog Komplikationen nach sich. Da Bernard nicht wußte, daß seine Briefe von anderen Augen als denen seiner Gattin gelesen wurden, strotzten diese vor erotischen Beschreibungen ihrer Vereinigung. Scheu und gehemmt, wie ich mit meinen dreizehn Jahren war, konnte ich mich nicht dazu überwinden, diese Stellen laut und zur Gänze vorzulesen. Deshalb gab ich ihr seine leidenschaftlichen Gefühle zusammenfassend wieder. Doch das war noch nicht alles: Obwohl Sadie in persona liebenswürdig und extrovertiert war, hatte sie vom Schreiben von Liebesbriefen so viel Ahnung wie der Mann im Mond. Sie diktierte mir daher folgendes:

»Lieber Bernard! Ich hoffe, dir geht es gut. Mir geht es nicht allzu schlecht.«

Und mehr in dieser Art. Da ich mir die Enttäuschung des feurigen Liebhabers beim Erhalt solch ernüchternd kalter Briefe vorstellen konnte, beschloß ich, ihrem Stil mehr Farbe und einen wärmeren Ton zu verleihen, in der Art wie ich den seinen abgeschwächt hatte. »Geliebter Bernard«, begann ich deshalb, etc. etc.

Was nach Bernards Abrüstung geschah, habe ich nie-

mals erfahren und auch nicht, ob mein Anteil an der Geschichte jemals entdeckt wurde. Die Ehe blieb auf jeden Fall bestehen.

*

Aus der Kindheit entpuppt, geriet ich in eine schwierige Pubertät. Zumindest ein Aspekt meines Lebens war jedoch zufriedenstellend: Ich schnitt in der Schule äußerst gut ab. Der Erfolg auf diesem Gebiet befriedigte mein Bedürfnis nach intellektueller Betätigung und meinen Drang, es zu etwas zu bringen. Auf der Gefühlsebene bestanden jedoch große Mängel in meinem Leben. Mir fehlte es an Gelegenheiten, mich mit verständnisvollen Erwachsenen über die verschiedensten Themen zu unterhalten, geschweige denn über die mich beunruhigende Angst und Traurigkeit, die ich immer tiefer in meinem Inneren zu begraben begann. Meine Tante und mein Onkel sorgten gut und mit großer Zuneigung für meine grundlegenden Bedürfnisse – geistig verstanden wir uns jedoch nicht. Die Gesprächsthemen meines Onkels beschränkten sich auf das, was auf der Straße während seines Arbeitstages geschah. Meine Tante erging sich in ihren Tiraden über Rheumatismus, Fehlgeburten und den Preis, den sie für Äpfel bezahlt hatte, um mir eine ordentliches Essen aufzutischen. All dies faszinierte mich nicht gerade. Oft studierte ich lieber die Etiketten auf Saucenflaschen, als mir noch einmal eine ihrer Geschichten anzuhören.

Die Gesellschaft von Geschwistern war etwas, das ich als Einzelkind nicht kannte und nicht bewußt vermißte. Während des Tages glichen meine Schulkolleginnen diesen Mangel bis zu einem gewissen Grad aus. Die Abende verliefen jedoch meistens eintönig. Meine Tante und ich

saßen oft vor dem Radio, da mein Onkel bis spätabends mit seinem Taxi unterwegs war. An manchen Abenden hatte meine Tante, eine sehr gesellige Frau, Freunde zu Gast, mit denen sie tratschte oder Karten spielte, um sich die Zeit zu vertreiben. An anderen Abenden machte ich auf dem Küchentisch ungestört meine Hausaufgaben, während sie stillschweigend Socken stopfte oder eine Patience legte.

Für uns alle war das Radio zu einem wichtigen Bestandteil unseres Lebens geworden. Wir warteten gespannt auf Tagesberichte von der Front, notierten uns Rezepte von Grandma Buggins und befolgten die Ratschläge des Radiodoktors. Dank der Theaterabteilung der BBC hörte ich meine erste Vorstellung von »Nora oder ein Puppenheim« und viele andere Stücke von Ibsen und Shaw. ITMA, die Unterhaltungssendung mit Tommy Handley, war das perfekte Heilmittel für eine gedrückte Stimmung. Ich weiß nicht, wieviel meine Tante von Handleys Wortwitz verstand. Ich jedoch lachte mich über die Stehsätze der Figuren Mrs. Mop und des betrunkenen Oberst Chinstrap halb kaputt. Die Schläge von Big Ben, das Glockengeläute vor dem morgendlichen Nachrichtenprogramm und der Klang des Lilli Boleros in den Weltnachrichten standen stellvertretend für die Stabilität und die Entschlossenheit des britischen Volkes. Ich klammerte mich an diese Symbole wie an einen Rettungsanker.

Ich begann eigenständig zu denken und Selbstverständliches in Frage zu stellen. Einige Ideen meiner Tante erschienen mir unlogisch. Sie hegte Nicht-Juden gegenüber dasselbe Mißtrauen wie Menschen, die im Ghetto aufgewachsen waren. Ihre Sicht der christlichen Welt beschränkte sich auf Erfahrungen mit Menschen, die in ihrer Nähe gelebt hatten. Da meine Zieheltern um die Jahrhundertwende unter einkommensschwachen Nicht-

Juden im Londoner East End gelebt hatten, waren sie oft Betrunkenen begegnet. Wegen dieser Erfahrung neigten sie zu Verallgemeinerungen. Auch Antisemitismus hatten sie am eigenen Leib erlebt. Auf diesen traf man auch in allen Schichten der britischen Bevölkerung, von einem kultivierten Menschen wie Hilaire Belloc bis zum Arbeiter, der ein Haus weiter wohnte. Da sie nicht sehr gebildet waren, hatten sie keinen Zugang zu den Gedanken eines großen britischen Reformators wie John Stuart Mill oder den mitfühlenden Schriften einer George Eliot und konnten die Ressentiments somit für sich nicht in die richtige Beziehung setzen. Auch die Osterchoräle, in denen Haßgefühle gegen die Mörder Christi zum Ausdruck kamen, riefen Angst und Schrecken bei einfachen Menschen hervor, die sich, wenn auch auf ganz irrationale Art, von dieser Schuld betroffen fühlten. Wenn jemand meiner Tante von einer antisemitischen Äußerung oder Verhaltensweise berichtete, brachte mich ihr Stehsatz »Sie hassen uns alle« zur Raserei. Ich hatte in meinem eigenen Leben mehr als genug wirkliche Verfolgung miterlebt. Daß sie jedoch universell sein sollte, nahm mir jede geringste Hoffnung auf Gerechtigkeit in dieser Welt. Ich war von meinen Lehrern sehr gelobt worden, und sie hatten mich äußerst nett behandelt. Für einige von ihnen hegte ich sogar eine große Zuneigung. Unterrichteten sie mich nur, weil sie mußten? Hätten sie lieber eine Klasse ohne Menschen wie mich gehabt? Ich löste diesen Konflikt niemals vollständig, was meine Weltanschauung noch weiter verkomplizierte. Außerdem hatten meine Tante und mein Onkel zwei Freunde, die Christen waren, frühere Mieter in ihrem Haus in Bow. Zu ihnen hatten sie eine innige und starke Bindung. Meine Tante verstand sich auch gut mit den Ladenbesitzern in Paignton, von denen keiner Jude war.

Ich wuchs mit einem verwirrenden Gemisch von engli-

schen, jüdischen und polnischen Vorstellungen und Normen auf. In der Schule brachte man uns die Lieder und Gebete der anglikanischen Kirche bei. Ich wußte es damals nicht, aber ich akzeptierte das Morgengebet als einen Teil des Schulalltags. Als Zugeständnis gegenüber der großen Anzahl von jüdischen Mädchen in der Schule wählten die Lehrer Lieder aus, in denen der Name Jesu meistens nicht vorkam. Viele waren Lobgesänge auf Gott, die, ohne Teil der jüdischen Tradition zu sein, auch keine ausdrücklich christlichen Glaubensgrundsätze enthielten. Einige von ihnen fand ich wirklich beruhigend, zum Beispiel

We need not bid for cloistered cell
Our neighbours and our works farewell.
Nor strive to wind ourselves too high
For sinful man beneath the sky.

Tauscht nicht Geborgenheit in Einsamkeit
für Nachbarn und die Arbeit, die so gut gedeiht
Und strebt nicht zu allzu hoch
denn unterm Himmel sündig ist der Mensch.

Dies beschwichtigte mein ständiges Schuldgefühl, daß ich nicht genug tat, um die Welt zu verbessern! Andere, wie das schöne Bruder-Jakob-Lied, zu dem ich die zweite Stimme lernte, stammten aus den Psalmen des Alten Testaments und stellten kein Problem dar. Manchmal kam der eine oder andere Hinweis auf den christlichen Glauben vor, den ich kaum verstand, weswegen ich mich aber schuldig fühlte. Ich fragte mich, ob es recht für mich wäre, »gefangen, geheilt, wiederauferstanden, vergeben« zu singen. Wir jüdischen Mädchen schlossen einen Kompromiß, indem wir bei diesen Zeilen stumm blieben. Eine Lesung aus dem Buch Jesaja verwirrte mich aus einem

anderen Grund: Über die Engel in der Vision des Propheten stand geschrieben: Mit *»twain«* bedeckten sie ihr Haupt. Ich verwechselte das Wort *»twain«* mit *»twine«*, Zwirn. Was die Engel mit Zwirn auf ihrem Kopf machten, konnte ich mir nicht vorstellen. Erst Jahre später fand ich heraus, daß »twain« »zweimal« bedeutet.

Später änderte sich die Schulpolitik. Die Lehrerinnen forderten spezifisch christliche Inhalte. An drei von fünf Tagen wurden daher separate Schulgebete für Christinnen und Jüdinnen abgehalten. Ich kann den Grund für diese Neuregelung verstehen. In der Folge waren wir jedoch in zwei Lager gespalten. Die christlichen Mädchen, die sich in der Mehrheit befanden, hielten ihr Morgengebet im Festsaal ab, einem Raum, der im einfachen Stil der dreißiger Jahre gehalten war, aber dennoch eine gewisse Erhabenheit ausstrahlte. Uns verbannte man jedoch in den Turnsaal zwischen Sprossenwände und Taue. Das erste, was uns beim Betreten entgegenschlug, war der im Raum hängende Geruch von Schweiß und Turnschuhen aus Gummi. Wenn wir uns alle versammelt hatten, las eine Aufsichtsschülerin einen Psalm. Dann sagten alle, die es kannten, gemeinsam das hebräische Gebet Sh'ma Israel, »Höre, Israel, der ist unser Gott, der Herr allein« auf. Die Lehrerin, die uns beaufsichtigte, ließ durch ihre Grimassen erkennen, daß sie lieber woanders gewesen wäre – ein Gefühl, das wir mit ihr teilten. Wir mußten dann auf dem Gang auf ein Handzeichen von der christlichen Aufsichtsschülerin warten, die ihrer jüdischen Kollegin mitteilte, daß ihre Versammlung zu Ende war, so daß unser Abgang sie nicht stören würde. Ich weiß heute, wie schwierig es gewesen sein muß, solche gegensätzlichen Traditionen zu vereinen. Was uns Jugendlichen jedoch so vermittelt wurde, war, daß Juden Bürger zweiter Klasse waren.

Auch die Bibelstunden für Jüdinnen und Christinnen

wurden getrennt abgehalten. Uns unterrichtete eine Lehrerin, die angeblich die Tochter eines anglikanischen Geistlichen war. Sie war eine große, dünne Frau mit spitzen Gesichtszügen, spitzen Schuhen und einer hochgekämmten Frisur. Ihre Größe und die Brille, die sie an einer Kette um den Hals trug, verliehen ihr ein sehr strenges Aussehen. Ihr Verhalten war jedoch milder, als es den Anschein hatte. Sie schien sich sehr für die esoterischen Riten der jüdischen Religion zu interessieren, die meiner Erfahrung nach mehr respektiert wurden, »indem man sie brach als indem man sie befolgte«. Klassenkolleginnen, die mehr darüber wußten als ich, informierten sie über diese Praktiken. Mir kam es so vor, als wären wir ein seltener polynesischer Stamm, und mir war dieser Wissensaustausch peinlich. Es bestätigte mich in meiner Abneigung gegen die meines Erachtens primitiveren und irrationaleren Aspekte meiner Religion. Später wurden die Bibelstunden einer jüdischen Lehrerin zugeteilt. Wir übten uns darin, hebräische Gebete zu lesen, deren Bedeutung wir nur schwer verstanden, und sie erzählte uns nette Geschichten aus ihrem Leben. Meiner Spiritualität waren diese Stunden nicht sehr förderlich. Auch versuchte man keineswegs, den Christinnen unsere Tradition oder uns die ihre zu erklären.

*

Zu dieser Zeit hatte ich Erinnerungen an meine frühe Kindheit und meine Eltern bereits tief in meinem Herzen vergraben. Ich war nun fünf Jahre in England, und mein Leben in Wien kam mir fern wie ein Traum vor. Ich erinnerte mich an das Gesicht meiner Mutter – das meines Vaters verschwamm bereits – und einige ihrer Eigenarten: wie sie manchmal einige Vokale falsch diphthongierte,

der einzige Hinweis darauf, daß Deutsch nicht ihre Muttersprache war. Ich erinnerte mich an ein paar Kosenamen, daß sie mich zum Beispiel »Utschi« nannte. Dieser Name hatte sich aus »Mutzi« ergeben, was ich nicht aussprechen konnte, als ich klein war. Ich erinnerte mich, wie sie mir erzählte, daß ich mich als Kleinkind einmal auf der Straße ein paar Schritte von meinen Eltern entfernt hatte. Als mich eine Dame aufhielt und nach meinem Namen fragte, sagte ich anscheinend »Utschi Immerdauer« und gab zu ihrer großen Überraschung meine vollständige Adresse an. Da mich diese Erinnerungen zu Tränen rührten, konnte ich sie nicht oft aus ihrem Versteck hervorholen. Mein Geburtsort erschien mir so weit entfernt wie der Mond. Die Phantasie stimmte mit der Wirklichkeit überein, denn wir führten noch immer Krieg gegen Deutschland und seinen Satelliten Österreich. Oberflächlich sah es so aus, als ob ich die deutsche Sprache und meine österreichische Identität und Persönlichkeit wie eine Schlangenhaut abgelegt und mir eine englische Schutzschicht hatte wachsen lassen.

Obwohl ich mit einer Gruppe von Kindern nach England gekommen war, unterhielt ich nach meiner Ankunft keinen Kontakt mehr zu ihnen. Eine Zeit lang besuchten zwei Wienerinnen dieselbe Schule wie ich. Beide waren jedoch mit ihren Eltern nach England gekommen. Eine war ein hübsches, keckes Mädchen, das bei seinen Mitschülerinnen sehr beliebt war. Wenn wir einander im Schulhof begegneten, sagten ihre Freundinnen immer: »Sprecht doch deutsch miteinander!« Ich kam dieser Aufforderung prinzipiell nicht nach, da ich nicht wie ein dressierter Affe etwas vorführen wollte, und zog mich deshalb von dieser Clique zurück. Das andere Mädchen, das ruhiger war und weniger Freundinnen hatte, wohnte nicht allzu weit von unserem Haus entfernt in der Evering

Road. Wir gingen manchmal gemeinsam nach Hause, aber ich traute mich nicht, sie über Wien zu befragen oder darüber, was die Krankheit ihres Vaters verursacht hatte.

Eines Tages war ich daher sehr überrascht, als mir meine Lehrerinnen aus heiterem Himmel vorschlugen: »Willst du wieder Deutsch lernen?«

Ich hatte bis jetzt Französisch und Latein gelernt, und sie wollten wissen, ob ich mein Repertoire durch Deutsch erweitern wolle. Ich stimmte dem Vorschlag zu und wurde zu Stunden mit der Klasse eingeteilt, die den Deutsch- anstatt des Lateinunterrichtes besuchte. Ich stellte fest, daß nur mehr der Stamm von Wörtern, die ich so lange nicht im Mund geführt hatte, erhalten war. So mußte ich Deklinationen und Konjugationen wieder erlernen. Ich fand auch heraus, wie begrenzt mein Wortschatz im Vergleich zum Englischen war, aber natürlich stand mir nur das Vokabular eines neunjährigen Mädchens zur Verfügung. Nach anfänglichen Schwierigkeiten hatte ich die Grammatik im Griff und erhielt bei der mittleren Reife eine Auszeichnung in diesem Fach. Es war typisch für jene Zeiten, daß niemand Anstalten machte, mir den Grund für diese gute Idee meiner Lehrerinnen zu nennen, aber sie hatte mir damit die Möglichkeit geschaffen, später einige Bruchstücke meiner Vergangenheit wieder zusammenzusetzen.

Der Krieg verlief nun für uns günstiger. Amerika war nach dem japanischen Angriff auf Pearl Harbor in den Krieg eingetreten. Hitlers Armee, die einst fast den Ural erreicht hatte, wurde von der entschlossenen russischen Verteidigung zurückgeworfen. Leningrad hatte einer harten Belagerung standgehalten. Wenn man in den Anfangsjahren des Krieges der Hoffnung nach einem glücklichen Ausgang Ausdruck verliehen hatte, war es so, als ob man im Dunklen pfiff, um sich Mut zu machen. Jetzt

standen die Aussichten auf den Sieg wirklich gut. Alles stand für den Einmarsch der alliierten Streitkräfte in Europa bereit. An den Wänden forderten Sprüche mit Nachdruck: »Sofort eine zweite Front!« Hitler wählte diesen Zeitpunkt, um seinen letzten Angriff auf London mit erneuten Bombardements zu starten. Sporadisch kam es zu Luftangriffen, die nicht so massiv ausfielen wie zuvor, Menschenleben und Besitz jedoch genauso bedrohten. Meine Tante mietete vorsichtshalber ein paar Zimmer in Hitchin in der Grafschaft Hertfordshire, einer Stadt, wo wir uns während der Schulferien aufgehalten hatten. Wir richteten uns so ein, daß wir die Woche über in London zubrachten und uns am Wochenende auf das sichere Land flüchteten.

Ich hatte mich vor kurzem einem zionistischen Verein angeschlossen, der sich jeden Sonntag in unserer Synagoge traf. Mich faszinierte diese Chance, neue Leute kennenzulernen – Burschen wie Mädchen – und über die Pioniere zu lernen, die den jüdischen Staat in Palästina, wie es damals hieß, aufbauten. Ich hörte begierig von den Leistungen des jüdischen Volkes. Bis jetzt hatte ich zusätzlich zu meiner eigenen Verfolgung nur schauerliche Geschichten über die spanische Inquisition und die Vertreibung der Juden aus vielen europäischen Ländern gehört. Hier erfuhr ich zumindest etwas Positives, auf das ich stolz sein konnte. Wir lernten auch Lieder und Tänze, was viel mehr Spaß machte als die monotonen Gesänge während des Morgengottesdienstes am Samstagmorgen. Der Umzug nach Hitchin bedeutete nun, daß ich nicht mehr in diesen Verein gehen konnte. An einem Wochenende bat ich meine Tante schließlich, daß sie mich in London bei der Familie Gold bleiben lassen solle, damit ich keine weitere Versammlung versäumen würde. Sie ließ sich jedoch nicht dazu erweichen. Am darauffolgen-

den Tag erhielten wir ein Telegramm, daß unser Haus in der Evering Road von einer Bombe getroffen worden war. Meine Tante war diesmal mit ihrem »Ich hab's dir ja gesagt!« im Recht.

Als wir nach London zurückfuhren, um uns den Schaden anzusehen, fanden wir heraus, daß sich die Familie Gold im Luftschutzkeller befunden hatte, als die Bombe einschlug. Sie standen unter Schock, waren aber sonst wohlauf. Das Haus befand sich in einem traurigen Zustand. Überall lagen Glasstücke, Ziegel, Staub und Schutt. Das Dach war zur Hälfte eingestürzt, die Wände verzogen, und Verputzstücke waren bei der Explosion durch die Gegend geschleudert worden. Seltsamerweise waren unsere Möbel fast unbeschädigt. Nur eine riesige Vase, die auf der Anrichte meiner Tante gestanden war, lag nun zerschmettert am Boden. Nachdem wir den Golds unser Mitgefühl ausgedrückt hatten, ließen meine Zieheltern die Möbel ins Lager bringen, bis sie eine neue Wohnung gefunden hatten. Unser neues Zuhause wurden nun die Mietzimmer in Hitchin, die wir nur vorübergehend genommen hatten. Die Golds zogen indessen zu Verwandten.

Jetzt tat meine Tante ihr möglichstes, um mich zu einem Schulwechsel zu überreden. Diesmal blieb ich aber hart. Ich hatte mit einem Kurs begonnen, um mich auf die mittlere Reife in acht Fächern vorzubereiten. Ich tat mir leicht dabei, und ich hoffte, bei der Prüfung gut abzuschneiden. Ich sagte ihr, daß ein Schulwechsel und der damit verbundene geänderte Lehrplan zu so einem entscheidenden Zeitpunk meine Chancen auf Erfolg beeinträchtigen würden. Schließlich einigten wir uns auf einen Kompromiß: Ich durfte während des Tages in London zur Schule gehen, mußte aber abends nach Hitchin zurückkehren, da zu dieser Zeit die meisten Bomben abgewor-

fen wurden. So mußte ich in den kalten Morgenstunden um sechs Uhr früh in einem ungeheizten Haus aufstehen. Ich zitterte, während meine Tante den Teekessel aufsetzte, damit ich mich schnell waschen und in aller Eile frühstücken konnte. Dann machte ich mich im fahlen Morgenlicht auf, überquerte den Spielplatz, ging an der Speckfabrik vorbei, die einen schlechten Geruch im Park verbreitete und bestieg schließlich auf einem schwach beleuchteten Bahnsteig den Zug nach London. Mit meiner Schultasche auf den Knien saß ich ganz verschlafen im Abteil. Der Zug machte in den üblichen Stationen halt – Knebworth, Hatfield, Welwyn Garden City – bis ich endlich das nasale »King's Cross« des Schaffners hörte.

Einmal schlief ich im Zug ein und fuhr bis zur Endstation. Normalerweise versuchte ich aber in Finsbury Park aufzuwachen. Von dort mußte ich noch zwei Busse nehmen, um in die Schule zu gelangen, wo ich oft das Morgengebet verpaßte.

Obwohl mich dieses Arrangement körperlich anstrengte, konnte ich mich dadurch ungestört auf die Abschlußprüfung vorbereiten. Mir tat es aber sehr leid, daß ich meine Freunde außerhalb der Schule nicht mehr sehen konnte. Sie hatten noch immer ein Zuhause, in das sie sich nach dem Unterricht zurückziehen konnten. Da ihre Eltern beschlossen hatten, einstweilen in London auszuharren, konnten sie ihr gesellschaftliches Leben ungestört fortsetzen. Meine Tage hingegen bestanden aus Anreise, Schule, Abreise und Lernen – nur Arbeit und keine Freizeit! Im Vergleich zu dem, was andere junge Juden in Europa durchmachten, waren diese Einschränkungen erträglich, ich empfand das damals freilich anders.

Meine Fahrten zur Schule waren manchmal auch abwechslungsreich, denn oft befanden sich amerikanische Soldaten im Zug. Sie gefielen uns Mädchen. Ihre

adretten Uniformen und ihren interessanten Akzent kannten wir schon aus Filmen. Jetzt hatte ich auch meine Frisur geändert und trug die Haare – wie es gerade modern war –, gewellt, mit in die Stirn fallenden Locken. Dadurch erschien ich sehr erwachsen. Auf einer meiner Fahrten nach Hitchin hatte mich meine Tante begleitet. Der Zug war jedoch so überfüllt, daß wir nicht zusammen sitzen konnten. Neben mir saß ein gutaussehender Amerikaner, der mich in ein Gespräch verwickelte. Ich fühlte mich geschmeichelt und plauderte eine Weile mit ihm. Er erzählte mir ein wenig über sich selbst und fragte mich, wo ich wohnte. Auf der gegenüberliegenden Seite des Abteils schnitt meine Tante Grimassen, die ich jedoch ignorierte. Sie schürzte ihre Lippen, schüttelte ihren Kopf, blinzelte – alles ohne Erfolg. Schließlich konnte sie sich nicht länger zurückhalten und zischte hörbar in die Richtung des Amerikaners: »Sie ist erst vierzehn!« Er brach unser Gespräch ab und stieg bald danach aus. Ich warf meiner Tante einen bösen Blick zu, weil sie die Sache verdorben hatte. Wenn sie vernünftig gewesen wäre, hätte sie eingesehen, daß ich ohnehin viel zu unreif war, um über einen Flirt mit einem Fremden hinauszugehen. Sie hätte sich dadurch einigen Ärger erspart.

Damals kam es auch zur Eröffnung der zweiten Front. Wir verfolgten die Berichte über die Landung in Dieppe und an anderen Orten mit wachsender Hoffnung und bestaunten technische Vorrichtungen, die diese ermöglicht hatten, darunter eine Rohrleitung unter dem Meer (PLUTO) und ein schwimmender Flughafen (Mulberry). Da eine steigende Anzahl von Städten und Dörfern in Frankreich von der deutschen Besatzung befreit wurde und wir Bilder von in Tränen aufgelösten Menschen sahen, die die alliierten Soldaten mit Blumen und Geschenken begrüßten, stimmte uns der Erfolg immer zu-

versichtlicher. Dann wiederum erreichten uns Meldungen von Niederlagen in Gebieten, in denen sich die Deutschen zu einem verzweifelten Widerstand entschlossen hatten. Wir lebten in ständiger Spannung und Aufregung.

Hitler setzte seine letzte Waffe im Kampf gegen die britischen Zivilisten, die V1-Raketenbombe, ein. Dies überraschte uns sehr, denn diese Bombardements unterschieden sich grundlegend von den bisherigen Luftangriffen. Wenn man auf der Straße ging, hörte man die Sirene. Dann nahmen wir den Lärm eines im Anflug befindlichen Flugzeugs wahr. Wenn sein Motor über unseren Köpfen ratterte, hielten wir den Atem an und beteten, daß es sich entfernen würde. Plötzlich kuppelte es ab, und wir machten uns auf den Angriff gefaßt. Wenn der Flugkörper und die Bombe auf dem Boden aufschlugen, gab es einige Sekunden später eine höllische Explosion. Mit etwas Glück spielte sich das Horrorszenario so weit weg ab, daß man nicht verletzt wurde. Da diese Flugzeuge unbemannt waren, mußten sie nicht mehr im Schutz der Dunkelheit angreifen. Jetzt fanden tagsüber genauso viele Attacken statt wie in der Nacht. Dies führte unsere Vorkehrung, nachts in Hitchin Schutz zu suchen, vollkommen ad absurdum, denn jetzt waren wir zu keinem Zeitpunkt mehr sicher. Auf meinem Weg zur Schule mußte ich oft in einem Hauseingang in Deckung gehen und beten, daß das Grauen in der Luft an mir vorbeiziehen würde. In der Schule waren die Stunden oft durch Fliegeralarm unterbrochen. Dann mußten wir schleunigst in jenem Teil des Gebäudes Zuflucht suchen, der gegen Explosionen geschützt war. Zu diesen gemeingefährlichen und wahllos zerstörenden V1-Attacken gesellten sich später die noch schlimmeren V2-Raketen, die ohne Warnung vom Himmel fielen und viele Menschen das Leben kosteten. Trotz dieser Gefahren waren wir guten

Mutes, denn wir waren ganz offensichtlich dabei, den Krieg zu gewinnen.

Als die immer weiter vorrückenden alliierten Truppen jene Stützpunkte einnahmen, von denen die V1- und V2-Raketen auf London abgefeuert wurden, bereiteten sie dieser letzten Qual für die Zivilbevölkerung bald ein Ende. Zu unserer großen Erleichterung waren wir nun vor weiteren Angriffen sicher. Es gab also keinen Grund mehr, in unserem beengten und unbequemen Quartier in Hitchin zu bleiben. Meinen Zieheltern stellte sich nun folgendes Problem: Da zahlreiche Gebäude zerstört waren, war es fast unmöglich, eine neue Wohnung zu finden. Meine Tante wußte sich jedoch wie immer zu helfen. Durch die Vermittlung einer Freundin fanden wir eine Wohnung beim Bakers'-Arms-Platz im Bezirk Leyton. Sie befand sich über einem Elektrogeschäft. Man betrat das Haus durch einen Seiteneingang, von dem eine dunkle Stiege in den ersten Stock führte. Zu Geschäftszeiten dröhnte immer Musik aus den Lautsprechern des Ladens. Wir waren daher sehr erleichtert, wenn er am Abend zusperrte. Die Räume selbst waren sehr finster. An den Wänden klebte eine dunkle Tapete, die schon bessere Zeiten gesehen hatte, und braune Farbe bröckelte von den Mauern ab. Das Waschbecken im Badezimmer hatte ständig einen Schmutzrand, denn der Hausbesitzer reinigte darin seine staubigen Lampenschirme, ohne sich darum zu kümmern, was wir dazu sagten. Unsere Möbel, die wir aus dem Lager geholt hatten, schauten in diesem Quartier seltsam verloren aus. Dennoch mußten wir uns glücklich schätzen, überhaupt eine Wohnung in London zu haben, denn es bedeutete, daß ich nicht mehr in der Morgendämmerung aufstehen mußte, um rechtzeitig zur Schule zu kommen.

Mein Leben trat in eine neue entscheidende Entwick-

lungsphase. Ich war den Kinderschuhen entwachsen und befand mich nun in der Pubertät. Einfache, charakterlich gefestigte Menschen hatten mich aufgezogen, aber von meinen richtigen Eltern, meinen Verwandten und meinem Geburtsort war ich vollkommen abgeschnitten. Auch meine Zieheltern waren nach England eingewandert. Sie waren niemals nach Polen zurückgekehrt und verspürten auch keinen Wunsch, dies zu tun. Sie hatten aber auch Schwestern, Cousins und Cousinen hier, zu denen sie familiäre Beziehungen haben konnten. Ich fühlte mich diesem Verwandtenkreis nicht zugehörig. Wenn uns die Freunde und Verwandten meiner Zieheltern von Zeit zu Zeit zu ihren Hochzeiten und Bar-Mizwahs einluden, kam ich mir immer wie eine Außenseiterin vor. Ein neues Kleid und eingedrehte Haare schwächten dieses Gefühl keineswegs ab, wenn ich dann zusehen mußte, wie alle sich freudig begrüßten, unflätige Witze erzählten oder in Familienerinnerungen schwelgten.

Ich hatte Ähnliches empfunden, als wir in Paignton evakuiert waren. Auf meinem Heimweg von der Schule ging ich an hübschen Häusern mit akkurat geschnittenen Hecken und Rasen vorbei. Diesen Gebäuden haftete eine Dauerhaftigkeit und eine Ordentlichkeit an, die mir in meinem Leben sehr abgingen. Ich marschierte an diesen schmucken Zitadellen vorbei und sah die Schilder, auf denen »Keine Hausierer und Postwurfsendungen!« stand. Mir kam es vor, als seien sie an mich gerichtet und riefen mir zu: »Halte dich fern! Du gehörst nicht hierher!«

In diesen Häusern spielte sich in meinen Vorstellungen ein privilegiertes Leben ab, in dem kein Platz für Strandgut wie mich war. Wenn mich Leute, meistens Männer, so traurig vorbeigehen sahen, riefen sie mir vergnügt zu: »Kopf hoch!«, und ich tat mein möglichstes, um zu lächeln.

*

Aus heiterem Himmel erhielt ich eines Tages einen Brief mit einer Briefmarke aus Palästina. Von wem konnte er sein? Zu meinem großen Erstaunen hatte mir die Schwester meines Vaters geschrieben. Sie hatte irgendwie meine Adresse herausgefunden und mich kontaktiert. Es war wie ein Schock für mich. In meinem vorherigen Leben hatte mir mein Vater von meiner Tante Irene erzählt, die nach Palästina ausgewandert war. Hier war also der Beweis, daß die so weit entfernte Welt meiner Kindheit wirklich existierte. Es war ein kleiner Einbruch im Damm meiner Isolation.

Meine Tante Irene erkundigte sich nach meinem Wohlbefinden, erwähnte jedoch meine Eltern mit keinem Wort. Sie legte mir ein Bild von sich selbst und ihrem Mann bei, das vor ihrem Schuhgeschäft in der Allenby Road in Tel Aviv aufgenommen worden war. Ich erkannte die Adresse aus Briefen wieder, die mein Vater in Wien erhalten hatte. Sie schickte mir auch ein Bild ihres Sohnes, eines ernst dreinblickenden jungen Mannes in der Uniform der britischen Armee mit drei Streifen auf seinem Ärmel. Endlich konnte ich auf etwas stolz sein! Verwandte aus Fleisch und Blut, und einer von ihnen kämpfte sogar im Krieg mit! Ich konnte mich kaum fassen vor Freude über diese unerwartete Entdeckung.

Bis jetzt hatten wir mehr als fünf Jahre Krieg überstanden. Mit Nahrungsmittelknappheiten hatten wir umzugehen gelernt: Bananen gehörten der Vergangenheit an. Unsere Süßigkeiten fabrizierten wir uns selbst. In der Schule machten dubiose Rezepte für Toffees die Runde, oder wir rannten ins Geschäft, wenn es Limonadepulver gab. Unsere Gesundheit war durch diese Verknappung jedoch nicht gefährdet. Es gab auch andere Unannehmlichkeiten

hinzunehmen: Aufgrund der Bekleidungsrationierung mußten unsere Sachen einiges aushalten und auch immer wieder geflickt werden. In der Wohnung wurde nichts ersetzt oder neu eingerichtet. Was uns noch schlimmer traf, war, daß in London so viele Gebäude zerstört oder beschädigt waren. Nachdem man die Trümmer von den Ruinengrundstücken weggeräumt hatte, stand oft ein Mauerrest mit einem Kamin und Tapeten im hellen Tageslicht da. Dieser ungewollte Einblick hatte etwas Obszönes an sich, da er die Privatsphäre der früheren Bewohner enthüllte.

Obwohl die Fliegermannschaften, die die Spitfire-Flugzeuge im Kampf gegen die deutschen Bomber steuerten, und die Einheiten, die in Nordafrika gekämpft hatten, schreckliche Verluste erlitten hatten, blieben die meisten Söhne der Freundinnen meiner Tante glücklicherweise am Leben: Die Söhne ihrer Cousins in der Britischen Luftwaffe hatten überlebt, und Debbies Schwiegersohn, der endlich aus der libyschen Wüste und vom Italien-Feldzug nach Hause zurückkehrte, wurde wie ein Held empfangen. Die Nachbarn breiteten ein Flaggentuch über die enge Mile End-Straße, wohin er sich für seinen wohlverdienten Urlaub zurückzog. Mein Onkel war zwar zu alt gewesen, um in der Armee zu dienen, war aber dem Bombenhagel auf seinen Dienstfahrten im West End manchmal auch nur knapp entkommen. Viele Familien hatten weniger Glück gehabt. Ich erinnere mich, daß ein Mädchen in meiner Klasse mit verweinten Augen in die Schule kam, nachdem ihre Eltern ein Telegramm vom Luftwaffenministerium erhalten hatten, daß ihr Sohn gefallen war. Es war typisch für jene Zeiten, daß weder die Lehrerinnen noch die anderen Schülerinnen etwas zu ihr sagten. Die Briten bewahrten auch in diesem Falle ihre sprichwörtliche Zurückhaltung. Wir Menschen zu

Hause, die entweder zu jung oder zu alt für den Kriegsdienst waren, rannten in schäbiger Kleidung herum und zeigten Ermüdungserscheinungen, hofften aber, daß ein Ende in Sicht war.

Zu diesem Zeitpunkt zogen wir nochmals um. Meine Tante hatte eine bessere Wohnung im Bezirk Clapton gefunden, und wieder einmal packten wir unsere Siebensachen. Mein Onkel paßte einem neuen Küchenboden das alte Linoleum an, das inzwischen einem Puzzle glich. Mir wird jetzt bewußt, daß ich während der Kriegsjahre in sieben verschiedenen Wohnungen gelebt habe, die vorübergehenden Aufenthalte in Pensionen nicht mitgerechnet. Die längste Zeit, die ich in ein- und derselben Wohnung verbrachte, waren die zwei Jahre vom Winter 1940 bis 1942 gewesen. Ich kann mir nicht erklären, wieso wir wie Zigeuner herumzogen. Meine Tante war von Natur aus kein ruheloser und unverantwortlicher Mensch, und zu einigen Umzügen waren wir gezwungen gewesen. Ich glaube aber nicht, daß ihr bewußt war, welche Auswirkung dieses unstete Leben auf mich gehabt hatte. Als Ausgleich dafür wirkte sich die konstante Fürsorge und Zuneigung meiner Zieheltern, mit der ich immer rechnen konnte, wohltuend auf mein seelisches Gleichgewicht aus.

Die »neue« Wohnung befand sich wiederum im Obergeschoß eines Hauses, diesmal eines sehr großen, das von seinen vorigen Besitzern wegen Kriegsschäden verkauft worden war. Jetzt hatte man alles repariert. Der Dachboden war in besseren Tagen ein Billardzimmer gewesen. In dem Raum, der uns jetzt als Wohnzimmer diente, gab es sogar eine Täfelung aus Eichenholzimitat. An modernen Maßstäben gemessen, war die Küche schlecht eingerichtet. Die einzige Ausstattung war eine Spüle, die auf einem Kästchen montiert war und aus deren Hahn kaltes

Wasser kam. Im Wohnzimmer standen wieder einmal die »besten« Möbel, die die vielen Umzüge ziemlich schadlos überstanden hatten. Wie unsere Schlafzimmer war auch der Wohnraum sehr groß. Radiatoren in allen Zimmern wiesen darauf hin, daß es hier früher eine Zentralheizung gegeben hatte. Die Hausbesitzerin, die unter uns wohnte, teilte uns jedoch mit, daß der Boiler kaputt war, weshalb das System niemals zur Anwendung kam. Unsere Lebensmittel bewahrten wir in einer gekachelten Vertiefung in einem der weitläufigen Keller auf oder in einem verschließbaren Schrank im Gang vor unserer Küche. Im Winter ersparten wir uns den Kühlschrank, da die Temperaturen im Gang sehr niedrig waren. Da das Badezimmer unbeheizt war, erfüllte es während sechs Monaten des Jahres eher einen symbolischen Zweck als einen praktischen. Einmal in der Woche warfen die Leute unter uns den Durchlauferhitzer an, und wir wechselten uns dabei ab, unsere reglementierten 15 Zentimeter heißes Wasser zu ergattern.

Mein Zimmer war wieder spärlich mit den Möbeln aus der Merchant Street eingerichtet. Hübsche Chintzvorhänge und eine dazupassende Bettdecke mit Volant stellten die einzigen Zugeständnisse an meine erwachende Weiblichkeit dar. Ein zusammenklappbarer Kartentisch diente mir nun als Nachtkästchen. Darauf stand eine Lampe, die eine große Verbesserung gegenüber der Taschenlampe darstellte, die ich in jüngeren Jahren ins Bett geschmuggelt hatte, um unter der Decke zu lesen. Die spartanische Atmosphäre des Zimmers machte ein wunderbarer Blick auf den Lea-Fluß wett. Von meinem Fenster aus konnte ich seine grasbedeckten Dämme und Inseln, sowie hoch in die Luft ragende Sägewerke und Fabriken auf der anderen Seite sehen. Oft glitten Boote am Fenster vorbei, und manchmal wurde die Stille durch eine Schiffssirene

durchbrochen. An nebeligen Tagen kam hier eine geheimnisvolle und romantische Stimmung auf, die in krassem Gegensatz zu der Atmosphäre stand, die ich bis jetzt kennengelernt hatte.

Der Hausbesitzer war ein dünner, nichtssagender Mann. Seine Frau hingegen, eine pummelige Gestalt in formlosen Röcken und Pullovern, diente als guter optischer Ausgleich. Oft stapfte sie, einen Apfel kauend, die Treppe zu unserer Wohnung hoch und ließ sich zu einem Tratsch mit meiner Tante nieder. Wenn sie eine dringende Nachricht hatte, trompetete sie »Missis Gee!«, den Namen, den sie meiner Tante verliehen hatte, in einer Lautstärke herauf, die selbst Tote erweckt hätte. Wenn die Wäsche meiner Tante unterbrochen wurde, weil jemand im Erdgeschoß den Hahn aufgedreht hatte, stampfte sie ihrerseits wie ein Rumpelstilzchen mit den Füßen so stark auf, daß die Decke unter ihr bebte. Dabei stieß sie einen schrillen Schrei nach Wasser aus. Ihren gebieterischen Forderungen kamen die Nachbarn hierauf unverzüglich nach.

*

Mein Schulweg war jetzt um vieles leichter geworden. In meiner Klasse hatte ich Freunde und wurde geistig gefordert, erntete aber wenig Verständnis für meinen seelischen Zustand. Normalbürgern wurde keinerlei Art von Therapie geboten – niemand in meinem Umkreis hatte je von Freud gehört. So schluckte ich alles hinunter und machte das Beste aus dem, was mir geboten wurde. Leichten Zugang fand ich zur britischen Kultur, die ohne Rücksicht auf unseren Ursprung oder Hintergrund über uns gestreift worden war wie ein eng sitzendes Kleid. Ausländer kamen in unseren Schulbüchern kaum vor. In Geographie lernten wir von den britischen Inseln, dem

Commonwealth, und von Nord- und Südamerika. Europa, Afrika und Asien paßten nicht in den Erdkundelehrplan. Einzig die Geschichtslehrerin bezog sich auf Ereignisse in Europa, was eine willkommene Abwechslung zu diesem begrenzten Horizont darstellte. Ich fand die politischen Geschehnisse im neunzehnten Jahrhundert, das wir für unsere mittlere Reife genau unter die Lupe nahmen, faszinierend.

Die Naturwissenschaften erklärten mir, wie Spiegel, Linsen, Kameras und Taschenlampen funktionierten, was alles sehr nützlich war. Die Biologie befriedigte meine Neugier bezüglich des Aufbaus der lebenden Materie. Eine ganz grundlegende Lektion in Sexualkunde erhielten wir, als wir das männliche und weibliche Fortpflanzungssystem im Schnitt studierten. Nachdem wir unsere Zeichnungen angefertigt und genau beschriftet hatten, forderte uns unsere Lehrerin auf: »Kommt einmal her zu mir, Mädchen!«

Als wir alle um ihren Tisch standen, sagte sie vertraulich zu uns: »Hört mal her. Wenn ihr mit einem Mann ausgeht, dann seht zu, daß er euch kein starkes Getränk einflößt.«

Haushaltskunde war das Fach, das ich am wenigsten mochte. Beim Nähen begannen wir mit Stopfen und Flicken und gingen dann dazu über, uns marineblaue Turnhosen zu schneidern. Als ich zum ersten Mal evakuiert wurde, hatte ich darum gebeten, daß man mir kleine Deckchen und Seidenfäden schenke, damit ich auf bescheidene Art die schönen bestickten Stoffe nacharbeiten könne, die ich eine Cousine meiner Tante anfertigen gesehen hatte. Ich habe einige von diesen feinen Stickereien in zarten Farben bis zum heutigen Tage aufbewahrt. An den Bekleidungsstücken, die wir in Handarbeiten machen sollten, fand ich jedoch nichts Anziehendes.

Mein schon von Anfang an geringes Interesse erlosch vollkommen, als ich sogar Säume mit einem nur kleinen Makel auftrennen mußte. Diese langweilige Arbeit schien nie enden zu wollen. Meine Frustration kam beim Nähen einer Tasche zum Ausdruck, als ich alle vier Seiten zusammen nähte. Von da an betrachtete meine Lehrerin mich nur noch als die Klassen-Niete.

Kochen mißfiel mir ebenfalls. Zu Kriegsbeginn hatte ich meiner Tante gerne beim Backen geholfen. Ich durfte den Kuchenteig rühren und Teigtaschen füllen. Als ich sie aber bat, selbst eine Speise zubereiten zu dürfen, erlaubte sie es mir nicht, da sie befürchtete, daß ich die spärlichen Rationen verschwenden würde. Danach verlor ich jegliches Interesse am Kochen und überließ ihr kampflos die Herrschaft in der Küche. Ja, ich empfand sogar eine eigenartige Freude daran, daß ich selbst über die grundlegendsten Kochvorgänge nicht Bescheid wußte. Einmal trug man uns in der Schule auf, ein Ei zu kochen. Ich nahm also das Ei, legte es in einen Topf und stellte diesen auf die Flamme. Als es zu stinken anfing und die Lehrerin aufschrie: »Welche Idiotin hat ein Ei ohne Wasser zugestellt?« erkannte ich, daß ich damit gemeint war. Meine Backwerke waren niemals flaumig genug und meine Puddings gerieten immer aus der Form. Ich glaube, daß ich mich zum Teil absichtlich so ungeschickt anstellte. Da ich in den meisten anderen Fächern eine Vorzugsschülerin war, mußte ich meine rebellischen Instinkte irgendwo abreagieren. In der fünften Klasse mußten wir uns zwischen Haushaltskunde und Latein entscheiden. Zum Glück wählte ich letzteres.

Da mein Interesse an Literatur weiterhin zunahm, gefiel mir auch der Englischunterricht. Ich war von der Schulmädchenlektüre einer Angela Brazil, die ich alleine zu Hause gelesen hatte, zu den Romanen von Charlotte

Brontë übergegangen. Was die gemeinsame Schullektüre betraf, so schenkte man unserem Alter oder unseren Interessen wenig Beachtung: Miltons »Das verlorene Paradies« und die Essays von Addison und Steele lagen deutlich über unserem Niveau, besonders weil auch niemand versuchte, uns die Zusammenhänge zu erklären. Nachdem es Bomben auf London gehagelt hatte, hatten wir auch wenig Verständnis für die Damen in Mrs. Gaskells Buch »Cranford«, die sich den Kopf darüber zerbrachen, wie sie Orangen mit Anstand essen sollten. Das Glucksen unserer Lehrerin erwiderten wir nur mit Befremdung. Der Witz und Scharfsinn einer Jane Austen lag uns schon eher. Mir gefielen auch die Gedichte, die man uns zu lesen anregte, angefangen von Shakespeares Sonetten bis hin zu Grays Elegie und Wordsworths »Tintern Abbey«. Hier lernte ich eine besinnliche Melancholie kennen, einen Teil der »stillen, traurigen Musik der Menschheit« und eine Liebe zur Natur, die sich kraß von dem in unserer Welt vorherrschenden »stürmischen Lärm der wilden Kriegsmusik« unterschied.

8.
Das Ende des Krieges

Nun war das Jahr 1945 angebrochen. Die Russen machten einen Vorstoß nach Westen gegen die Oder, und die Streitkräfte der Briten, Amerikaner und des Commonwealth rückten weiter in Deutschland vor. Es zeigte sich ganz deutlich, daß die Nazis dieser Übermacht nicht mehr viel länger standhalten konnten. Es schien lange her, daß wir allein und verwundbar gewesen waren und jeden Augenblick eine Invasion befürchteten. Angespornt durch die Reden von Winston Churchill, hatte der trotzige Widerstand des britischen Volkes den Sieg in Reichweite gebracht. »Bedingungslose Kapitulation« war nun das neue Schlagwort, und es war ganz klar, daß sich das verdorbenste Regime, das die Menschheit je gesehen hatte, auf eine demütigende Niederlage gefaßt machen mußte.

In meinem Innersten empfand ich Sehnsucht, aber auch Angst, denn ich fühlte, daß mir das Kriegsende eine Bestätigung dessen bringen würde, was ich schon immer befürchtet hatte: daß ich meine Eltern niemals wiedersehen würde. Ich hatte eine starke Vorahnung, die mit meinen Erfahrungen mit den Nazis zusammenhing und die sich durch Bruchstücke mir zugekommener Informationen noch verstärkte. Ich wußte, daß meine Geschichte nicht glücklich enden würde. Ich hatte jedoch keine Ahnung von dem Ausmaß des grauenhaften Verbrechens, das an den jüdischen Gemeinden in Europa begangen worden war.

In den morgendlichen Schulversammlungen, in denen unser Kampfgeist durch Predigten und erbauliche Geschichten gestärkt werden sollte, wurde nun auch ein milderer Ton angeschlagen. Wir beteten für die sichere

Heimkehr der Soldaten, Matrosen, Piloten und Krankenschwestern und waren überglücklich über ihren Erfolg. Alle beherrschte jedoch der Wunsch, daß ein solcher Konflikt nie mehr ausbrechen dürfe. Einige Choräle wie

O brother Man
Fold to thy heart thy brother

(Oh Mensch,
umarme deinen Bruder!)

und

These things shall be
A loftier race
Than e'er the world has known
Shall rise

(So soll es sein:
Eine erhabenere Menschheit,
als die Welt sie je gesehen hat,
soll entstehen!)

paßten zu unserem jugendlichen Idealismus. Ebenso der Gedanke, daß es einen besseren Weg der Konfliktlösung geben müsse als das blutige Unternehmen, in das wir fast sechs Jahre verwickelt waren, unvermeidlich angesichts eines größenwahnsinnigen Despoten wie Hitler.

Mit dem Kriegsende in Sicht drängte sich die Frage, was mit meinen Eltern geschehen war, von denen ich seit fünf Jahren keine Nachricht mehr erhalten hatte, in mein Bewußtsein. Ich war jetzt fünfzehn Jahre alt und unterschied mich körperlich und geistig stark von dem neunjährigen Mädchen, das in die Arme einer barmherzigen Ziehmutter gestolpert war. So viel war passiert, so viele Erfahrungen hatte ich in den fünfeinhalb Jahren Exil gesammelt, daß die Martha aus dem Jahr 1939 kaum der

aus dem Jahr 1945 glich. Obwohl es mir schon schwer fiel, konnte ich noch immer etwas Deutsch. Ich hatte einige Fotos und Erinnerungsstücke aus meinem früheren Leben, und ich konnte mich noch einiger Erlebnisse mit meinen Eltern und Schulfreunden entsinnen, doch über das meiste hatte sich in bewußter Verdrängung ein Schleier des Vergessens gelegt. Meine frühe Kindheit schien mir so entfernt wie ein Bild, das einem im Halbschlaf vor den Augen aufsteigt. Ich wagte es nicht, meinen Gedanken zu lange nachzuhängen, denn ich befürchtete, daß die behutsam aufgebaute Beziehung zu meinen Zieheltern und mein schulischer Erfolg dadurch zerstört würden und ich mein bereits gefährdetes seelisches Gleichgewicht ganz verlieren würde.

Tatsächlich hatte ich einen Vorfall »vergessen«, der sich zu Beginn des Frühjahres 1940 ereignet hatte und den ich verdrängt habe, bis ich dieses Buch zu schreiben begann. Er tritt jetzt in all seiner Grauenhaftigkeit in mein Bewußtsein. Ich erhielt einen offiziell aussehenden Brief vom Roten Kreuz. Als ich ihn öffnete, las ich, daß meine Mutter über den Tod ihres Mannes verständigt worden war. Meine Tante fand mich, hysterisch und in Tränen aufgelöst, und da sie den Brief selbst nicht lesen konnte, fragte sie mich, wieso ich denn so verstört sei. Als ich es ihr sagte, antwortete sie beharrlich: »Nein, das ist nicht wahr!«

Ich wußte, daß dies ein falscher und törichter Trost war. Dennoch verlangte ich so sehr danach, nicht das Schlimmste glauben zu müssen, daß ich mich von ihrem Leugnen halbwegs überreden ließ. Was mich noch weiter verwirrte, war, das ich einen letzten Brief von meiner Mutter erhalten hatte. Sie schrieb so über meinen Vater, als ob er noch am Leben wäre. Da ich zwischen diesen zwei Fallen eingeklemmt war, vergrub ich den ganzen Vorfall tief in mei-

nem Innersten. Er bestärkte mich jedoch in dem Gefühl, daß ich meinen Vater nie wiedersehen würde.

*

Als die britischen Streitkräfte damals immer weiter in Deutschland vorrückten, erhielten wir die Nachricht, daß ein Konzentrationslager namens Belsen befreit worden war und jedes Lichtspielhaus in London einen Film darüber zeigen würde. Ich ging mit zwei Freundinnen in ein Kino in unserer Nachbarschaft und erwartete mir, in dem Film Menschen zu sehen, die schlecht behandelt worden waren. Was tatsächlich gezeigt wurde, übertraf meine schlimmsten Alpträume. Haufenweise nackte Leichen, die nur noch Haut und Knochen waren, zu Skeletten abgemagerte Menschen, die kaum gehen konnten und im Dreck nach Essensresten herumstocherten, Kranke und Sterbende, deren ausgemergelte Gesichter und gespenstischer Blick von unsagbarem Leid erzählten – sie alle hinterließen einen unauslöschbaren Eindruck auf mich. Ebenso verfolgten mich die Bilder von wohlgenährten KZ-Wächtern, die ihre teuflische Grausamkeit kaum zu bereuen schienen. Ich saß im dunklen Kinoraum und weinte nur leise vor mich hin, da ich mich nicht getraute, meinen Schmerz offen zu zeigen. Als der Film vorüber war, trocknete ich mir heimlich die Tränen, und keine von meinen Freundinnen sagte ein Wort.

Ich wußte, daß Menschen das Konzentrationslager überlebt hatten, aber nicht, wieviele es waren und ob sich darunter Familienmitglieder von mir befanden. Meine Zieheltern holten Erkundigungen über das Rote Kreuz ein, die meinen Verdacht bestätigten, daß sowohl mein Vater als auch meine Mutter tot waren. Wie oder wo sie ermordet wurden, muß ich jedoch erst herausfinden.

Damals sah ich nicht ein, welchem Zweck solche Nachforschungen dienen sollten, und so ließ ich alles mehr als vierzig Jahre lang in der Schwebe.

Mein Status als jugendlicher Flüchtling war nicht eindeutig. Ich fand später heraus, daß ich einen offiziellen Vormund namens Lord Gorrell hatte. Ich wußte nichts von ihm, hatte keine Ahnung, was für ein Mensch er war, da diese Beziehung meines Wissens nach eine reine Formalität darstellte. Zu wem gehörte ich also? Ich konnte den Gedanken nicht ertragen, eine Waise zu sein. Ich hatte über solche Kinder in Büchern gelesen, die sie bemitleidenswert darstellten. Das Wort allein trieb mir kalte Schauer über den Rücken. Andererseits war ich ein wenig zu alt, um von meinen Zieheltern adoptiert zu werden. Zu dem Zeitpunkt hatte ich außerdem das Gefühl, daß sie zwar sehr liebenswürdig waren, ich jedoch nicht zu ihnen paßte. In stillschweigendem Einverständnis erhielten wir unsere Beziehung auf der alten Basis aufrecht, ohne sie rechtlich zu verankern.

Nach der »Kristallnacht« war in aller Eile der Plan erarbeitet worden, Flüchtlingskinder nach England zu bringen. Da so viele Menschen evakuiert und in ganz Großbritannien verstreut waren, konnte man diese Flüchtlinge im Krieg schwer orten. Ich hatte von mißlungenen Plazierungen bei Freunden meiner Tante gehört, was mich nicht weiters überraschte; ich konnte mir die Probleme gut vorstellen. Es war nicht genügend Zeit geblieben, um die Kinder auf die Zieheltern abzustimmen – in der Not frißt der Teufel Fliegen –, deshalb verwunderte es niemanden, daß es zu Mißstimmigkeiten gekommen war. Jetzt, wo der Krieg fast vorbei war, besuchte mich eine Dame von einer Wohlfahrtsorganisation. Sie stieg die Treppe zu unserer Küche herauf, ließ ihren Blick durch den Raum schweifen, ob er auch rein und aufgeräumt war (was der

Fall war), sah mich über ihren Brillenrand an, ob ich auch gesund und gut gekleidet aussah (was ebenfalls der Fall war), gab einen (positiven) Kommentar zu meiner modernen Frisur ab, wechselte einige Worte mit meiner Tante und verabschiedete sich. Sie machte keine Anstalten, mit mir zu sprechen oder sich über meine Lage ein genaueres Bild zu verschaffen.

Für meine Tante stellte die Sorge für ein Kind jene Erfüllung dar, nach der sie sich immer gesehnt hatte. Ich glaube, daß trotz der Kriegsstrapazen und der Verantwortung, die als Erwachsene auf ihren Schultern lastete, meine Kindheit in England ein glückliche Zeit für sie war. Für mich gestaltete sich diese Periode schon schwieriger. Da ich zwei Paar Eltern hatte, die einander so unähnlich waren, und ich in so vielen widersprüchlichen Kulturen aufgewachsen war, wurde das Leben für mich extrem kompliziert. In Anbetracht der Umstände, unter denen ich gezwungen war, meine Eltern in Österreich zurückzulassen, und der traumatischen Erfahrungen, die ich bereits in Österreich durchgemacht hatte, und meines genauen Wissens über die lebensbedrohende Situation, in der wir uns befanden, mußte ich jedoch in diesen frühen Jahren in England für vieles dankbar sein.

Diese glückliche Zeit konnte nicht bis in meine Pubertät andauern. Aus ihren Bemerkungen zu schließen, hatte meine Tante das Muttersein durch eine rosarote Brille gesehen: Ein gehorsames Kind würde ihr auf ewig Gesellschaft leisten. Solche unrealistischen Erwartungen mußten enttäuscht werden. Da in mir so viele aufgestaute Gefühle brodelten, war es kaum verwunderlich, daß ich eine schwierige Persönlichkeit entwickeln würde. Wir stritten daher über große und kleine Dinge. Ihre engstirnigen und dogmatischen Ansichten prallten oft auf die meinen. Dies führte zu lauten Ausbrüchen meinerseits, die im

Zusammenspiel mit ihrer lebhaften Reaktion einige denkwürdige Explosionen verursachten. Mir machten diese Wortgefechte ungeheuren Spaß. Ich hatte dabei Gelegenheit, Wörter und Phrasen mit einer Redegewandtheit aus dem Ärmel zu schütteln, mit der meine Tante nicht mithalten konnte. Meine verbalen Feuerwerke waren sowohl eine Art spielerisches Ventil wie auch ein Ausdruck meines Widerspruchs meiner Tante gegenüber.

Das konnte sie nicht verstehen. Es kam ihr niemals in den Sinn, daß sogar vollkommen normale Teenager manchmal aufsässig und unfreundlich zu ihren Eltern sind und daß »Dankbarkeit und Respekt«, die sie oft von mir forderte, in diesem Alter seltene Tugenden sind. Wenn sie sich sehr ereiferte, schrie sie mich an:

»Das würdest du nicht tun, wenn ich deine richtige Mutter wäre!«

Diesem ungerechten Vorwurf konnte ich nichts entgegensetzen.

Danach kam manchmal die Drohung:

»Ich mache Meldung beim Jugendamt!«

Wenn sie hin und wieder zu weit gegangen war, fragte ich mich, ob es mir in einer Anstalt, in der zumindest vernünftige Leute arbeiteten, nicht besser gehen würde. Ein anderer Teil von mir hing jedoch verzweifelt an meiner Familie, wie unvollkommen sie auch immer gewesen sein mag.

Trotz dieser Streitereien wußte ich, daß mich meine Zieheltern liebten. Meine Tante drückte ihre Gefühle ganz simpel und rührend aus, indem sie sagte: »Ich hab dich so lieb, als ob du aus meinem eigenen Bauch gekommen wärst.«

Trotz unserer Meinungsverschiedenheiten liebte ich sie auch. Mein Onkel, der ein sanfter und friedliebender Mensch war, hielt sich aus diesen Auseinandersetzungen

heraus. Wenn er manchmal den Ausbruch eines solchen Tumultes vermutete, murmelte er mir zu, bevor er das Haus verließ: »Sei lieb zu deiner Tante!« Ich strengte mich dann sehr an, seiner Aufforderung nachzukommen. Da meine Tante zu Hause die Hosen anhatte und mein Onkel seiner Meinung nach genug damit zu tun hatte, auf den Straßen von London unseren Lebensunterhalt zu verdienen, bezweifle ich, daß er viel dazu beitragen hätte können, die Ausbrüche meiner Tante einzudämmen. Wenngleich er sich auch nicht wirksam für mich verwenden konnte, ließ seine Zuneigung für mich doch nie nach. Als ich mich zunehmend zu einer Frau entwickelte, übertrat er auch niemals die Grenze der Schicklichkeit in unserer Beziehung. Für seinen Anstand und seine beständige Unterstützung stehe ich noch heute in seiner Schuld.

*

Das langerwartete Kriegsende brachte uns Erleichterung und setzte der jahrelangen Qual ein Ende, aber viele Familien hatten sowohl Grund zur Freude als auch zur Trauer. Als die deutsche Kapitulation im Radio verkündet wurde, umarmten meine Tante und ich uns im Freudentaumel und hängten einen Union Jack, die englische Flagge, mit einem Besenstiel aus unserem Wohnzimmer. Am nächsten Tag tanzten die Menschen auf der Straße. Fremde fielen einander in die Arme. Matrosen, Soldaten und Flieger flogen kecken Mädchen in die Arme, die ihre Wangen mit Lippenstiftspuren bedeckten. Überall feierte man die Mitglieder der britischen Streitkräfte und ließ sie hochleben. Meine Freundin Sheila und ich schlossen uns der dicht gedrängten Menge an, die zum Buckingham Palace strömte, um einen Blick auf den König, die Königin und Winston Churchill zu erheischen. In der Menge

von tausenden anderen Menschen eingeklemmt, konnten wir die kleinen Figuren auf dem weit entfernten Balkon kaum ausnehmen. Wir hatten aber teil an dem gewaltigen Gefühlsausbruch, der uns alle verband. Einige Tage später feierten die Menschen Feste auf der Straße, bei denen sie Fahnen schwangen und musizierten. Klaviere und andere Instrumente, die fröhliche Töne von sich gaben, wurden nach draußen gezerrt und verstärkten das Jubelgefühl noch.

Im Fernen Osten ging der Krieg zwar noch weiter, aber dieser Konflikt betraf uns weniger als der in Europa. Sein dramatisches Ende mit dem Abwurf der Atombombe auf japanische Städte konnten wir zu diesem Zeitpunkt noch nicht absehen. Ich hatte keine Vorstellung vom Flüchtlingsstrom in Europa und dem Ausmaß der Deportationen. Ich glaube nicht, daß die Zeitungen, die mir zur Verfügung standen, darunter der »Daily Herald« meines Onkels, sehr viel darüber berichteten. Wenn dies der Fall war, muß ich diese Seiten überblättert haben. Mein Leben in Österreich war so unwirklich für mich geworden wie ein erfundenes Schauspiel, so daß ich solche Informationen aus meinem Bewußtsein so gut wie möglich verbannte. Die Einzelheiten des Nazigreuels waren der Allgemeinheit noch nicht bekannt und beschäftigten zu diesem Zeitpunkt nur die Wissenschaftler, die sie zu untersuchen begannen. Da meine Tante und mein Onkel sich auf die praktische Seite des Lebens konzentrierten und wenig von innerer Einkehr und Nachforschungen hielten, verstanden sie nicht, welchen Vorteil mir ein solch nutzloses Wissen bringen sollte. Mir bereitete das ganze Thema zu viele Schmerzen. Wenn ich ihm weiter nachgegangen wäre, hätte mich das als jungen Menschen über alle Maßen belastet. So blieb es als schwarzer Abgrund in meinem Bewußtsein bestehen. Über diesen legte ich

einen Schutzschild des Vergessens, den ich mich viele Jahre lang nicht aufzuheben getraute.

Da der Krieg nun vorbei war und der Tod meiner Eltern mit Sicherheit angenommen werden mußte, versuchte ich, das Beste aus meiner Lage zu machen. Ich konzentrierte mich hauptsächlich auf die Schule. Hier erlebte ich sehr viel Schönes und nahm gern an all den Aktivitäten teil, die uns angeboten wurden. Meine Lust zu diskutieren und mein neu entdecktes Interesse am Tagesgeschehen führten mich in den Debattierclub. Im »cercle français« lernte ich lustige Volkslieder wie »Auprès de ma blonde« und »Alouette«, und ich hatte Gelegenheit, französische Konversation zu üben.

Ich hatte Schuberts Lieder und die britischen Volksweisen, die ich in der Schule gelernt hatte, immer sehr gerne gemocht. Durch Schallplatten im Unterricht und die Anregung von Freunden, die sich in dieser esoterischen Kunstgattung besser auskannten als ich, lernte ich klassische Musik kennen. Meine erste Einführung erhielt ich durch das »Warschauer Konzert« und Händels »Ankunft der Königin von Saba,« dann ging ich zu Chorälen und Fugen von Bach über.

Wie ich schon berichtet habe, gefiel meiner Tante dieses »Gedudel« überhaupt nicht. »Es rauscht mir im Kop'« sagte sie für gewöhnlich auf Jiddisch.

Sie zog Walzer und Foxtrotts, die sie in ihrem japanischen Grammophonkasten aufbewahrte, vor. Sie hießen »Over the Waves« und »When eyes of blue are fooling you«, Melodien, zu denen sie und mein Onkel in ihrer Jugend getanzt hatten. Lieder wie »My Yiddishe Mame« von Sophie Tucker drückten auf die Tränendrüse, und ein vulgäres Lied hatte den Refrain »Oi, yoi yoi, oi, tootsie mootsie darling dear«, dessen genaue Bedeutung meine Zieheltern mir nicht erklären wollten. Ich erinnere mich

daran, wie ich an einem kühlen Abend in dem Raum, der unpassenderweise als Wohnzimmer bezeichnet wurde, in meinen Mantel eingewickelt saß, um Beethovens »Neunte« zu hören, während meine Tante in der warmen Küche herumwerkelte. Es zahlte sich aus!

Die größte Freude bereitete mir der Theaterclub in unserer Schule. Wie es oft in einer Gruppe vorkommt, leistete eine Person in einem sonst unspektakulären Fach mehr, als es ihre Berufspflicht war. Miss Sprague übernahm unsere Klasse manchmal, wenn unsere reguläre Lehrerin verhindert war. Ihre Art, die Schüler zu behandeln, unterschied sich grundsätzlich von dem Argwohn, mit dem uns einige ihrer Kollegen begegneten und der möglicherweise durch das oft unberechenbare Verhalten von Jugendlichen gerechtfertigt war. Sie brachte uns Anerkennung entgegen und gab uns das Gefühl, daß unsere Meinung zählte. Ihr denkwürdigster Beitrag zu unserem Leben war jedoch die jährliche Aufführung eines Theaterstückes. Ich hatte bereits kleine Rollen in verschiedenen Vorführungen zugeteilt bekommen. Darin konnte ich meinem Sinn für alles Dramatische Ausdruck verleihen und meine Fähigkeit, vor Publikum zu treten, üben. Vielleicht konnte ich auch einige der Gefühle kanalisieren, die ich in meinem Inneren vergraben hatte.

Während der vielen Wochen Vorbereitungszeit, in denen ich eine Hauptrolle in Shakespeares »Was Ihr wollt« einstudierte, den Text lernte und mit Freude zu den Proben ging, kam Schwung in mein Leben. Nach den trübseligen Kriegsjahren fand ich Gefallen daran, bunte Kostüme zu probieren – lange Kleider für die Frauenrollen und Wams und Kniehosen für die »Männer«. (Da wir eine Mädchenschule waren, mußten wir auch Männerrollen übernehmen. Shakespeare, zu dessen Lebzeiten Frauen auf der Bühne nicht erlaubt waren, hatte das umge-

kehrte Problem gehabt!). Wir kicherten, wenn man uns einen Bart aufklebte und mit Handtüchern störende Kurven ausglich. Eine weitere Neuheit war die Fettschminke auf unseren jungen Gesichtern – helle Töne, unterstrichen von karminrotem Lippenstift für die Mädchen und dunklere Farben für die »Männer«. Wenn dazu noch Licht und Musik kamen, nahm ein vergängliches, wunderschönes Kunstwerk Gestalt an, die Summe der Bemühungen vieler Einzelpersonen. Am Tag der Aufführung war es uns strengstens untersagt, hinter dem Vorhang hervorzulugen. Wir wurden zunehmend aufgeregter, als wir das Stimmengewirr im Publikum hörten. Die Stille und gespannte Vorfreude vor Beginn der Vorstellung sind Gefühle, die wohl alle Teilnehmerinnen nie vergessen werden. Für die nächsten zwei Stunden konzentrierten wir uns darauf, den Text mit der dazugehörigen, fleißig geprobten Mimik und Gestik szenisch darzustellen. Dann war der Zauber auch schon vorbei, obwohl die Erinnerung daran bis heute nicht verblaßt ist.

Sonst stimulierte uns die Schule deutlich weniger. Die Lehrerinnen versuchten niemals, uns Literatur nahezubringen, die unsere eigenen Lebenserfahrungen widerspiegelte. In meinem Freundeskreis kannten wir nur ausländische Namen: deutsche, russische oder deren anglisierte Versionen. Es gab die Rosenblatts, die Jankovitschs und die Cohens. In unseren Büchern kamen jedoch immer angelsächsische Namen vor. Viele meiner Freundinnen waren Töchter von Einwanderern der zweiten Generation. Aber in den Romanen, die wir lasen, waren die Vorfahren der Figuren normalerweise mit Wilhelm dem Eroberer im elften Jahrhundert nach England gekommen. Daher bildete sich in unserer Gruppe eine Subkultur aus, die in den Unterrichtsstunden niemals an die Oberfläche trat.

Eine meiner Freundinnen entdeckte ein Buch mit dem

Titel »The Education of Hyman Kaplan«, das uns vor Lachen die Tränen in die Augen trieb. Es beschreibt anschaulich, wie eine Schar von New Yorker Einwanderern aus verschiedenen Ländern die englische, oder besser, amerikanische Sprache mordet. Die Hauptfigur in dieser Gruppe war der Titelheld des Romans Hyman Kaplan, dem eine Miss Mitnik, ein Mr. Plonsky und andere Beihilfe leisteten. Der seit langem leidende Mr. Parkhill stand seiner Englischklasse vor. Wir konnten uns kaputtlachen über ihre Analysen des Sprachgebrauchs, bei denen sie Grammatik, Schreibweise und Satzbau auf ihre Weise kritisierten. Wir dachten dabei an ähnlich falsch ausgesprochene Wörter und Mißverständnisse, die wir selbst gehört hatten. Hatte meine Tante nicht folgendes geantwortet, als ein Vertreter sie fragte, ob sie ein Desinfektionsmittel der Marke *Airwick* kaufen wolle:

»Wir haben in diesem Haus keine Schwierigkeiten mit *earwigs,* Ohrwürmern.«

Nachdem wir diese kunterbunte Ansammlung von linguistischen Fehlern aufgenommen hatten, versuchten wir uns selbst darin, einige zu Papier zu bringen. Ich erinnere mich noch immer an ein Stück, das eine von uns schrieb und das den Titel »De debait fin de hussing« (Die Debatte über die Wohnungspolitik) hatte, in dem sich verschiedene Leute über die englische Wohnungspolitik unterhielten. Einer von ihnen faßt sie mit folgenden Worten zusammen: »Vot I say is, let bechelors hev flets, mit spinsters also. Femilis should hev husses.« (»Was ich meine, ist: Lassen wir Junggesellen in Wohnungen wohnen und alte Jungfern auch. Familien sollten Häuser haben.«)

In unseren »offiziellen« Aufsätzen schrieben wir brave und frei erfundene Erzählungen über Tage auf dem Lande und Haustiere, obwohl wir mit beiden nur minimale Erfahrungen hatten! Auch die Feinheiten der englischen

Grammatik wurden uns beigebracht, angefangen von den Bindewörtern bis hin zu adverbiellen Zeitbestimmungen, Redefiguren wie Alliteration und Zeugma, sowie Versmaße wie Spondeus und Anapest. Diese höllische Aufmerksamkeit dem Detail gegenüber ermöglichte mir eine solch genaue Kenntnis der grammatikalischen und orthografischen »Regeln«, daß ich in späteren Jahren oft gebeten wurde, als Schiedsrichter aufzutreten, wenn meine Kollegen diesbezüglich geteilter Meinung waren. Obwohl ich für dieses sicher vorteilhafte Wissen nicht undankbar bin, hätte ich doch bevorzugt, daß man uns dazu angeregt hätte, unsere Gefühle über die weltbewegenden Ereignisse, die um uns herum geschahen, ein wenig einzuordnen. Es war so, als ob man uns alle Methoden beigebracht hätte, ein Kleid zu nähen, uns den Stoff aber vorenthalten hätte. Vielleicht waren diese Themen auch zu heikel, als daß sie jemand anschneiden hätte wollen.

Während dieser Zeit hatte eine unserer Lehrerinnen ein kleines Schauspiel über unseren Schulalltag geschrieben. Eine meiner Mitschülerinnen und ich wurden dazu aufgefordert, für die sechste Klasse aufzutreten. Ich kam mit düsterem Blick auf die Bühne und es entspann sich folgender Dialog:

»Hello Joan! Why what's the matter?
Surely you've not ceased to chatter!«

»School Certificate this year
And I'm bound to fail, I fear.«

»Then I'm sorry for the rest!
For you know you're quite the best!«

(»Hallo, Joan. Was ist los?
Dir hat es doch wohl nicht die Rede verschlagen!«

»Die Abschlußprüfung in diesem Jahr
werde ich wahrscheinlich nicht bestehen.«

»Dann tut mir der Rest leid!
Denn du bist die Beste!«)

Dies war natürlich blanker Unsinn, denn in Wirklichkeit arbeitete ich schwer daran, bei der mittleren Reife gut abzuschneiden. Ich übte mich in französischen Übersetzungen und paßte dabei auf, »le mot juste« zu wählen. Gewissenhaft ging ich nochmals die »Äneis« für das Lateinexamen durch und prüfte meine Kenntnis der naturwissenschaftlichen Fakten. Eine Frage stellte sich jedoch – was sollte ich als nächstes anfangen?

Meine Tante und mein Onkel hatten mich mit vierzehn, nach Absolvierung der Schulpflicht, zwei Jahre lang weiterstudieren lassen. Meine Tante dachte, daß es nun aber an der Zeit wäre, daß ich mir selbst meinen Lebensunterhalt verdiente. Viele der Töchter ihrer Bekannten hatten einen Sekretärinnenkurs belegt und gute Posten als Stenotypistinnen bekommen. Sie hatten sich in elegante junge Frauen verwandelt, die ihre Nägel lackierten, hohe Stöckelschuhe und modische Frisuren trugen. In den Augen meiner Tante war dies eine beachtliche Leistung. Sie betrachtete den Beruf einer Sekretärin mit Ehrfurcht. Auf gewisse Weise hatte sie recht: Es hätte mir nicht geschadet, wenn ich als Ergänzung zu meinen Bücherweisheiten etwas Praktisches gelernt und einen Einblick in die wirkliche Arbeitswelt bekommen hätte. Mein Instinkt stand jedoch mehr im Einklang mit Alexander Popes Vers:

»A little learning is a dangerous thing.
Drink deep or taste not the Pierian spring!«

(Ein wenig Gelehrtheit ist gefährlich!

Trinke ausreichend davon, oder koste niemals die Quelle der Musen!)

Ich hatte von dieser Quelle gekostet und fand sie so unwiderstehlich, daß ich mehr davon trinken wollte. Deshalb begann ich meinen Zieheltern damit in den Ohren zu liegen, mich die Matura machen zu lassen, und meine Lehrer unterstützten mich in meinem Vorhaben. Nachdem ich die Abschlußprüfung in meinen acht Fächern bestanden hatte, einige davon mit Auszeichnung, durfte ich also weiterhin zur Schule gehen.

Ich war immer noch sporadisches Mitglied des Zionistischen Vereins, der sich in meiner Synagoge traf. Der gutaussehende junge Mann aus Berlin, der dieser Gruppe vorstand, machte einen Teil der Anziehungskraft aus. Hier waren auch andere Mädchen und Burschen meines Alters vertreten. Unsere Aktivitäten waren harmloses Volkstanzen und Spaziergänge entlang des Pfades am Lea-Fluß. Es reichte aber für erste Gehversuche in der Erwachsenenwelt und im Flirten. Der Verein bot auch eine angenehme Abwechslung zur Mädchenschule. Die Gruppe verfolgte jedoch auch ernsthafte Ziele. Sie nannte sich »Bnei Akibah«, die Kinder von Rabbi Akibah. Ihr Motto war »Torah ve Avodah«, Religion und Arbeit. Hier lernte ich die zionistische Geschichtsinterpretation kennen: Zweitausend Jahre lang waren die Juden in den Ländern anderer Völker verstreut gewesen, wo sie von intoleranten Gastgemeinden wie unwillkommene Eindringlinge behandelt worden waren. Das jüngste Beispiel waren die Vernichtungslager der Nazis. Die einzige Abhilfe für dieses Problem wäre ein Land, das wir unser eigen nennen könnten. Wir sollten deshalb jenes Gebiet wieder zurückfordern, das wir vor der Diaspora besessen hatten. In Wien hatte ich einen ersten Einblick in den Zionismus

erhalten, als ich in einigen jüdischen Häusern blau-weiße Schachteln mit Landkarten von Palästina sah, in denen Geld für den Landankauf gesammelt wurde. Jetzt hörte ich von Führungspersönlichkeiten wie Theodor Herzl und Chaim Weizmann, die sich für die Gründung eines jüdischen Staates in Palästina eingesetzt hatten und über die Balfour-Deklaration, die alles möglich machen sollte.

Der religiösen Regeln des Vereins waren weitaus strenger als die meiner bisherigen Erziehung: Wir wurden aufgefordert, das Gebot »Gedenke des Sabbattages, daß du ihn heiligest!« wörtlich zu interpretieren. Das bedeutete, daß ich an dem Tag nichts tun durfte, das wie Arbeit aussah – nicht nähen, nicht einkaufen und nicht busfahren. Da ich nun nicht mehr dazu bereit war, am Sabbat für meine Tante Wege zu erledigen, mußte ich dafür ihren beißenden Sarkasmus über meinen plötzlichen Fanatismus aushalten.

Wollte ich einen Rabbi heiraten? fragte sie mich mit einem listigen Zwinkern, und im darauffolgenden Moment schüttelte sie ihren Kopf in spöttischem Entsetzen. Sie hätte sich keine Sorgen machen müssen, denn als ich die anderen Mitglieder des Vereins eine Zeitlang nicht sah, begann ich wieder im Bus zu fahren und Dingen nachzugehen, die ich früher am Sabbat ohne große Schuldgefühle gemacht hatte. Ich erkannte, daß ich meine Bekehrung zur Orthodoxie zwar damals aufrichtig empfunden hatte, daß sie aber nur eine vorübergehende Faszination darstellte, die ich wieder ohne Bedauern ablegte.

Meine Verbindung zu Palästina wurde durch deutsch geschriebene Briefe von meiner Tante ebenso verstärkt wie durch die Ankunft von verlockenden Holzschachteln mit Rosinen, Mandeln und Orangen, die frischer schmeckten als jene, die wir in England im Geschäft zu kaufen bekamen. Mein Cousin schrieb mir auch auf eng-

lisch. Er hatte sich gleich von der Schulbank weg freiwillig für den Kriegsdienst in der britischen Armee gemeldet und in der Wüste gekämpft. Jetzt hatte er abgerüstet und versuchte, seine unterbrochene Ausbildung wieder fortzusetzen. Ich las Berichte in den Zeitungen, daß es zu Zusammenstößen zwischen der Untergrundbewegung der Stern-Bande und der Haganah und der britischen Armee gekommen war, die das Mandatsgebiet in Palästina verwaltete. Mir graute davor, daß mein Volk britische Soldaten bekämpfte. Ich war mir des Machtgleichgewichts, das die Briten zwischen Juden und Arabern herzustellen versuchten, nicht bewußt und hatte auch nichts davon vernommen, daß sie verhungernde KZ-Überlebende mit übermäßigem Eifer von dem Gebiet fernhielten. Für mich war dieses Problem ein persönlicher Konflikt, und ich bat meinen Cousin verzweifelt, eine gewaltfreie Lösung zu suchen. Ich erhielt eine kompromißlose Antwort von ihm: Zweitausend Jahre Gewaltlosigkeit hatten unser Volk in Hitlers Gaskammern geführt. Die einzige Sprache, die Politiker verstehen würden, war die des bewaffneten Widerstands. Meine Qualen verstärkten sich noch, als die Briten, die ihren Standpunkt mit voller Härte vertraten, einen jungen Zionisten namens Dov Grüner hinrichteten. Anscheinend hatte das Ende des Weltkriegs nicht den ersehnten Weltfrieden gebracht.

Da ich in der Zwischenzeit meinen eigenen Kampf, weiterhin in die Schule gehen zu dürfen, gewonnen hatte, befand ich mich nun in der siebenten Klasse. Ich wollte mich ursprünglich für den naturwissenschaftlichen Zweig anmelden: Dann änderte ich meine Meinung aber, zum Teil weil mir die Geisteswissenschaften leichter fielen, möglicherweise aber auch, weil den trockenen Naturwissenschaften der emotionale Reiz der Literatur fehlte. Ich wählte daher eine Reihe von Fächern, die mir jetzt wie

eine sehr enge Auswahl vorkommt: Englisch, Französisch, Deutsch und Latein. Außer römischer Geschichte gefielen sie mir alle. Ich wußte nicht, wohin mich diese Entscheidung führen würde, aber ich war entschlossen, eine Universität zu besuchen, und konzentrierte meine weiteren Bemühungen darauf.

9.
Neue Horizonte

In vielerlei Hinsicht begann nun ein neues Leben für mich. Während der Evakuierung stand uns kein Auto zur Verfügung. Damals war auch niemandem richtig nach Ausflügen zumute gewesen. Für mich bestand die Grafschaft Devon daher aus einem Dreieck, dessen Eckpunkte die Schule, die Bibliothek und der Spielplatz waren. Einige wenige Exkursionen unternahmen wir in jener Zeit dennoch: Meine Zieheltern fuhren mit mir nach Brixham und Oddicombe Beach, und einmal gingen wir mit der Schule in das malerische Dorf Cockington und zu seiner Schmiede. Jetzt, wo der Krieg vorbei war, verbrachten meine Tante und ich ein paar Tage unter den Palmen von Bournemouth. An manchen Wochenenden unternahm mein Onkel in seinem Taxi Tagesausflüge nach Westcliff mit uns. Sein Auto war alt und spielte auf langen Strecken normalerweise nicht mit. Für gewöhnlich schafften wir es trotzdem, an unser Ziel zu gelangen. Wenn meine Tante meinem Onkel während der Pannen nutzlose Ratschläge gab, schnitt er ihr das Wort mit der einzigen unfreundlichen Bemerkung ab, die ich ihn jemals sagen hörte: Er warf ein kurzes »Halt den Mund« in ihre Richtung, während er unter die Motorhaube schaute, um das Problem zu orten.

Ich war hungrig auf neue Erfahrungen und hieß jede Möglichkeit, den Beschränkungen der Kriegszeit zu entkommen, willkommen. So gefiel mir ein Schulausflug zu den Überresten der römischen Stadt Verulamium in St. Albans außerordentlich. Im Museum versammelten sich alle Schülerinnen um einen kleinen Glaskasten, in dem die

sterblichen Überreste eines Babys ausgestellt waren. Der Führer deutete mit makaberem Vergnügen an, daß der Tod dieses Kindes kein Zufall gewesen sei. Ein weiterer denkwürdiger Ausflug führte uns nach Knole in Kent, wo ich zum ersten Mal, seitdem ich die Hofburg in Wien gesehen hatte, wieder einen richtigen Palast besichtigte. Die prächtigen silbernen Gobelins in dem Raum, in dem Königin Elisabeth geschlafen hatte, sowie die Rüstungen und reichen Holzschnitzereien machten einen bleibenden Eindruck auf mich. Zu diesem Augenschmaus gesellte sich noch ein weiteres Ereignis: Ein wohlmeinender Grafschaftsrat hatte Geld dafür gespendet, damit alle Londoner Schüler einer Vorstellung der »Zauberflöte« in Sadler's Wells beiwohnen konnten. Diese Aufführung muß in aller Eile organisiert worden sein, denn ich weiß noch, wie der Dirigent mit der »Königin der Nacht« mitsang, weil diese sich ihrer bedrohlichen Koloraturarie nicht sicher schien. Durch das österreichische Flair von Mozarts Musik wohnte der Darbietung allerdings ein besonderer Zauber inne, der sich nicht nur im Titel äußerte.

Auch das gesellschaftliche Leben begann damals von neuem. Während des Krieges konzentrierten wir unsere Energien darauf, einen Tag nach dem anderen zu überleben und uns den wechselnden Erfordernissen jeder Kriegsphase anzupassen. Jetzt glichen wir Tieren, die den Winterschlaf beendet hatten und sich zum ersten Mal an den Sonnenstrahlen wärmten. In unserer kleinen Familie dienten die Wochenenden der Unterhaltung. Das sonst unbewohnte Wohnzimmer strahlte Wärme und Farbe aus, wenn das Feuer fröhlich im Kamin vor sich hinloderte. Der große Mahagonitisch wurde mit dem besten Porzellan gedeckt, und in seiner Mitte standen die verschiedensten Speisen. Auf einem langen Glasteller in Fischform hatte meine Tante einige Schnitten holländischen Herings

angerichtet, auf einem anderen Teller lag gehackter Hering. Daneben stand ein großer Servierteller mit verschiedenen Sorten von frittierten Fischen und eine Schüssel Salat. Auf einem hohen Kuchenteller wartete eine Mehlspeise meiner Tante darauf, verzehrt zu werden: ihre Spezialität, ein gut aufgegangener, flaumiger Germkuchen. Mein Onkel zog sich einen schwarzen Anzug und ein blütenweißes Hemd an und waltete an der Anrichte als Mundschenk seines Amtes. Wenn er den Gästen Getränke einschenkte und mir einen Eierlikör mit einem Schuß Cherry Brandy, meinen Lieblingsdrink, reichte, lächelte er warmherzig. Einige Gäste waren Verwandte meines Onkels, die aus der Evakuierung zurückgekommen waren, andere wiederum Freunde, Cousins und Cousinen meiner Tante. Es gab keine Intellektuellen unter ihnen, aber alle waren sehr freundlich.

Mein eigener Freundeskreis erweiterte sich ebenfalls. Meine Freundin Doris stellte mich ihrer Familie vor. Ihr Heim war das genaue Gegenteil von meinem: Meine Tante verwendete viel Zeit darauf, jedes Möbelstück und Haushaltsutensil zu putzen und zu polieren, so daß man sich darin spiegeln konnte. Die Mahlzeiten servierte sie immer zur gleichen Zeit, und danach räumte sie gleich alles auf. Unsere Kleidung wusch sie gewissenhaft, bügelte sie und bewahrte sie an den dafür vorgesehenen Stellen auf. In der Wohnung meiner Freundin hingegen herrschte in der Küche immer Chaos, und auf einen geregelten Tagesablauf legte hier niemand wert. Ihre Mutter erklärte diesen Zustand folgendermaßen: »Es war so ein schöner Tag, daß ich die ganze Hausarbeit liegen gelassen habe.« Das schien mir vernünftig, bis ich eines Tages bemerkte, daß es an weniger schönen Tagen in der Wohnung ähnlich aussah.

Was das Zuhause meiner Freundin trotz des darin herr-

schenden Chaos so attraktiv erscheinen ließ, waren die Dinge, die in meinem Heim gänzlich fehlten: Musik, Bücher und lebhafte Unterhaltungen. Die Mutter von Doris war eine kleine, sehr beeindruckende Frau mit viel Humor, die sich endlos über die »Forsyte Saga« ergehen konnte. Sie war Pianistin gewesen und hatte Stummfilme im Kino ihres Vaters musikalisch untermalt. Sie ließ sich oft an einem alten Klavier in ihrem Gesellschaftszimmer nieder und spielte Melodien aus den Filmen ihrer Jugend. Manchmal klemmte sich ihr Mann eine Geige unters Kinn und brachte uns seine Interpretation der »Cavetina« von Raff dar und spielte eine gefühlsduselige Version von »Nights of Gladness« im Stil eines Hotelmusikers. Obwohl der Vater von Doris seinen Lebensunterhalt als Kürschner verdiente, hatte er auch eine Gymnasialausbildung abgeschlossen. Er und seine Kinder spielten gerne mit Worten und verdrehten den Sinn von Sätzen. Da meine Zieheltern an der Bedeutung jedes Wortes klebten, fand ich dies sehr amüsant. Wenn ihm jemand anstrengend vorkam, sagte er »He's a bit gillow« (Waring and Gillow). Brot nannte er »daylight« (broad daylight). Dieser verspielte Umgang mit Sprache amüsierte und beeindruckte mich sehr.

Der jüngere Bruder von Doris war zu dieser Zeit ein Bengel, der sehr unter dem Einfluß seiner großen Schwester stand. Sie kommandierte ihn gnadenlos herum: »Wasch dir die Hände! Zieh dir die schmutzigen Schuhe aus! Komm hier nicht rein!«

Er ließ sich von dieser Behandlung nicht abschrecken. Zum ersten Mal fragte ich mich jedoch, wie es denn gewesen wäre, wenn ich einen jüngeren Bruder gehabt hätte. Doris wußte ihr Glück in meinen Augen nicht zu schätzen.

Im Gegensatz dazu stand der ältere Bruder von Doris,

ein Medizinstudent, der uns schon eher Ehrfurcht einflößte. Das erste Mal, als ich ihn sah, saß er am Rand eines Tisches, fast wie ein Vogel auf einer Sprosse. Ich sah einen jungen Mann mit lockigem schwarzen Haar, sehr spitzen Koboldohren und tiefliegenden blauen Augen, die spöttisch lächelten. Seine baumelnden Füße steckten in Turnschuhen und erschienen sehr klein für einen Mann. Alles in allem war er ein »beau laid«, wie es die Franzosen nennen, auf eine rauhe Art gut aussehend. Ich weiß nicht, ob mir mein guter Ruf, was meine schulischen Leistungen betraf, schon vorausgeeilt war, denn er forderte mich gleich mit einer Frage heraus: »Glaubst du, daß die Familie der Grundbaustein der Gesellschaft ist?« Ich gab mein Bestes, um ihm aus meiner begrenzten Erfahrung heraus zu antworten. Es entzückte mich, mit ihm ein Wortgefecht anzufangen. Als er aber das Zimmer verließ, um weiterzulernen, hatte ich zum ersten Mal das Gefühl, daß ich schlechter als mein Gegner abgeschnitten hatte.

*

In der siebenten Klasse stand mir am Ende des Schuljahres ein weiteres aufregendes Ereignis in Aussicht: meine erste Reise seit der schicksalhaften, so unwillig angetretenen Nordseeüberquerung. Die Schullandwoche sollte in die Schweiz gehen. Es stellte sich mir allerdings ein praktisches Problem: Da alle anderen Mädchen britische Staatsbürgerinnen waren, konnten sie mit einem Gemeinschaftspaß einreisen. Das war mir nicht gestattet.

»Es würde die Sache erleichtern, wenn du dich einbürgern ließest«, erklärte mir die Lehrerin, die für die Reise verantwortlich war. Ich wußte, daß meine Zieheltern dasselbe getan hatten. Daher erschien mir dieser Schritt als eine angemessene Lösung. Nachdem ich ein Formular

ausgefüllt hatte, erhielt ich eine Vorladung ins Innenministerium. Man führte mich zu einem Sessel vor dem Schreibtisch eines Beamten. Er gab mir eine Erklärung zum Unterschreiben. Ich tat dies, und er fragte mich, was die Einbürgerung meines Erachtens nach sich ziehe. Die Antwort schien mir klar auf der Hand zu liegen, und so sagte ich: »Loyalität gegenüber dem neuen Heimatland.«

Diese Antwort stellte ihn offensichtlich zufrieden, und so schüttelte er mir die Hand, bevor ich den Raum verließ. Ich konnte nun wie alle anderen mit dem Schulpaß einreisen.

Meinen deutschen Paß mit dem Eintrag »staatenlos« auf der ersten Seite vergrub ich ganz tief in einer fast vergessenen Schublade. Wir planten, uns im deutschsprachigen Teil der Schweiz aufzuhalten. Fürs erste war ich mir nur vage dessen bewußt, daß ich wieder mit dem Kontinent Kontakt haben würde, den ich vor acht Jahren verlassen hatte. Alle Gedanken wurden durch die aufregenden Vorbereitungen ausgelöscht. In meinen Koffer packte ich die notwendigsten Dinge. Als ich das Haus verließ, drückte mir meine Tante ein Paket mit Broten in die Hand und sagte: »Was immer du auch tust, bitte klettere auf keinen Berg!«

Ich entsinne mich kaum der Überfahrt, habe aber lebhafte Erinnerungen an den belgischen Zug, der am Bahnsteig auf uns wartete. Wir reisten vierter Klasse und mußten uns deshalb lange Stunden hindurch auf Holzbänken herumquälen. Der Boden unseres Abteils war seit vielen Jahren von keiner Scheuerbürste mehr berührt worden. Als eine meiner Schulkameradinnen beim Herumalbern am Boden landete, zeichnete sich ein schwarzes Rußgitter auf ihrer blau-weiß-gestreiften Schuluniformbluse ab. Der Zug zuckelte an der belgischen Grenze entlang und führte uns durch deprimierend graue und verkommene

Städte in den Industriebezirken von Elsaß-Lothringen. Da er langsam dahinfuhr und wir eine weite Reise angetreten hatten, dösten wir vor uns hin. Als wir durch das helle Morgenlicht geweckt wurden, belohnte uns ein Blick auf die Alpen für die lange Reise. Ich hatte noch niemals zuvor Berge gesehen. Hier standen sie vor mir – hoch, zackig und schneebedeckt wie in den Bilderbüchern!

Mehr als einen Tag, nachdem wir aus England abgereist waren, kamen wir in Einsiedeln bei Zürich an und fuhren zu unserem Hotel. Trotz unserer Müdigkeit quietschten wir vor Freude, als wir unsere Zimmer sahen, von denen jedes einen Holzfußboden und einen Kasten aus Holz hatte. Darin standen auch zwei Betten mit einer Tagesdecke in hellen Farben und ein makellos sauberes Waschbecken. Unser Abendessen war reichlich und erinnerte mich an meine Kindheit: Wiener Schnitzel mit grünem Salat. Das Quellwasser, das dazu eiskalt gereicht wurde, schmeckte reiner als jedes andere Wasser, das ich bisher getrunken hatte. Es erfrischte mich sofort.

Am nächsten Tag machten wir uns ins Dorf auf, stießen Schreie des Entzückens über das Glockengeläute der Kühe auf einer nahegelegenen Weide aus und wanderten in den Geschäften auf der Suche nach Geschenken und Souvenirs herum, die wir uns mit unserem wenigen Taschengeld leisten konnten. Wir bemerkten Schilder auf Geschäften, bei denen viele Namen auf »li« endeten. Ich versuchte Schweizerdeutsch zu verstehen, tat mir aber sehr schwer dabei, da es sehr verschieden vom Hochdeutschen war, das ich während meiner Kindheit gesprochen hatte. Später schwammen und paddelten wir in einem Fluß, wo unsere nassen Beine und unbedeckten Hälse einem Schwarm Bremsen ein willkommenes Angriffsziel boten.

Am nächsten Tag begaben wir uns auf einen ausge-

dehnten Spaziergang, um uns auf ein größeres Unternehmen vorzubereiten: Ganz gegen den Ratschlag meiner Tante wollten wir eine Alpengipfel erklimmen! Hinter unserer Pension ragten zwei Berge empor – einer bis in den Himmel und fast kegelförmig, der andere niedriger und breiter. Sie waren als Großer und Kleiner Mythen bekannt. Unser Ziel war laut unseren Lehrerinnen, den höheren von beiden zu besteigen. Uns stieg die Blässe ins Gesicht, und einige Mädchen, die glaubten, daß Vorsicht der bessere Teil der Tapferkeit ist, meldeten sich gleich ab.

Die Mädchen, die sich zum Aufstieg entschlossen, waren zum Großteil Mitglieder von Sportteams. Ich gehörte nicht dazu, denn ich liebte zwar Bockspringen und Tauklettern im Turnsaal, aber mein Koordinationssinn, der bei Ballspielen unerläßlich gewesen wäre, war nicht sehr ausgeprägt. Manchmal gelangen mir bemerkenswerte Würfe, nach denen mich mein Teamkapitän dann immer mit neuen Augen ansah. Dann wieder hing ich am Spielfeld meinen Tagträumen nach und ließ den Ball zum Ärger meiner spielbegeisterten Teamkolleginnen ungehindert an mir vorbeitrudeln. Überrascht bemerkte die Gruppe, daß ich mich der Mythenwanderung anschließen wollte.

Obwohl sich der Berg scheinbar in der Nähe unserer Pension befand, lag er tatsächlich einige Kilometer weit entfernt. Wir trotteten frohen Mutes auf ihn los. Als wir ihn erreichten, erschien er unmöglich hoch, jedoch nicht schwer zu besteigen. Ein Pfad wand sich wie eine Spirale um ihn. Wir nahmen die ersten paar Windungen noch ziemlich locker und sangen fröhlich dahin. Als die Sonne den Berg aufzuheizen begann und sich die Entfernung zur Spitze nur langsam verringerte, sparten wir uns unseren Atem. Auf halbem Wege beschlossen einige Mäd-

chen, daß sie genug hatten, und begannen mit dem Abstieg. Ungefähr zehn von uns, darunter eine Lehrerin, nahmen sich vor, bis zum Gipfel durchzuhalten. Als wir uns immer weiter vorarbeiteten und stetig bergauf stiegen, wurde unsere Willenskraft auf eine harte Probe gestellt. Gegen Ende des Aufstiegs schlug mein Herz wie wild, und ich atmete schwer und schnell. Nur meine sture Entschlossenheit ließ mich den Weg weitergehen.

»Nur noch ein bißchen weiter!« sagte ich zu mir selbst. Ich kann mich noch gut an das Triumphgefühl erinnern, das ich auf dem Gipfel empfand, als ich über das fast 2000 Meter unter mir liegende Tal blickte. Dieses Gefühl, etwas geleistet zu haben, hätte kein Gold der Welt aufwiegen können. Wir atmeten die reine Bergluf in tiefen Zügen ein, ruhten uns ein wenig aus, stürzten gierig unser Getränk hinunter und bereiteten uns auf den Abstieg vor. Der verlief etwas problematischer, da unser Rückgrat durch die ständige Abwärtsbewegung zusammengestaucht wurde. Ich mußte also lernen, meine Schritte schräg anzusetzen, um festen Halt zu gewinnen. Der Spaziergang auf der Ebene zurück zum Hotel kam uns im Vergleich dazu wie ein Kinderspiel vor.

Die Dorfbewohner von Einsiedeln hatten sich große Mühe gegeben, uns freundlich zu empfangen. Ob dies mit ihrer Bewunderung für den britischen Widerstand gegen die deutsche Bedrohung während des Krieges zusammenhing, kann ich nicht sagen. Wir erfuhren auf jeden Fall, daß sie uns zu Ehren vor unserer Abreise ein Konzert geben wollten. Es trat der Jodelchor auf, dessen Mitglieder ihre Tracht, breite Lederhosenträger über weiten Hosen, angezogen hatten. Sein fein abgestimmter Gesang hallte im Gemeindehaus wider und brachte die Dachbalken zum Vibrieren. Wir bedankten uns mit einigen englischen Volksliedern und einer szenischen Dar-

stellung, bei der wir zu einer Schallplattenaufnahme der »Wilhelm Tell«-Ouvertüre ein Orchester imitierten. Unsere Aufsichtslehrerin hatte mich gebeten, eine Dankesrede auf deutsch zu halten. Ich hatte einige Zeit mit der Vorbereitung zugebracht, empfand großen Stolz und war mir der Verantwortung bewußt, als ich mich zum Podium begab und unseren Gastgebern in einer Sprache dankte, die ungefähr wie die ihre klang. Am nächsten Tag verabschiedeten wir uns traurigen Herzens. Als wir jedoch zum Zug kamen, wartete schon jemand auf dem Bahnsteig auf uns – der Jodelchor in voller Besetzung sang uns noch ein Lied zum Abschied!

Die Rückkehr von dem sauberen Schweizer Bergdorf in ein schmutziges, beschädigtes London war enttäuschend. Mich hatte die Reise nach Europa aufgewühlt. Es kam mir so vor, als ob ich mir durch gespreizte Finger etwas anschauen würde, das nicht für meine Augen bestimmt war. Ich hatte nicht gewagt, allzu genau hinzusehen oder nachzudenken. Wenn mich etwas zwangsweise an mein früheres Leben erinnerte, setzte ich Scheuklappen auf. Ich hatte damals keinerlei Informationen über das Schicksal meiner anderen Verwandten. Aus dem weiteren Familienkreis kannte ich nur ein paar Namen, über die meine Eltern manchmal gesprochen hatten. Ich hatte jedoch keine Ahnung, wo sie lebten und was für Menschen sie waren. Den Schmerz über ihren Verlust empfand ich nur allgemein und vergrub ihn unter Dingen, die mich unmittelbarer bekümmerten. Bei dieser Verdrängung half mir meine Tante, eine wohlmeinende Trostspenderin, die immer, wenn die Sprache auf das heikle Thema meines Waisentums kam, sagte: »Du hast dein ganzes Leben noch vor dir.«

Darin lag schon ein Körnchen Wahrheit.

Meine Einstellung zu allem Deutschen war für mich

nicht klar definierbar und wohl auch realitätsfremd. Das kam bei einem Wettbewerb in meiner Schule heraus, bei dem der beste französische Aufsatz prämiert werden sollte. Eine ehemalige Französischlehrerin hatte das Thema gewählt, und man regte uns zur Teilnahme an. Das Thema jenes Jahres lautete: »Soll Deutschland aus der Gemeinschaft der Kulturvölker ausgeschlossen werden?« Meine Antwort gab ich mit Nachdruck: »Nein, denn hat Deutschland nicht einen Beethoven ebenso hervorgebracht wie einen Hitler?« (»L'Allemagne n'a-t-elle pas produit un Beethoven aussi bien qu'un Hitler?«). Es erübrigt sich zu sagen, daß ich als Gewinnerin hervorging.

*

Der Krieg hatte in einer Welle von Optimismus geendet: Niemals wieder sollte die Menschheit an einer solch brutalen Auseinandersetzung teilnehmen, und die neugegründeten Vereinten Nationen sollten dies sicherstellen. Wir Jugendlichen glaubten, daß es möglich wäre, eine bessere Welt zu schaffen, denn wer wollte schon das Leid der letzten zehn Jahre nochmals durchleben? Meine Ideen holte ich mir aus der BBC und von anderen Quellen. Mein Onkel, ein Anhänger der englischen Labour Party, kaufte hin und wieder den »Daily Herald«. Die Forderung der Partei, einen Wohlfahrtsstaat gemäß den Vorstellungen des Beveridge-Report ins Leben zu rufen, erschien mir sinnvoll.

»Sicherheit von der Wiege bis zum Grab« war ein Slogan, der viele begeisterte. Der Armut sollte der Garaus gemacht werden. Einen staatlichen Gesundheitsdienst wollte man gründen. Dritte Zähne und Brillen sollten bald für alle gratis erhältlich sein. Stark übergewichtige Damen im Alter meiner Tante entdeckten, daß sie an

»schwerer Viszeroptose« litten und konnten nun ein ungewöhnlich starres Korsett zu einem günstigeren Preis kaufen. Die »Spirella Dame« mit ihrem Motto »Sie brauchen eine gute Stütze« war sehr beliebt. Wenn man zufällig einer ihrer Kundinnen begegnete, kam es einem vor, als hätte man es mit einem Gürteltier zu tun.

Eine meiner Freundinnen war politisch extremer orientiert als der Rest meiner Bekannten. Sie spielte die Internationale auf ihrem Grammophon, lobte die russische Revolution und verteilte Flugblätter für die Kommunisten. Einige ihrer Ideen sprachen mich an, und wir diskutierten sehr lange darüber. Trotz meiner weitgehenden Unkenntnis der politischen Einzelheiten und der jüngsten Geschichte kam es mir jedoch so vor, als ob an diesem System etwas faul wäre.

»Wenn du nur eine Partei hast, was passiert dann, wenn du mit ihrer Regierung nicht zufrieden bist? Du kannst sie ja nicht absetzen?«

Sie antwortete folgendes: »Aber diese Partei führt ja den Willen des Volkes aus, und so muß man sie nicht loswerden.«

Ich war mir da nicht so sicher.

Doris brachte mir ebenfalls neue Ideen nahe. Sie hatte sich ein Exemplar von G. B. Shaws »Intelligent Woman's Guide to Capitalism and Socialism« beschafft. Außer daß mich Shaws Witz beeindruckte, kann ich mich aber nicht mehr an viele Einzelheiten erinnern. Ein Gedanke sprang mich jedoch an: Shaw meinte, daß man seine Verwandten nicht mögen muß. Für mich war das eine befreiende Vorstellung. Ich quälte mich seit einiger Zeit mit Schuldgefühlen herum, weil meine manchmal engstirnige Tante Abneigung in mir hervorrief. Anscheinend war dieses Gefühl nicht so niederträchtig, wie ich mir immer vorgestellt hatte.

Jetzt ging ich in die achte Klasse. Neben der Ehre, dem Prestige und den Aufgaben, die mir als Aufsichtsschülerin und »House Captain« (– Englische Gymnasien waren zu dieser Zeit in vier »Häuser« eingeteilt, die miteinander akademisch und sportlich in Konkurrenz standen; der »House Captain« hatte den Team- und Kampfgeist des eigenen »Hauses« zu stärken –) zukamen, mußte ich für eine endlos scheinende Reihe von Prüfungen lernen. Ich stellte fest, daß ich eine schnelle Auffassungsgabe und ein gutes Gedächtnis besaß. Beide Talente halfen mir bei den zeitlich begrenzten Tests sehr. Da meine Lehrer zweifellos aus gutem Grund diese Fähigkeiten gewinnbringend einsetzen wollten, meldeten sie mich zu einer Vielzahl von Stipendienprüfungen und Aufnahmeexamen für die verschiedenen Universitäten an. Sie trugen mich im Fach der lebenden Fremdsprachen ein, und ich gab meine Übersetzungen und Aufsätze auf Französisch und Deutsch pflichtbewußt ab. Einige Wochen später erhielt ich einen Brief, in dem ich zu einem Vorstellungsgespräch im Westfield College gebeten wurde.

Bei meiner Ankunft warteten schon einige Studentinnen im akademischen Talar auf mich und führten mich durch das nicht sehr beeindruckende, aber auch nicht unansehliche Ziegelgebäude. Schließlich wurde ich der Rektorin, Mary Stocks, vorgestellt. Sie hatte ein kantiges Gesicht und einen scharfen Blick, mit dem sie mich durchdringend musterte. Sie fragte mich zuerst über meine Lieblingsbücher und meine Hobbys aus. Dann erstaunte sie mich, als sie sagte: »Ich entnehme Ihrem Anmeldungsformular, daß Sie Jüdin sind. Heißt das, daß Sie spezielles Geschirr benötigen, wenn Sie diese Schule besuchen?«

Durch die Frage provoziert, erwiderte ich rasch: »Nein. Ich halte an der moralischen Grundlage der jüdischen

Religion fest, betrachte die Essensvorschriften jedoch nicht als relevant für die Gegenwart.«

Die Rektorin gab nur ein anerkennendes »Aha« von sich, und einige Tage später erhielt ich einen Brief, in dem mir ein Stipendium am Westfield College angeboten wurde. Wenn ich es akzeptierte, konnte ich mit meinem Studium im Herbst des Jahres 1948 an dieser Universität beginnen.

In der Zwischenzeit hatte man mich zu einem weiteren Vorstellungsgespräch eingeladen, dieses Mal am Queen Mary College. Dort traf ich auf den ganzen akademischen Rat. Ich erinnere mich, daß mir folgende Frage gestellt wurde: »Wieso wollen Sie lebende Fremdsprachen studieren?« Ich antwortete darauf: »Eigentlich möchte ich ja lieber Englisch studieren.« Das Gefühl, nicht mehr Fremdsprachen belegen zu wollen, mußte sich seit einiger Zeit in mir gefestigt haben. Ich kann nur schwer erklären, wieso dies der Fall war. Vielleicht wollte ich mir einen Zugang zur Literatur ohne den Umweg über Wörterbuch und Übersetzung verschaffen. Es mag auch sein, daß ich unbewußt befürchtete, daß mich eine Ausbildung in diesen Fremdsprachen zu einem Aufenthalt in Frankreich und Deutschland zwingen würde. Trotz meiner unklaren Vorstellungen von dem, was sich in Europa abspielte, wußte ich eines mit Sicherheit: Ich konnte deutschen Boden nicht betreten. Die Entscheidung mag auch mit der wachsenden Verdrängung meiner österreichischen Vergangenheit zu tun gehabt haben.

Nachdem sich die Mitglieder des Rates von ihrer Überraschung über diesen Sinneswandel erholt hatten, verwies mich der Herr, der mir diese Frage gestellt hatte, wahrscheinlich der Vorstand des Instituts für lebende Fremdsprachen, an den Englischprofessor weiter. In seinem stark schottisch gefärbten Englisch fragte mich dieser:

»Fräulein Immerdauer, wieso wollen sie Englisch studieren?« Meine Antwort lautete: »Weil die interessantesten und bemerkenswertesten Dichtungen in englischer Sprache verfaßt wurden.« Das schien ihm zu gefallen, und einige Tage später erhielt ich einen Brief, in dem mir ein Stipendium für das Queen Mary College angeboten wurde. Die Entscheidung zwischen den beiden Universitäten fiel mir nicht leicht, und ich hatte auch niemanden, den ich um Rat fragen konnte. Ich traf schließlich eine willkürliche Wahl: Ich hatte sieben Jahre in einer Mädchenschule zugebracht. Jetzt war es an der Zeit, die andere Hälfte der Menschheit kennenzulernen! So entschied ich mich für das Queen Mary College.

*

Ich wurde von diesen Überlegungen durch eine freudige Überraschung abgelenkt. Meine Mutter hatte entfernte Verwandte, die gerade noch vor Ausbruch des Krieges nach England entkommen waren. Es waren zwei Schwestern, von denen die eine selbst eine Tochter in meinem Alter hatte. Anscheinend hatte meine Mutter sie gebeten, mich in London zu besuchen, und sie kamen diesem Wunsch gleich nach meiner Ankunft nach. Ich glaube, daß sie ihr Bericht erstatteten, daß ich bei meinen Zieheltern ziemlich gut aufgehoben sei. Mir ist erst vor kurzem klargeworden, daß Eva, eine der Schwestern, meine Mutter noch nach meiner Abreise gesehen hatte. Sie teilte mir das erst kurz vor ihrem Tod vor ein paar Jahren mit. Ich wünschte, ich hätte sie damals über meine Mutter zu fragen vermocht.

Bald nach diesem Besuch brach der Krieg aus. Wir wurden alle evakuiert, und damit brach der Kontakt ab. Im Jahr 1948 flatterte aus heiterem Himmel ein Brief ins

Haus, der in Cornwall abgestempelt war. Es stellte sich heraus, daß Evas Tochter, die sich auch für ein Stipendium auf verschiedenen Universitäten beworben hatte, eine Liste aller erfolgreichen Kandidaten erhalten hatte und darunter meinen Namen fand. In dem Brief lud sie mich ein, zwei Wochen mit ihrer Familie in Cornwall zu verbringen. Ich war außer mir vor Freude.

Ich war jetzt bereit, aus dem sicheren Hafen der Schule, die ich fast fünf Jahre lang besucht hatte, auszulaufen. Ich hatte einige einschneidende Lektionen über das menschliche Konkurrenzverhalten und die Unbeständigkeit von Mädchenfreundschaften erhalten und meinen erwachenden Geist auf vielerlei Weise geschult. Früher hatte ich gedacht, daß mir der Abschied von der Schule schwerfallen würde, jetzt aber sang ich das Abschlußlied: »Herr, entlasse uns mit deinem Segen«, das mir Tränen in die Augen hätte treiben sollen, mit Gleichmut. Mir gab der Gedanke Auftrieb, daß ich aufregenderen Zeiten entgegenging. Ich hatte alle meine Prüfungen abgelegt und zwei Stipendienangebote erhalten. Ich war »House Captain« und stellvertretende Schulsprecherin gewesen. Jetzt konnte ich mich auf die Zeit an der Universität freuen.

Eine Woche später saß ich allein in einem Abteil und brachte den letzten Abschnitt einer langen Zugreise nach Redruth hinter mich. Ich sang alle mir bekannten englischen und deutschen Lieder vor mich hin. Auf dem Bahnhof begrüßten mich Eva, ihr Mann und ihre Tochter Helen. Sie erzählten mir, daß Eva und ihre Tochter während des Krieges ebenfalls nach Devon evakuiert worden waren. Sie waren schließlich in dieses kleine Dorf in Cornwall gezogen, wo Evas Mann nach seiner Abrüstung eine Arbeit angeboten wurde. Ihre Wohnung war Teil eines umgewidmeten Hotels und hatte einen selt-

samen Grundriß. Sie war mit den spartanischen Gebrauchsmöbeln eingerichtet, die zu jener Zeit produziert wurden. Mir stach der Unterschied zwischen diesem Heim und den massiven, verschnörkelten Mahagonistücken meiner Tante sofort ins Auge.

Es war eine Freude, Zeit mit Leuten aus meiner Heimatstadt zu verbringen, die sich bemühten, meinen Aufenthalt so angenehm wie möglich zu gestalten. Eva war eine Frau mittleren Alters mit fein geschnittenen Zügen und aus dem Gesicht gekämmten Haaren, die schon zu ergrauen begannen. Ihr Mann war sehr ruhig und hatte einen spöttischen Zug um die Augen. Die Tochter war ein rundlicher, jedoch gutaussehender Teenager. Es gab auf dem Lande so viel zu entdecken. Cornwall ist eine faszinierende Grafschaft mit Granithäusern und Überresten von Zinnminen, umsäumt vom Meer. Ortschaften mit Namen, die mir bis jetzt nur aus Büchern bekannt waren, sah ich nun mit eigenen Augen. Wir besuchten Frenchman's Creek und St. Ives und saßen auf einem steilen Hügel, von dem direkt vor uns die Felsen ins Meer abfielen. An die Abhänge schmiegten sich weiße Hütten mit bunten Türen. Seemöwen stießen schrille Schreie aus, und der kalte, metallblaue Atlantik donnerte gegen die Küste.

Da Helen Geburtstag hatte, gab sie für ihre Schulfreundinnen ein Fest. Wir tratschten und kicherten und spielten Blinde-Kuh und Reise nach Jerusalem, als ob uns nichts auf der Welt betrüben könnte. Die Vergangenheit war ausgelöscht. Ich kann mich nicht erinnern, daß während dieser Ferien irgend jemand etwas über das Schicksal meiner Eltern sagte oder über das der Eltern, die meine Verwandten in Wien zurückgelassen hatten. Was in Europa passiert war, wurde nicht besprochen, und mir war es nicht möglich, dieses Thema selbst anzuschneiden. Daß diese Menschen der Schlüssel zu einem

Wissen waren, das ich bitter benötigte, wollte ich zu diesem Zeitpunkt nicht wahrhaben.

*

Bei meiner Rückkehr nach London erhielt ich weitere gute Nachrichten: Ich hatte bei meiner Reifeprüfung glänzend abgeschnitten und eine Auszeichnung in englischer Literatur erhalten. Dies rechtfertigte also meinen Entschluß, dieses Fach zu studieren. Ich erhielt zusätzlich noch ein staatliches Stipendium. Obwohl es nicht sehr hoch war, hatte ich nun die nötigen Mittel, um die Universität besuchen zu können. Mein Onkel und meine Tante hatten sich schon lange damit abgefunden, daß ich es mir in den Kopf gesetzt hatte, meinen Neigungen zu folgen. Ich glaube, daß sie heimlich auch stolz auf meine akademischen Erfolge waren, obwohl sich zu diesem Gefühl die Angst über den unbestimmbaren Marktwert einer Ausbildung in den Geisteswissenschaften gesellte.

Ich hatte so viel entgegen allen Widerständen erreicht. Jetzt erst erkenne ich, wie sehr dieser Erfolg auf der beständigen Fürsorge meiner Zieheltern basierte. Sie hatten keine Mühe gescheut, um außer meinen körperlichen auch viele andere Bedürfnisse zu decken. Es wäre zu viel von solchen einfachen Menschen verlangt gewesen, hätte man von ihnen erwartet, daß sie die Auswirkungen meines schrecklichen Traumas ausglichen. Sicherlich war das jüdische Volk an Feindseligkeiten und Aggressionen kleineren Ausmaßes, wie zum Beispiel die Pogrome, die tausende nach Großbritannien und in die Vereinigten Staaten brachten, gewöhnt, aber der Genozid war doch etwas gänzlich anderes. Daher ist es nicht verwunderlich, daß weder meine Zieheltern noch ich mit einem solchen Greuel zu Rande kamen.

Menschen, die mich nicht kannten, wäre es damals schwer gefallen, mich einzuordnen. Ich hatte meinen ausländischen Akzent abgelegt, und meine glatten Haare und regelmäßigen Gesichtszüge ließen keine semitische Abstammung vermuten. In meinem Geiste hatte ich schon halb der gutgemeinten Aussage meiner Lehrer zugestimmt, daß ich ein durchschnttliches englisches Mädchen war. Ich erkannte damals nicht, daß mich eine große Kluft von meinen Klassenkolleginnen trennte, die in englischen Durchschnittsfamilien aufgewachsen waren. Andererseits stand ich zu Überlebenden aus den Konzentrationslagern nicht in Kontakt und hatte keine genauen Informationen über die Deportationen und Massaker, die es in Europa gegeben hatte. Wenn es möglich war, sich dieses Wissen zu jener Zeit überhaupt zu verschaffen, so wußte ich mich jedenfalls davor zu verschließen. Ich war damals einfach nicht stark genug, um die Last einer solch weitgreifenden Abscheulichkeit zu tragen, die, wie ich später herausfand, Dutzende Verwandten meiner Eltern das Leben gekostet hatte. Das bedeutete, daß mein Sinn für die Realität leicht ins Wanken geriet und meine Identität nicht genau definiert war. Ich konnte überleben, da ich mich auf die Gegenwart konzentrierte und schmerzhafte Themen aus meinen Gedanken verbannte. Wenn ich manchmal nicht aufpaßte, schlichen sich diese dennoch in mein Gehirn und brachten mich aus der Fassung. Das »Ich«, das am Queen Mary College mit dem Studium begann, setzte sich aus vielen grauenhafen Erfahrungen und verwirrten Wertvorstellungen zusammen, hatte jedoch auch sehr viel Güte und positive Bestätigung erfahren und humanistisches Gedankengut vermittelt bekommen. Doch ich war jung, und es war mir gar nicht möglich, allzu lange Trübsal zu blasen. So beschloß ich, die Möglichkeiten, die

sich mir in meiner nächsten Lebensphase bieten würden, am Schopf zu packen.

Das Queen Mary College öffnete mir viele Türen, in gesellschaftlicher wie auch in intellektueller Hinsicht. Da ich von den Zwängen des Stundenplanes der Schule befreit war, konnte ich an verschiedenen Aktivitäten teilnehmen. Ich hörte den Debatten in der Studentenunion zu und nahm gelegentlich auch daran teil. Ich besuchte außerplanmäßige Vorträge über Philosophie, Musik, Architektur und andere Themen. Ich ging zu einer Ausstellung von Van Goghs Werken, die mir die bildenden Künste zum ersten Mal nahebrachte. Ich hatte zwar einmal die Nationalgalerie besucht, fühlte mich aber durch die Vielzahl der dort gezeigten Stile verwirrt. Hier war eine kleine Auswahl, die ich mit Freude eingehend betrachten konnte. Van Goghs kühne Farben und einfühlende Formgebung gefielen mir besonders gut.

Was mein Gesellschaftsleben betraf, so besuchte ich zur Mittagszeit und an Samstagabenden Tanzveranstaltungen. Dort konnte man das Glück haben, von einem der Herzensbrecher der Universität – meist Studenten, die vor kurzem abgerüstet hatten und wegen ihrer größeren Reife ein sicheres Auftreten besaßen – zum Tanzen aufgefordert zu werden. Hatte man aber Pech, hing einem für die ganze Stunde ein pickeliger junger Mann am Hals, der einem auf die Füße trat und sich schüchtern lächelnd entschuldigte. Außer diesen informellen Tanzveranstaltungen hielt das College noch jährlich einen Ball ab, dem größere Bedeutung zugemessen wurde. Evas Tochter Helen hatte einen Studienplatz am King's College erhalten, und ein Freund von ihr lud mich zu deren Studentenball ein. Mit dem Geld, das ich in einer Steuerberatungskanzlei während eines Teils der großen Ferien verdient hatte, kaufte ich mir ein Abendkleid aus kirschfarbenem

Taft. Ich fand es sehr romantisch, die Nacht in einer solch eleganten Robe durchzutanzen. Es gehörte dazu, daß man sich an einem solchen Abend mit einem Kuß verabschiedete. Dabei blieb es dann aber auch meist, denn die damaligen moralischen Vorstellungen schlossen sexuelle Freizügigkeiten aus.

Das Queen Mary College rühmte sich eines großartigen säulenumrankten Einganges, eines weitläufigen kreisrunden Lesesaals, der der Bodleianischen Bibliothek in Oxford nachempfunden war, sowie eines mehrrangigen Auditorium Maximum, das Hatton hieß. Andere Teile des Gebäudes wirkten weniger einnehmend und sogar schmuddelig. In letztere Kategorie fiel eine Kellerkantine, die wir »das Loch« nannten. Hier ließen wir uns weder vom ständig im Raum schwebenden Geruch von Bohnen in Tomatensauce und dem Dampf von gekochten Puddings, noch von den grünen Abflußrohren, dem einzigen hervorstechenden Merkmal des Raumes, ablenken und diskutierten viele Stunden lang über Literatur und Probleme, die die Welt bewegten. Zum ersten Mal begegnete ich Menschen aus Yorkshire, Mittelengland und Wales. Da wir uns auf unsere Vorlesungen und nicht auf die Besonderheiten unserer jeweiligen Herkunft konzentrierten, war unsere Bekanntschaft zwar nur oberflächlich, aber ich glaube dennoch, daß sie meinen Horizont etwas erweitert haben.

Der Club, der mich am meisten interessierte, war die Theatergruppe. Mein Schulrepertoire erweiterte sich hier auf ganz natürliche Weise. Die Proben machten mir Spaß: Wenn wir auf unseren Auftritt warteten, tratschten und lachten wir und nahmen uns an den Armen, um die Pferdegalopp-Polka zu üben. Die erste Aufführung war Ben Jonsons Komödie »Die schweigsame Frau«, ein außerordentlich lustiges Stück über einen Mann, der keinen Lärm

ausstehen kann und eine stumme Frau heiratet, die sich später als weder stumm noch Frau erweist. Von all den Vereinen nahm der Theaterclub die meiste Zeit in Anspruch. Ich erinnere mich noch gut an die trockene Bemerkung unseres Professors: »Viele Studenten, die im ersten Jahr gut abgeschnitten haben, hat der Theaterclub eine akademische Auszeichnung gekostet.« Daran lag schon etwas Wahres, wie ich drei Jahre später zu meinem Schaden feststellen mußte.

Eine Vorlesung, die mir nicht gefiel, war angelsächsische Literatur. Da ich Deutsch konnte, war es für mich hier zwar leichter als für die meisten anderen Studenten, doch fand ich diese Art von Literatur geschmacklos, da sie Bier und Schlachten verherrlichte. Ich konnte mich für beides nicht erwärmen. Der Professor hieß Dr. Timmer und war ein charmanter Holländer, für den wir alle schwärmten. Er nannte mich wegen meines Namens Immerdauer »die unsterbliche Dame«. Er erzählte uns, daß er die Kriegsjahre in den Niederlanden verbracht hatte und einmal ein bewaffnetes Sonderkommando der Deutschen absichtlich in die falsche Richtung geschickt hatte. Dieser Sabotageakte machte ihn mir sehr sympathisch, und ich wünschte, daß ich mehr darüber erfahren hätte können. Die Tatsache, daß ich ihn mochte, vergrößerte jedoch nicht mein Interesse an seinem Fach.

Außer vielen oberflächlichen Bekanntschaften schloß ich auch einige enge Freundschaften. Eine meiner Freundinnen hieß Jessica und kam aus Berlin. Erstmals lernte ich jemanden näher kennen, der wie ich geflüchtet war. So herrschte zwischen uns ein unausgesprochenes Einverständnis. Unsere Lage unterschied sich grundsätzlich voneinander: Sie stammte aus einer reichen Familie, und sowohl ihre Mutter als auch ihre Schwester hatten sich rechtzeitig aus Deutschland retten können. Das war

nicht alles: Zu meinem großen Erstaunen hatten sie auch einige Möbelstücke in die Emigration gebracht. In ihrer Wohnung in Belsize Park füllten Jugendstilschränke und -tische die riesigen Räume. Jessicas Mutter telefonierte ständig mit ihren Freunden, die sich ebenfalls im Exil befanden. Mein bleibendster Eindruck von ihr ist der einer Frau, die beim Bügeln den Hörer zwischen Schulter und Ohr geklemmt hat und redselig auf deutsch dahintrascht.

Ein Aspekt, mit dem ich im Laufe meines Studiums schwer zurecht kam, war der christliche. Die meisten Romane und Gedichte, die ich bis jetzt gelesen hatte, wiesen keinen spezifisch religiösen Inhalt auf. In den Romanen konzentrierten sich die Autoren auf das Wechselspiel zwischen ihren Figuren. Die Dichter der Romantik, die wir in der siebenten Klasse durchgenommen hatten, verehrten vor allem die Natur. Jetzt war ich mit den Predigten von John Donne konfrontiert. »Frag nicht, wem die Stunde schlägt« und »Niemand ist eine Insel« sprachen mich sofort an. Aber welchen Reim sollte ich mir auf Theorien über die Wiederkunft Christi machen? Schlimmer verhielt es sich noch mit George Herbert, der gerne über Kirchenböden und -fenster sinnierte. Mir fiel der sanfte Ton auf, den unser Professor anschlug, wenn er einige bekannte Zeilen aus Gebeten zitierte. All das trug zu meiner Verwirrung und Befremdung bei, und ich fühlte mich schuldig, daß ich überhaupt zuhörte.

Die meisten meiner Studienkollegen bekannten sich wie ich unbekümmert zum Agnostikertum. Ich versuchte daher, die Auswirkungen meines Kontaktes mit dem christlichen Dogma zu bagatellisieren, indem ich seine Bedeutung herunterspielte.

Dennoch brachte mich schließlich mein wachsendes Interesse für Ästhetik dazu, die Innenräume von Kirchen

und Kathedralen zu erforschen, wann immer ich dazu Gelegenheit hatte. Ich fand diese Bauwerke faszinierend und ziemlich anders als die asketisch eingerichteten Synagogen, in denen Bilder verboten sind und Schmuck nur spärlich verwendet wird. Aus Reiseführern suchte ich mir die Unterschiede zwischen dem normannischen und dem früh- und spätgotischem Stil zusammen. Auch lernte ich architektonische Begriffe wie Hauptschiff, Altarraum und Chorstuhl kennen. Ich ließ die Farben der Buntglasfenster auf mich wirken, obwohl mich meine Unkenntnis des Neuen Testaments davon abhielt, die dargestellten Szenen genau zu verstehen. Die kühle, graue Stille, die manchmal durch volltönende Orgelmelodien unterbrochen wurde, die Gänge mit ihren Bannern und Statuen, die Kapellen, die den Besucher zur Andacht und zum Beten aufforderten, die Schönheit und der Friede, den diese Gebäude ausstrahlten – all dies übte eine magische Anziehungskraft auf mich aus. Ich hatte ein weiteres Paradoxon in meine ständig wachsende Liste von Widersprüchen aufgenommen.

10.
Wiedersehen mit der Vergangenheit

Drei Jahre nachdem ich ins Queen Mary College eingetreten war, machte ich meinen Abschluß und bewarb mich in der Folge für das Lehrerausbildungsseminar. Und was den Bruder meiner Freundin betrifft, den jungen Medizinstudenten mit den schwarzen Locken und den tiefliegenden Augen – das ist ein klarer Fall von: »Ja, lieber Leser, ich habe ihn geheiratet.«

Er hatte seine Ausbildung als Arzt bereits abgeschlossen, einige Turnusplätze innegehabt und eine Zeitlang in der britischen Armee in Malaysien gedient. Während er im Ausland und ich an der Universität war, schrieben wir uns ab und zu. Als er nach seiner Rückkehr nach England nach Sandelholz roch und all die Geheimnisse des Fernen Ostens in sich zu bergen schien, nahm ich seinen Heiratsantrag an. Ich war sehr jung und hatte mit meiner Ausbildung als Lehrerin noch nicht einmal begonnen. Ich fühlte mich jedoch durch ein neuerliches Zusammenleben mit meinen Zieheltern beengt, und die gutgemeinte Einmischung meiner Tante in meine Angelegenheiten irritierte mich. Da ich in London wohnte, hatte ich keine Chance auf einen Platz in einem Studentenheim. Wenn wir »in Sünde gelebt hätten«, wie es damals hieß, hätte meine Tante wohl einen Herzinfarkt erlitten. Wir liebten uns und wollten ohnedies heiraten – wieso also nicht jetzt?

Die Ehe bedeutete für mich eine Neuorientierung in meinem Leben. Während ich meine Lehrerausbildung absolvierte und ein Jahr an einer Abendschule unterrichtete, arbeitete mein Mann als Assistenzarzt in einer Privatpraxis. Später wurde ihm unter der Voraussetzung

meiner Mitarbeit eine Mitbeteiligung in der Praxis angeboten. Ich hatte den Naturwissenschaften im Gymnasium Lebewohl gesagt und verstand nichts von Medizin. Diese neue Rolle erschien mir jedoch als eine willkommene Abwechslung zu den ernsthaften akademischen Studien der früheren Jahre. Darüber hinaus erhielten unbemittelte Jungärzte nicht leicht solche Angebote. Da wir innerhalb der nächsten Jahre auch eine Familie gründen wollten, stimmte ich dieser Metamorphose zu und hängte den Lehrberuf für eine Zeit an den Nagel.

Die Frau des Seniorpartners, eine beeindruckende Dame, führte mich in meine neuen Pflichten ein, die eine seltsame Mischung von Aufgaben darstellten: Erstens sollten wir in die Wohnung einziehen, die sie und ihr Mann geräumt hatten und in deren unmittelbarer Nähe sich in einem niedrigen Ziegelgebäude vor dem Garten die chirurgische Abteilung befand. Außerdem mußte ich dafür sorgen, daß die Messingschilder an der Wohnungs- und Ordinationstür ständig glänzten, der Operationssaal geputzt war, den Abfluß im Garten keine Blätter verstopften, um eine Überschwemmung zu vermeiden, und das Telefon ständig besetzt war. Ich sollte auch als Rezeptionistin fungieren und meinem Mann während der meisten Operationen assistieren.

Am Tag des endgültigen Vertragsabschlusses luden wir den zukünftigen Partner meines Mannes zum Abendessen ein. Ich beschloß, Scholle als Hauptgericht zu servieren. Ich erinnere mich, wie ich den Fisch mit einem definitiven Gefühl der Hilflosigkeit ins Rohr schob. Eine Übersetzung von »Beowulf« hätte ich leicht anfertigen können, aber diese Kocherei lag völlig außerhalb meines Erfahrungsbereiches. Die Stärke der Flamme und die Garzeit waren mir ein vollkommenes Rätsel. So zog ich schließlich vier Stücke aus dem Ofen, die am Rand ver-

kohlt und in der Mitte trocken waren. Ich schnitt die verbrannten Stücke weg und servierte den Gästen die besser aussehenden Portionen, an denen sie höflicherweise kommentarlos herumschnipselten. Zu unserer Überraschung zogen sie das Angebot dennoch nicht zurück.

In den darauffolgenden Jahren war ich so beschäftigt wie noch nie zuvor. Ich wandte meine Energien für die Betreuung des ständig klingelnden Telefones auf und versuchte außerdem, meine eklatanten Mängel in Haushaltsdingen aufzugleichen. Überdies zog ich zwei Kinder groß, meine beiden Söhne, die in den Jahren 1954 und 1957 zur Welt kamen. Zeit für mich selbst blieb mir wenig, trotzdem versuchte ich, mein Interesse an der Literatur und dem Theater so gut wie möglich zu erhalten. Ich wohnte nicht allzu weit von meinen Zieheltern entfernt und sah sie oft, mein Onkel starb jedoch bald nach meiner Hochzeit völlig unerwartet nach einer Operation. Meine Tante überlebte ihn um zehn Jahre, hat seinen Verlust aber nie verwunden. Sie verbrachte ihre Zeit gern mit meinen Kindern und kam uns regelmäßig mit selbstgemachten Keksen und anderen Geschenken besuchen. Wir behielten unsere zuweilen schwierige, doch immer herzliche Beziehung aufrecht, bis auch sie während eines Aufenthalts bei Freunden plötzlich starb.

Da meine Freunde aus dem College zu diesem Zeitpunkt in alle vier Himmelsrichtungen verstreut waren, mußte ich neue Bekannte finden. Dadurch wurde ich mir eines neuerlichen Problems bewußt: Die jungen Frauen, die ich im Kindergarten meines Sohnes kennenlernte, hatten alle Mütter, Väter, Geschwister und Geburtsorte, über die sie ganz leicht sprechen konnten, ich aber hatte nichts dergleichen. Sie bekamen daher falsche Vorstellungen von mir oder betrachteten mich vielleicht als sehr verschlossen, wenn sie überhaupt einen Gedanken an mich

verschwendeten. Mir fiel es extrem schwer, meine wahre Identität zu enthüllen, vor allem weil das Thema für mich zu einem Tabu geworden war. Auch befürchtete ich unbewußt, daß mein Gegenüber, bei allzu großer Offenheit meinerseits, Vorurteile gegen mich haben könnte. Bis jetzt hatte sich mein Freundeskreis in London aus Menschen zusammengesetzt, die ich lange gekannte hatte – selbst auf der Universität gab es eine Studentin, die mit mir die Schule besucht hatte. Ich mußte also nicht erst lange Erklärungen abgeben. Da ich nun ein getarnter Flüchtling war, fühlte ich mich Fremden gegenüber unwohl. Die Familie meines Mannes kannte meine Geschichte zwar, aber es herrschte ein stilles Einvernehmen zwischen uns, daß wir nicht darüber redeten. Selbst meine Kinder, denen ich einiges davon erzählt hatte, sagten zu meinem Mann, als sie für mich zum Geburtstag ein Ziertellerset aus Europa auswählten: »Wir fragen besser, ob es auch nicht aus Österreich ist. Wir wollen Mami nicht aufregen.« Das Geschirr stammte aus der Tschechoslowakei.

*

Zufällig erwähnte eine meiner Bekannten, daß sie ein Buch mit dem Titel »Das Tagebuch der Anne Frank« gelesen hatte. Wie jetzt allgemein bekannt ist, ist das ein Tagebuch eines jungen Mädchen, das mit seinen Eltern, seiner Schwester und einigen Freunden als U-Boot in Amsterdam lebte, während die Nazis die Niederlande besetzt hielten. Die Familie wird schließlich verraten und in ein Konzentrationslager gebracht, wo außer dem Vater alle sterben. Erst viele Jahre später faßte ich den Mut, dieses Buch zu lesen. Ich stellte ganz gegen meine Erwartungen fest, daß das Leben der Franks trotz seines schrecklichen Endes, durch die Augen der jungen Tochter

gesehen, alles andere als trübselig war. Ihre Kommentare über das Zusammenleben auf solch beengtem Raum waren sehr scharfsichtig und zum Teil auch amüsant. Trotz der außergewöhnlichen Umstände, unter denen sie lebte, kam sie mir wie ein normaler, intelligenter Teenager vor, sowohl idealistisch als auch intolerant.

Obwohl ich es lange vermied, das Tagebuch zu lesen, konnte ich nicht umhin, Einzelheiten über die Greueltaten der Nazis durch das Gerichtsverfahren des Dr. Dering zu erfahren. Dieser hatte eine Verleumdungsklage gegen Leon Uris angestrengt, der in einem Buch behauptet hatte, daß der Arzt mit dem berüchtigten Dr. Mengele bei operativen Experimenten an jüdischen Frauen zusammengearbeitet hätte. Die Zeugen bei dem Verfahren informierten die Öffentlichkeit auch über sehr viele andere Greueltaten, wie zum Beispiel die Massenerschießungen, die vor dem Bau von Todesfabriken wie Auschwitz und Treblinka erfolgten, und die Zeitungen berichteten darüber. Ich erkannte, wie die Saat der Gewalt aus den Erin nerungen meines letzten Jahres in Österreich aufgegangen war. Diese Meldungen übertrafen jedoch alles, was ich bis jetzt gehört oder befürchtet hatte, in höchstem Maße.

Obwohl dieses Wissen qualvoll war, schien es mir nun möglich, einen Schlußstrich unter diese Jahre zu ziehen. Schließlich lebte ich in England, das uns in einem Krieg von der Geißel der Nazis befreit hatte. Als ich dann aber nur zehn Jahre nach Kriegsende in der Nähe meines Wohnortes an der Highbury Corner in London eine Menschenversammlung sah und den Redner agitieren hörte, wie es in Naziflugblätter aus den dreißiger Jahren gepaßt hätte, war ich ziemlich schockiert. Ich traute meinen Ohren nicht. Als ich einen Mann mit einem Stehkragen im Publikum entdeckte, nagelte ich ihn fest.

»Haben wir dafür im Krieg gekämpft?« herrschte ich ihn an. »Wieso unternehmen Sie nichts dagegen?«

Er sagte irgendetwas von freier Meinungsäußerung, und daß diese Mitglieder der Nationalen Front eine verschwindend kleine Minderheit darstellten, die die wahren Gefühle der Briten nicht vertraten. Mich wühlte diese Erfahrung jedoch sehr auf, und die Worte des Geistlichen konnten mich nicht beruhigen, obwohl sie vernünftig klangen. Ich dachte an das Schicksal meiner kleinen Cousins und ängstigte mich um die Sicherheit meiner Kinder.

Anfeindungen gegen mich als Jüdin war ich in England nie begegnet, und ich hatte – zumindest in meiner frühen Schulzeit – auch keine Literatur gelesen, die mir antisemitisch erschien. »Oliver Twist« von Charles Dickens kannte ich nur auszugsweise, mir war auch nicht richtig bewußt, daß der unsympathische Fagin Jude war. Ich wußte auch nicht, daß der Schurke in »Der Kaufmann von Venedig« Jude war. Ob durch Absicht oder Zufall, wir hatten dieses Stück jedenfalls in keinem Fach eingehend behandelt. Ich hatte Portias Rede »Die Art der Gnade weiß von keinem Zwang« als Kabinettstück einstudiert, ohne zu bemerken, daß sie sich gegen den anscheinend gnadenlosen Shylock richtet. Ich las jedoch einige Aufsätze von Charles Lamb, die für die mittlere Reife auf dem Programm standen, und fühlte dabei einen stechenden Schmerz. Ein Essay hieß »Unvollkommenes Mitleid«. Dieser sanfte Mann, der sich so zärtlich gegenüber seiner Schwester verhielt und so berührend über die Kinder schrieb, die er gerne gehabt hätte, konnte sich kein Mitleid für Juden abringen. Dieser spezielle Aufsatz war nicht für die ganze Klasse ausgewählt worden. Ich hatte ihn jedoch einmal selbst gelesen, und er hinterließ in mir ein quälendes Bewußtsin von Ungerechtigkeit. So nagte in mir ein anhaltendes Gefühl der Unge-

rechtigkeit. Selbst wenn ich damals meine Empfindungen darüber ausdrücken hätte können, wäre doch niemand dagewesen, um über sie zu sprechen.

Später dann stieß ich auf andere Schriftsteller, die ebenfalls offen antisemitisch waren. Ich fand eine Geschichte in den »Canterbury Tales« über Juden, die ein Christenkind töteten, um sein Blut für das Pessachfest zu verwenden. Es war die Ritualmordlüge, an die ich mich vage aus meiner Kindheit erinnerte. Diese »Erzählung der Äbtissin« wurde in Fachkkreisen als ein Höhepunkt der mittelalterlichen Literatur betrachtet. Trotz meiner Bewunderung für Geoffrey Chaucer teilte ich diese Meinung nicht und löste das Problem, indem ich mich anderen Autoren zuwandte, deren Schriften nicht mit diesem Makel behaftet waren.

Während meines Hausfrauendaseins hatte ich Zeit, über all diese Dinge nachzudenken. Obwohl ich mich in der Bibel nicht sehr gut auskannte, beschloß ich, daß die Religion der Grund für alles Übel auf der Welt sei und daß ich es mit dem Establishment auf eigene Faust aufnehmen müsse. Meinen ersten Zusammenstoß hatte ich wieder mit einem Geistlichen. Die Eltern der Kinder an der Volksschule eines meiner Söhne waren zu einem Erntedankfest eingeladen. Ich ging auch hin, da ich mir erwartete, daß es so eine Feier sein würde, wie wir sie zu meiner Schulzeit begingen: Damals schmückten wir einen Raum mit Brotlaiben und Kürbissen und sangen fröhlich: »Wir pflügen die Felder und säen die Saat«.

Der Vikar bat indessen die Kinder, einige Stellen aus dem Neuen Testament nachzusprechen. Nach der Feier stellte ich ihn zur Rede.

»Ich nenne dies nicht Erntedankfest, sondern Indoktrinierung. Wenn Sie schon wissen, daß hier eine Gruppe von Kindern mit unterschiedlichen Glaubensbekenntnissen

und auch ohne Bekenntnis zusammenkommt, wieso haben sie darauf nicht in ihrer Predigt Bezug genommen?«

»Ich vermittle den Kindern nur Tradition«, lautete seine Antwort. Dies entsprach mehr der Wahrheit, als ich es mir damals eingestehen wollte, wäre aber für eine rein christliche Gemeinde passender gewesen. Einige Tage später sandte er mir einen Brief, in dem er mir mitteilte, daß er noch niemals einen Funken Antisemitismus empfunden hatte, bis er mich getroffen habe. Ich wertete dies als Kompliment.

Da ich erkannte, daß ich vielleicht zu übereifrig gewesen war, indem ich annahm, daß ich wie die Heilige Johanna Wunder bewirken könne, schloß ich mich einem Verein von Christen und Juden an. Ich dachte, daß ich dadurch mithelfen könne, falsche Vorstellungen zu korrigieren, die Christen und Juden voneinander haben und die zur gegenseitigen Intoleranz führen. Vielleicht sah ich es falsch oder erwartete mir allzu schnell Resultate, aber damals begeisterten meine Vorstellungen nur wenige in der Organisation. Auf jeden Fall gingen meine Söhne jetzt beide zur Schule. Ich hatte es aufgeschoben, wieder meinen Beruf aufzunehmen. Ich fürchtete mich davor, was passieren würde, wenn ich sie zu früh aus meiner Obhut entließ, so wie mich meine Mutter aufgeben hatte müssen. Jetzt beschloß ich, daß die Zeit für einen Neustart gekommen war. Vielleicht könnte ich als Lehrerin mehr Einfluß ausüben, der natürlich auch begrenzt sein würde? So brachte ich die nächsten 25 Jahre – 23 davon an der Skinners' Schule – damit zu, im Englischunterricht die Beziehungen zwischen den Völkern mit Schülern englischer, griechischer, türkischer, asiatischer und afrokaribischer Abstammung zu diskutieren. Ich war auch an der Ausarbeitung eines antirassistischen Lehrplans der Schule beteiligt.

In den geschäftigen Jahren, während denen ich meine Kinder großzog, hatte ich schmerzhafte Themen ferngehalten. In den Augenblicken, wo ich allein war, suchten sie mich jedoch heim. Halbformulierte Fragen gingen mir im Kopf herum:

Wie und wo starben meine Eltern?

Welche Abscheulichkeiten mußten sie ertragen, bevor sie ermordet wurden?

Wie sah ihr Alltag im Konzentrationslager aus?

Worauf schliefen sie, falls sie überhaupt schlafen konnten?

Was waren ihre letzten Worte?

Dachten sie an mich?

Konnten sie sich an glücklichere Zeiten in ihrem Leben erinnern?

In meiner Phantasie stellte ich mir einen brutalen SS-Mann vor, der auf den Namen meines Vaters, Immerdauer, aufmerksam wird und schreit: »Das werden wir schon sehen!« und daraufhin mit seinen Militärstiefeln auf ihn eintritt.

Wie war es möglich, fragte ich mich, daß eine Kulturnation wie Deutschland Mord zu ihrer offiziellen Politik erklärt?

In einem Kurs für graduierte Akademiker, der sich unter anderem auch mit Psychologie befaßte, suchte ich allgemeine Antworten auf diese Fragen. Ich las die in den Vereinigten Staaten erschienenen Werke von Allport, Adorno und anderen Autoren. Sie erklärten mir, wie Vorurteile entstehen und wie sich eine autoritäre Persönlichkeit entwickelt, die sich schließlich zum Maß aller Dinge macht und alles Fremde ablehnt. Ich hörte von Stereotypie, dem Mechanismus, der alle Menschen aus einer bestimmten Gruppe in ein- und denselben Topf wirft, und von Projektion, mittels der wir alle Eigenschaften, die wir

an uns selbst hassen, auf andere Menschen übertragen. Ein paar Beispiele:

»Alle Schotten sind gemein.«

»Alle Amerikaner sind vulgär.«

»Alle Juden sind geizig.«

Das konnte jedoch noch immer nicht ausreichend erklären, was in Europa vorgefallen war.

Was die anderen Fragen betraf, so machte ich mich langsam daran, Literatur über Konzentrationslager zu lesen und herauszufinden, wie die Vernichtungspolitik bewerkstelligt wurde. Zuerst wurden alle Juden in einem Ghetto zur leichteren Übersicht zusammengepfercht. Dann wurden sie in die Todeslager deportiert, wo SS-Männer eine kleine Minderheit auswählten, die im Austausch gegen Sklavenarbeit ein wenig länger am Leben blieben. Sie bestimmten alle Kinder, Alten und Kranken zur umgehenden Vergasung. Ich schulde Primo Levi, Kitty Hart und anderen Schriftstellern sehr viel. Sie hatten den Mut gefaßt, so schmerzhafte Erfahrungen niederzuschreiben, obwohl es Jahre dauerte, bis sie alles zu Papier brachten. Aus Martin Gilberts »Holocaust. A Jewish Tragedy« lernte ich das Gesamtmuster der Massenvernichtung in jedem Land unter deutscher Besatzung kennen. Solch ein Lesestoff bescherte mir alles andere als Freude, aber ich war doch erleichtert, über die Fakten Bescheid zu wissen, da meine eigenen Phantasien eine viel größere Macht über mich besaßen als die Wirklichkeit selbst.

Andere Lücken in meinem Leben, die ich jetzt entdeckte, betrafen meine eigene Identität. Abgesehen von einigen bruchstückhaften Informationen wußte ich sehr wenig über meine Eltern und ihre Familien. Jetzt wollte ich mehr erfahren. Die einzige Person, die mir weiterhelfen konnte, war die jüngste Schwester meines Vaters in

Israel. Im Jahr 1970 entschloß ich mich, die Reise dorthin anzutreten, es war der zweite Flug meines Lebens.

Da meine Tante vor kurzer Zeit ihren Mann verloren hatte, war sie in eine kleine Wohnung in der Nähe der Haupteinkaufsstraße in Tel Aviv gezogen, nicht weit vom Meer. An ihrer Küchenwand hing eine eingerahmte Kreuzstichstickerei, in der ich die Handarbeit meiner Mutter wiedererkannte. Meine Tante sah meinem Vater sehr ähnlich. Sie hatte dieselbe hervortretende Nase, tiefliegende blaue Augen und dunkle Haare, die jetzt schon graumeliert waren. Als wir dann am Balkon unter ihren Topfpalmen saßen und uns eine Markise gegen die starken Sonnenstrahlen schützte, versuchte ich mit ihr zu sprechen. Es fiel mir nicht leicht, denn die einzige Sprache, in der wir uns unterhalten konnten, war mein zögerndes Deutsch, und das Thema, über das ich sprechen wollte, riß viele Wunden auf.

Sie zeigte mir Bilder von einigen Familienmitgliedern. Darunter war eine Aufnahme von drei ihrer Schwestern, hübsche Frauen mit hochgekämmtem Haar und hohen Halskrägen im Stil der Jahrhundertwende. Ein anderes Foto traf mich wie der Blitz: Es zeigte meine Großmutter sitzend, und hinter ihr stand mein Vater in der Uniform eines österreichischen Offiziers im Ersten Weltkrieg.

Damit wurde eine meiner Illusionen mit einem Schlag zerstört. Da ich gesehen hatte, wie sich mein Vater widerstandslos von der SS abführen hatte lassen, nahm ich an, daß er sich vor dem Militärdienst gedrückt hatte. Das war ganz offensichtlich nicht der Fall. Obwohl eigentlich keine Kämpfernatur, hatte er sich seiner Pflicht nicht entzogen, als man ihn dazu aufgefordert hatte. Die österreichische Armee hatte damals nicht viele Männer unter ihren Rekruten, die des Lesens und Schreibens mächtig waren. Da mein Vater einige Sprachen in Wort und

Schrift beherrschte, war er als Dolmetscher eingesetzt worden. Bei der SS zählte das nichts.

Meine Tante räumte eine weitere Illusion – die jedoch nicht ganz unbegründet war –, aus dem Weg, nämlich, daß meine Familie bettelarm gewesen sei. Im Gegensatz zu dem, was man heute allgemein annimmt, lebte ein Großteil der jüdischen Gemeinde in Polen zwar in verheerender Armut, wie man auf Fotos aus Wischniak genau erkennen kann, aber es traf nicht auf alle zu. Für meine Großmutter war es anscheinend nach dem frühen Tod ihres Mannes sehr schwer gewesen, acht Kinder großzuziehen, von denen das letzte, meine Tante Irene, erst nach seinem Ableben auf die Welt gekommen war. Mein Großvater, Israel Immerdauer – Fotos zeigten einen bärtigen, dunkel gekleideten Mann – war der Talmudgelehrte in der Familie gewesen und hatte seine Witwe fast mittellos zurückgelassen. Sein Bruder, Laser, dessen Namen ich meinen Vater wegen seiner vielen Kinder – vierzehn, glaube ich – nennen gehört hatte, war jedoch ein erfolgreicher Geschäftsmann gewesen, der das kaiserliche Privileg der österreichisch-ungarischen Monarchie erhielt, in Lemberg Tabak zu verkaufen. Er kommt in George Clares Buch »Das waren die Klaars« vor. In den dreißiger Jahren war meine Großmutter bereits eine sehr alte Dame, und nur drei ihrer Töchter waren in Polen zurückgeblieben. Auch diese waren ziemlich wohlhabend. Als mein Onkel Sigmund, Irenes Mann, ihnen sagte, daß den Juden schlechte Zeiten in Polen bevorstünden, und sie aufforderte, mit ihren Familien ebenfalls nach Palästina auszuwandern, gaben sie ihm zur Antwort:

»Uns geht es gut hier. Was erwartet uns in Palästina? Nur Sand und Araber.«

Meine Tante und mein Onkel hatten nach ihrer Emigration tatsächlich viel durchmachen müssen. Zuerst gab es

keine Kühlschränke, keine betonierten Gehsteige und keine Schulen für ihren Sohn. Dennoch betrieben sie ein mit der Zeit sehr gutgehendes Schuhgeschäft. Der Rest der Familie zahlte für seine falsche Einschätzung der Lage leider einen hohen Preis.

Mich verlangte nach der Art von Informationen, die Menschen, die ohne ein derartiges Trauma aufgewachsen sind, für selbstverständlich hinnehmen. Ich wollte wissen, was für ein Mensch, was für ein Bub mein Vater gewesen war, und klammerte mich an jedes Detail wie eine Ertrinkende an einen Strohhalm. Tante Irene erzählte mir, daß mein nicht sehr viel älterer Vater und sie als Kinder in einem nahegelegenen Wald gespielt hatten und daß sie, weil sie einen Schuh in einem Bach verloren hatte, mit dem Nachhausegehen aus Angst vor dem Zorn meiner Großmutter lange gewartet hatten. Sie erzählte mir auch von dem Wunsch meiner Großmutter, daß mein Vater eine Rabbinerausbildung absolvieren sollte, daß er aber eine Handelsschule vorzog. Ich war gerührt, als ich erfuhr, daß er einen Teil seines ersten Einkommens als junger Angestellter für Theaterbesuche ausgegeben hatte, ein Interesse, das ich mit ihm teilen hätte können. Meine Tante erinnerte sich auch daran, wie die ganze Familie zu den Feiertagen in die Synagoge ging und mein Vater nach dem Nachhausekommen den ganzen Abend lang sang. Dieses Bild stimmte kaum mit dem eines von Sorgen gezeichneten Mannes überein, den ich in Wien zurückgelassen hatte. Es gab mir jedoch ein wenig Trost zu wissen, daß er glücklichere Zeiten erlebt hatte.

*

Man hat die Nazis zurecht »Mörder der Erinnerung« genannt. Das ist vielleicht der schrecklichste Aspekt an all

dem, was sie zerstört haben. Die Geschichte von ganzen Gemeinden wurde zusammen mit der ihrer Mitglieder ausgelöscht, so als ob es sie niemals gegeben hätte. Die gemeinsamen Erinnerungen, die Anekdoten über Onkel X und Cousin Y sind verloren und können niemals mehr zurückgebracht werden. In Anbetracht dieser Tatsache kam ich mir wie eine Archäologin vor, die Keramikscherben ausgräbt. Ich kämpfte damit, Teile eines Puzzles zusammenzufügen, das mir eine persönliche Identität verschaffen würde. Zuerst war ich ein Flüchtling gewesen, der am Rande der polnisch-jüdischen Gemeinde seiner Zieheltern aufgewachsen war und dann später die Schwiegertochter, die man mit Anekdoten über die Familie ihres Mannes überschwemmte. Trotz des spärlich vorhandenen Materials, das mir jetzt zugänglich war, versuchte ich eine Person mit einer eigenen Geschichte zu werden.

Erst fünfunddreißig Jahre, nachdem ich Wien verlassen hatte, konnte ich die schicksalhafte Reise retour antreten. Dieses Mal befand ich mich in einem Auto. Als wir die Grenze von Belgien nach Deutschland überquerten, stieg in mir das Grauen auf. Was würde ich auf der anderen Seite vorfinden? Ich war überrascht, daß die Sonne genauso hell wie in Belgien schien und daß Menschen auf den Straßen ganz normal ihren Geschäften nachgingen. Als ich Passanten in meinem nicht allzu flüssigem Deutsch nach dem Weg fragte, erwiesen sie sich als freundlich und hilfsbereit. Die Vergangenheit erschien mir unerklärlicher als je zuvor. Wir unterbrachen unsere Fahrt und campierten in Regensburg. Dann folgten wir der Donaukrümmung nach Osten. Als wir uns Wien näherten, befiel mich eine Panik, und ich war dafür, die Reise abzubrechen. Mein Mann ermutigte mich jedoch weiterzufahren, bis wir auf einem überfüllten Campingplatz im Westen von Wien Halt machten.

Ich hatte nicht erwartet, daß ich mein altes Haus so leicht wiederfinden würde. In meiner Erinnerung versteckte es sich in einem halbvergessenen Niemandsland, wie es Judy Garland in ihrem Lied »Somewhere over the Rainbow« besingt. Es erstaunte mich daher sehr, daß ich meinen Weg in den Bezirk Margareten, wo ich einst gewohnt hatte, leicht fand. Wir nahmen eine Straßenbahn zur Ringstraße, von der aus ich den Stephansdom erkannte, dessen Kriegsschäden nicht mehr zu sehen waren. Wir gingen an der Oper und dem Parlament vorbei, vor dem die Statue der Pallas Athene, der Göttin der Weisheit, steht. Ungefragt ließ ein Passant, wahrscheinlich nachdem er uns Englisch reden hörte, die Bemerkung fallen: »Sie werden feststellen, daß sie dem Gebäude den Rücken zugewandt hat.«

Mir fiel auch das Motto »Gerechtigkeit« über dem Säulengang auf.

Ich mußte schwer schlucken, als ich mich meinem früheren Wohnhaus näherte. Wir stiegen in der Margaretenstraße aus der Straßenbahn aus und schlugen uns zur Bräuhausgasse durch. Hier standen sie unverändert, die grauen, vierstöckigen Wohnblöcke mit dem Hof in der Mitte. Auf der anderen Seite war die Musikschule, an der ich am Morgen des »Anschlusses« vorbeigegangen war. Hier waren auch die Steinstufen, auf die ich auf dem Weg zu unserer Wohnung oft geklettert war. Ich erkannte den Vordereingang. Als wir den Gang betraten, erkannte ich keinen der Namen auf den Klingeltasten. Ich war zu überwältigt, als daß ich irgendwo anklopfen hätte können. Wir gingen die Straße entlang, zum Postamt und dann zu dem kleinen Kinderspielplatz, der seltsamerweise »Hundsturm« heißt. Schließlich erreichten wir das Gebäude, in dem ich zur Schule gegangen war. Dieses, so sagte man mir, beherbergte nun das Rote Kreuz.

Als ich in den zwanzigsten Bezirk fuhr, wo meine Tante gelebt hatte, ergab sich dasselbe Bild: Alle Gebäude standen noch, aber die Menschen, die ich gekannt hatte, waren fort. Ich sah den Rosengarten wieder, wohin ich meine kleinen Cousins in ihrem Kinderwagen geschoben hatte und die Rundbänke um die Bäume, wo ich gesessen war, und die Boote auf dem nahegelegenen Donaukanal vorbeiziehen gesehen hatte. Als wir später durch die Innenstadt spazierten, bemerkte ich einen großen Stein, der an eine Mauer gekettet war. In meinem Geist stieg die Erinnerung an einen Spaziergang mit meinem Vater auf, der mir damals diesen besonderen Stein gezeigt hatte. Ganz ungläubig rannte ich zu einem Passanten hin und fragte ihn, was dies für ein Stein sei.

»Er ist ein Relikt aus der Türkenbelagerung«, antwortete er, ohne zu zögern.

Es war derselbe Stein!

Das denkwürdigste Erlebnis hatte ich wahrscheinlich im Prater, wo mich mein Vater oft hingeführt hatte. Ein kleines Mädchen schrie: »Papa!«, und für einen Augenblick rollten die Jahre an mir vorbei und ich war wieder ein Wiener Kind.

Danach hielt uns nicht mehr viel in der Stadt, ich faltete erleichtert unser Zelt zusammen, und wir machten uns auf nach Italien.

Während eines späteren Besuchs in Israel erzählte mir meine Tante, daß mein Vater in Buchenwald ermordet worden war. Ich vermochte nicht, sie nach den Einzelheiten zu fragen, und hatte auch keine Ahnung, ob sie darüber Bescheid wußte. Als ich Yad Vashem, die Jerusalemer Holocaust-Gedenkstätte, besuchte, erfuhr ich, daß ich möglicherweise Informationen über meine Mutter bei der Israelitischen Kultusgemeinde in Wien einholen könnte. Nach meiner Rückkehr nach London rief ich dort an und

gab ihnen den Namen meiner Mutter, ihr Geburtsdatum, etc. bekannt. Ich wartete mit angehaltenem Atem, während sie ihre Listen durchgingen und rang nach Luft, als man mir mitteilte:

»Ja, wir haben Informationen über Paula Immerdauer.«

Sie gaben mir ihre letzte Adresse in Wien bekannt, die nicht ident war mit der meiner Tante in der Brigittenauerlände, von wo aus ich mich nach England aufgemacht hatte. Sie erklärten mir, daß sie in ein Ghetto ziehen hatte müssen. Der letzte Ort, von dem sie einen Vermerk über sie hatten, war Opole an der polnisch-tschechischen Grenze, ein Internierungslager.

*

Jetzt war ich ziemlich gut darüber informiert, was während des Krieges in Europa passiert war. Wie und warum, war eine andere Frage. Ich war mir zunehmend meiner zeitlichen und örtlichen Distanz zu diesen Ereignissen bewußt und fühlte mich stark genug, darüber nachzudenken. Ich hatte »Shoa« und anderes filmisches Material über den Holocaust gesehen, empfand aber immer stärker, daß ich die Orte aufsuchen wollte, an denen meine Eltern gestorben waren. So konnte ich mich ihnen näher fühlen, wie grauenhaft diese Lager auch immer sein mochten. Da der Großteil meiner Familie wahrscheinlich in Auschwitz umgekommen war, beschloß ich, es mit eigenen Augen zu sehen. Nach einigen Nachforschungen fand ich heraus, daß Polorbis, das offizielle polnische Fremdenverkehrsbüro, eine spezielle sechstägige Reise zu Orten veranstaltete, die für die jüdische Geschichte von Interesse waren. Im Jahr 1991 schloß ich mich also einer Gruppe von 15 Leuten an, die diese Reise ebenfalls gebucht hatte. Wie ich waren einige gekommen,

um Verwandte zu betrauern. Manche wollten ihre polnische Herkunft genauer erforschen, und andere hatten einfach ein historisches Interesse daran. Unsere Gruppe setzte sich zur Hälfte aus Nicht-Juden zusammen.

Als wir von Heathrow an einem milden Oktobermorgen abflogen, ging unsere Reise zuerst nach Warschau, wo wir sogleich alle jüdischen Sehenswürdigkeiten der Stadt besichtigten. Eine der Hauptstraßen hatte ursprünglich Jersualem-Straße geheißen und war von den Nazis in Adolf-Hitler-Straße umbenannt worden. Jetzt trug sie wieder ihren früheren Namen. In der Nähe befand sich das ursprüngliche Ghetto, das sich zuerst über eine ziemlich große Fläche der Stadt ausgedehnt hatte, dann aber immer mehr geschrumpft war, da seine Bewohner an Hunger oder Krankheiten starben oder in die Todeslager deportiert worden waren. Auf diesem Gelände standen nun graue, nichtssagende Wohnblöcke, die das kommunistische Regime erbauen hatte lassen, nachdem das Ghetto dem Erdboden gleichgemacht worden war. Teile der Grenzmauer waren jedoch noch erhalten. Wir sahen das Rapaport-Denkmal für die heroischen Kämpfer des Aufstandes, die lediglich mit den primitivsten Waffen die Gewehre und Panzer der Nazis einen ganzen Monat lang in einem hoffnungslosen, doch tapferen Akt des Widerstands aufgehalten hatten. Wir machten auch an dem Ort Halt, den die Nazis »Umschlagplatz« nannten. Hier sahen wir die Eisenbahnschienen, auf denen Menschen in geschlossenen Waggons nach Treblinka befördert wurden.

Als nächstes sahen wir die wenigen Überreste einer noch bestehenden jüdischen Kultur in Polen: das jiddische Theater und eine kleine Synagoge, die jetzt schön hergerichtet war. Sie war von den Nazis verschont worden, da sie sie als Stall benutzt hatten. Wir sprachen mit einigen Mitgliedern der Gemeinde, hauptsächlich mit

alten Männern. Sie teilten uns mit, daß der jüdische Bevölkerungsanteil in Warschau ursprünglich ein Drittel ausgemacht hatte und jetzt auf 900 Menschen geschrumpft war.

Am nächsten Tag unternahmen wir einen Ausflug nach Krakau und sahen am darauffolgenden Morgen dessen Altstadt. Ich hatte geglaubt, daß es in Polen sehr viele Armenviertel geben würde, aber Krakau zeigte sich so großartig wie jede andere europäische Metropole. Wir besichtigten den Königspalast, die Universität, wo Kopernikus seine Entdeckungen gemacht hatte, und die mittelalterliche Tuchbörse. Wir betraten die Kathedrale, in der die sterblichen Überreste der polnischen Könige ruhen, und genossen vom Glockenturm aus eine schöne Aussicht auf eine Stadt, die durch den Vistula-Fluß in zwei Hälften geteilt wird.

Für den vierten Tag unserer Reise war eine Besichtigung von Auschwitz geplant. Ich war froh, nicht alleine dorthin fahren zu müssen. Nach einer eineinhalbstündigen Busfahrt von Krakau in Richtung Kattowitz kamen wir dort an. Ich stellte mich innerlich darauf ein, durch das berüchtigte Tor zu gehen, auf dem der zynische Spruch »Arbeit macht frei« steht, und nach dem Stacheldraht, der nicht mehr unter Strom steht, das Schild mit der Aufschrift »Lebensgefahr« zu sehen, das jedoch offensichtlich nicht zur Warnung der Gefangenen diente.

Unsere Führerin, eine nett aussehende junge Polin mit exzellenten Englischkenntnissen, erzählte uns, was viele von uns schon so halb wußten: daß es hier drei Lager gab. Auschwitz 1 war das Vernichtungslager, wo außer den körperlich tauglichsten Erwachsenen alle Deportierten in den sofortigen Tod geschickt wurden. Birkenau und Monowitz waren Arbeitslager gewesen. Wir sahen das Ende der Bahngleise und die Rampe, wo Menschen

auf ihre »Zuteilung« gewartet hatten. Man zeigte uns einen Film über Auschwitz, wie es an dem Tag aussah, als es die russische Armee befreite. Dann gingen wir im Lager herum, das aus vielen Blöcken identisch aussehender, niedriger Ziegelbauten besteht. Von außen schauten diese überraschend gut gebaut und nicht bedrohlich aus, ihre Innenräume erzählten jedoch eine andere Geschichte. Einige Räume enthielten noch die schmutzigen, schmalen Strohmatrazen, auf denen je zwei Gefangene schlafen mußten, sowie die aus hölzernen Latten bestehenden Schlafkojen, in denen sich bis zu einem Dutzend Gefangene bei Temperaturen, die oft unter Null lagen, eine einzige Decke teilten. Mit Hungerkost und Schwerarbeit stellte die SS sicher, daß kaum Gefangene lange Zeit überlebten. Da Züge mit Deportierten durch ganz Europa rollten, konnten sie das »Menschenmaterial« bald ersetzen.

Schließlich führte man uns zu den Ausstellungen, die wir schon aus Zeitungsfotos kannten: Berge von Kinderschuhen und Babygewand, haufenweise Koffer, die mit den Namen der Opfer beschriftet waren, in Säcke gebündeltes Menschenhaar, das auch als Futter für die Mäntel deutscher Soldaten diente. In einer Hütte, so sagte man uns, waren bergeweise Wertgegenstände angehäuft worden, die man den Opfern gestohlen hatte. In einer Glasvitrine befanden sich hunderte Kübel mit dem Giftgas Zyklon B, und in einem anderen Teil des Ausstellungsraumes sahen wir die größte Perversität – einen exakten Nachbau einer Gaskammer, deren gußeisernen Ofen ein Schild mit dem Namen des Herstellers zierte. Sämtliche Gaskammern waren von den Deutschen zerstört worden, als sie ihren Rückzug antraten.

Nach einem kurzen Gedenkdienst kamen wir mit unserer Führerin ins Gespräch. Sie erzählte uns, wie sehr es

sie bestürzte, wenn sie Besucher fragten, wieso die Polen solche Antisemiten seien. Ich versuchte ihr die Auswirkungen der Haßparolen zu erklären, die die katholische Kirche seit Jahrhunderten ausgegeben hatte. Die Weigerung einiger Geistlicher, die bis jetzt nicht zugeben wollen, daß der Holocaust hauptsächlich, wenn nicht ausschließlich, ein Verbrechen gegen die Juden darstellte, zöge ebenfalls Folgen nach sich.

»Ja, aber einige Kinder wurden in Klöstern versteckt, und einige Polen riskierten ihr Leben, um Juden Unterschlupf zu geben«, entgegnete sie mir.

»Und einigen machte es große Freude, sie den Nazis auszuliefern«, antwortete ich.

Natürlich darf man nicht verallgemeinern. Dafür sprach auch das Erscheinen einer Gruppe von Kinder aus der Gegend, in Begleitung ihres Lehrers, mit Blumen in den Händen. Würden sie bei ihrem Besuch etwas über die zerstörerische Auswirkung des Hasses lernen? Neuen Mut fassen an diesem gespenstischen Ort ließ uns auch eine Gruppe israelischer Jugendlicher, die sich hier auf einer von der Regierung gesponserten Reise befanden. Sie schwangen ihre blau-weißen Fahnen mit dem Davidstern in der Mitte, der kein Schandmal, sondern ein Symbol ihres Stolzes war. Ich wollte ihre Fahne anfassen und die wenigen Worte Hebräisch, die ich konnte, lauthals hinausschreien: »Am Yisroel Chai!« Das jüdische Volk lebt!

Auf unserer Fahrt zurück nach Warschau fuhren wir am Stift Tschenstochau vorbei. Ein paar Leute aus unserer Gruppe wollten es besichtigen, und der Busfahrer erklärte sich dazu bereit. Wir sahen eine prächtig geschmückte Kirche und das Bild der Schwarzen Madonna, das um vier Uhr erscheint und durch eine Trompetenfanfare angekündigt wird. Nachdem wir unsere Fahrt fortgesetzt hatten, schaute ich nachdenklich aus dem Fenster. Als ich

plötzlich ein Straßenschild erblickte, packte ich meinen Mann bei der Hand. Es wies nach Opole!

Als ich mich viele Jahre zuvor auf meine Matura vorbereitet hatte, las ich einige Werke der deutschen Kulturtitanen Goethe und Schiller. Ich wußte, daß man sie mit Weimar in Verbindung brachte, hatte aber keine Ahnung, wo sich Weimar befand. Ich kann mich noch genau daran erinnern, welchen Schmerz und welche Wut ich einige Jahrzehnte später empfand, als ich zufällig eine Radiosendung hörte und vernahm, daß das berüchtigte Konzentrationslager Buchenwald, in dem mein Vater ermordet worden war, sich nicht unweit von Weimar befand. Zu Zeiten der DDR war es schwierig gewesen, dorthin zu kommen. Im Sommer 1992 entschloß ich mich, die Reise auf mich zu nehmen.

Das deutsche Fremdenverkehrsbüro gab mir Informationsmaterial, in dem die Sehenswürdigkeiten von Weimar beschrieben waren und das überraschenderweise auch eine Seite über Buchenwald enthielt. Ich gelangte leicht dorthin, indem ich den Zug von Paris nahm und in Erfurt, auf der Strecke zwischen Dresden und der tschechischen Grenze, umstieg.

Als ich vom Weimarer Bahnhof bergab in Richtung Altstadt wanderte, ging ich an vielen Blöcken mit deprimierenden grauen Gebäuden vorbei. Dann gelangte ich in eine Fußgängerzone mit eleganten Geschäften. Danach folgt ein begrünter Platz mit einem Brunnen in der Mitte, an dessen äußerem Rand sich das Goethehaus befindet. Es ist ein einfaches, niedriges Gebäude, mit einer schönen Fassade. Im Inneren des Hauses befindet sich ein Museum, das Briefe, Manuskripte und einige außerordentlich gute Zeichnungen enthält, die Goethe während seiner Reise nach Italien angefertigt hatte.

Das Schillerhaus zeigt Manuskripte des Schriftstellers

und Modelle von Vorrichtungen, mit deren Hilfe Schauspieler fliegend ihren Auftritt und ihren Abgang machen können. Auf einer Mauer in der Mitte des Raumes standen die Verse der »Ode an die Freude«. Außerdem sah ich weiter hinten eine Seite des »Völkischen Beobachters« aus dem Jahr 1935, die Hitler und seine hakenkreuztragenden Kumpanen dabei zeigt, wie sie die beiden Dichter als ihr Nationalerbe in Anspruch nehmen.

Ich befragte eine der Aufpasserinnen über die seltsame Gegenüberstellung von Humanismus und Nationalsozialismus. Sie gab mir folgende Antwort: »Das ist eine philosophische Frage. Ich war damals nur ein Kind. So viele unschuldige Leute haben Leid erfahren«.

Sie wollte nicht näher auf das Thema eingehen.

Nachdem wir einige Tage mit Besichtigungen in Weimar zugebracht hatten und unter anderem den hübschen Park mit Goethes Sommerhaus an der Ilm gesehen hatten, beschlossen wir, daß es an der Zeit war, Buchenwald aufzusuchen. Das Lager befindet sich auf dem Etterberg genau über Weimar. Von einer Bahnstation, die tatsächlich »Buchenwald« heißt, nimmt man dorthin einen Bus. Dieser fährt an einigen neueren Wohnhäusern vorbei und dann auf einer von Bäumen gesäumten Straße immer weiter bergauf. Ich fragte mich, was die Unglücklichen, die diese Reise als Gefangene angetreten hatten, während dieses scheinbar niemals enden wollenden Aufstiegs dachten. Schließlich hielt der Bus an einer Gedenkstätte für die Opfer und fuhr dann bis zum Lager weiter.

Dieses dehnt sich über eine weite Fläche. Das Eingangstor steht noch, aber die meisten Baracken wurden zerstört. Es gibt immens lange Kieswege wie in einem Niemandsland aus einem Alptraum, an denen ein paar Gebäude stehen. Eines von ihnen ist eine Buchhandlung, ein weiteres ein Museum, und ein Wegweiser deutet zum

Krematorium. Das Museum zeigt eine Ausstellung zur Geschichte des Lagers, auch von seinen Anfängen, wo es noch als Gefängnis für die politischen Gegner der Nazis zum Einsatz kam. Von diesem Punkt auf dem Hügel hat man bizarrerweise die beste Aussicht auf Weimar. Hier und dort befinden sich Gedenkstätten, hauptsächlich für russische Soldaten und Kommunisten. Den 600 Juden, die dort nach der »Kristallnacht« vernichtet worden waren, wurde ebenfalls ein Denkmal gesetzt. Mir kam es so vor, als ob das Museum ein unvollständiges und täuschendes Bild über das Ausmaß der gegen die Juden begangenen Greueltaten vermittle. Ich legte einen Strauß Blumen nieder, weinte ein paar Tränen und bereitete mich auf den Rückweg vor.

Nun stellte ich zu meiner Überraschung fest, daß es in dem ehemaligen Lager nur so vor Besuchern wimmelte: Familien, Studenten, Kindergruppen. Was, fragte ich mich, hatte sie an einem heißen Sommertag hierher gebracht? Ich sprach mit einer Familie darüber. Der Mann, der über meine Frage verdutzt war, antwortete mir: »Weil es ein Teil unserer Geschichte ist. Damit es niemals wieder passiert.«

Wenn man mich fragt, wieso ich diese deprimierenden Orte aufsuche, kehre ich immer Tschechows Ausspruch in »Onkel Wanja«, »Nichtwissen ist besser«, ins Gegenteil um.

Ich schöpfe Kraft aus dem Wissen, wie die Dinge wirklich waren, wie schrecklich sie auch immer gewesen sein mögen. Ich empfinde es als besonders traurig, daß ich kein Grab für meine Eltern pflegen kann, obwohl die Blumensträuße, die ich in Auschwitz und Birkenau niedergelegt habe, ihr Andenken zumindest in geringem Maße ehren. Ich frage mich, ob ich Glück hatte, eines der zehntausend Kinder gewesen zu sein, das überlebt hat? Ich

nehme an, daß ich mich fürs Leben entschieden hätte, falls man mir die Wahl gelassen hätte. Wenn ich mir jedoch heute neunjährige Kinder anschaue und mir vorstelle, daß sie in ein fremdes Land zu fremden Leuten geschickt werden und ihre Verwandten niemals wiedersehen würden, jagen mir kalte Schauer über den Rücken. Ich weiß jetzt, daß alle, die diese Erfahrung durchgemacht haben, tiefe Wunden davongetragen haben.

Ich dachte immer, daß die Deutschen, aus ihrem sicheren Auftreten und ihrer lauten Selbstsicherheit in der Öffentlichkeit zu schließen, ungestraft davongekommen sind. Eine weise deutsche Bekannte meinte jedoch, daß sie damit nur ihre Unsicherheit tarnen. Manchmal hätte ich nichts dagegen, ihre Unsicherheit gegen meinen Verlust einzutauschen, aber im großen und ganzen würde ich auch nicht durch das Erbe der jüngsten Vergangenheit belastet sein wollen.

Natürlich trifft all jene, die noch nicht fünfzig Jahre alt sind, keine Schuld. Auch in der älteren Generation gab es anscheinend eine kleine Minderheit von heldenhaften Menschen, die Juden trotz eigener Lebensgefahr Unterschlupf gewährten. Yad Vashem in Israel gedenkt dieser Menschen und ehrt sie, indem man Bäume in ihrem Namen pflanzt. Eine größere Minderheit fand Gefallen am Foltern und Morden. Die Mehrheit nahm einfach jede Verordnung hin, zum einen weil man ihnen den Judenhaß eingetrichtert hatte, und zum anderen aus Apathie, Gier oder Furcht. Dieselbe Geschichte wiederholte sich in jedem europäischen Land, das von den Deutschen besetzt worden war. Die einzige lobenswerte Ausnahme stellt Dänemark dar, das mit dem Nazismus nichts zu tun haben wollte und seine jüdischen Bürger nach Schweden in Sicherheit brachte.

Die Geschichte weist viele Facetten auf und kann nicht

verallgemeinert werden. Meine Freunde in Cornwall zum Beispiel verdankten ihr Leben einer zufälligen Begegnung mit einem anglikanischen Geistlichen in der St. Paul's Cathedral, der Geld für ihre Ausreise auslegte. Eine andere Frau erzählte mir: »Mich retteten ein französischer Polizist und ein protestantischer Pastor.«

Eine Überlebende berichtete, wie Kollegen in einer Fabrik ihr heimlich Essen zukommen ließen, da sie wußten, daß ihre Rationen nicht zum Überleben ausreichen würden. Eine andere wiederum beschreibt, wie auf der Straße niemand den Gefangenen auf ihrem langen, erzwungenen Marsch von Auschwitz nach Belsen eine Brotrinde gab oder auch nur ein mitleidiges Wort an sie richtete.

Die Lehre, die wir aus dieser, mittlerweile in die Geschichte eingegangenen Periode ziehen müssen, ist, politische Extremisten mit allen zivilisierten Mitteln, die uns zur Verfügung stehen, zu bekämpfen bevor sie zu mächtig werden. Vor ein paar Jahren noch hätten wir optimistisch sein können, daß das Gift des Antisemitismus seine Wirkung verloren hat. Da nationalistische Strömungen jetzt jedoch wieder verstärkt auftreten und sogar einige Wissenschaftler leugnen, daß der Holocaust je stattgefunden hat, können wir unsere Hände keineswegs in den Schoß legen.

11.
Wiedervereinigung

Bis jetzt habe ich mich strikt an den chronologischen Ablauf der Ereignisse in meinem Leben gehalten. Zum Abschluß möchte ich nun aber ein paar Jahre vor meine Reise nach Europa zurückgehen, als ich im Sommer des Jahres 1988 einen Telefonanruf von einer Freundin erhielt.

»Hast du gerade die ›Stunde der Frau‹ im Radio gehört? Sie brachten eine Sendung über den Kindertransport! Jemand organisiert ein 50-Jahre-Treffen.«

Ich bedankte mich bei ihr für diesen Hinweis und rief diesen »Jemand« an. Es war Bertha Leverton, eine kleine, sehr energische Frau, die ein Mammutereignis für den Juni 1989 plante – ein Treffen aller Kinder, die vor Ausbruch des Zweiten Weltkriegs aus Deutschland, Österreich und der Tschechoslowakei ausreisen durften. Durch einen seltsamen Zufall fand das Treffen auf den Tag genau fünfzig Jahre nach meiner Ankunft in England im Juni 1939 statt.

Da waren wir also, ein halbes Jahrhundert später, die ältesten von uns weit über sechzig, die jüngsten Mitte oder Ende fünfzig. Eintausend ehemalige Flüchtlinge waren dem Aufruf gefolgt und stellten sich vor dem Harrow Leisure Center an, um an der Feier teilzunehmen. Es dauerte eine Stunde, bis wir uns alle versammelt hatten und Schilder erhielten, auf denen unser Name, unsere Geburtsstadt und die Initialen ROK (Reunion of Kindertransport) in einem Schiffslogo standen. Als wir in die Halle hineingingen, meinten einige Leute: »Es ist ja gerade so, als wären wir wieder in unserem Heim in Dovercourt!«

Das Harrow Leisure Center sah wirklich wie ein riesiges Ferienlandhaus aus, ähnlich jenen, in denen einige Kinder nach ihrer Ankunft untergebracht worden waren. Ein Teil der Kinder war wie ich zu Zieheltern gekommen und daher von anderen mit ähnlichen Erfahrungen abgeschnitten gewesen. Andere kamen in Heime in Orten wie Dovercourt, Brighton und Stoke Newington, wo sie so lange in einer Gemeinschaft lebten, bis man einen Arbeitsplatz für die Mädchen fand und die Burschen von der Armee rekrutiert wurden.

An den Wänden der Halle hingen Vergrößerungen von Bildern, die Kinder bei ihrer Ankunft in Harwich oder der Liverpool Street zeigten. Einige von ihnen lächelten tapfer, viele schauten müde und verwirrt aus. Am meisten berührte mich das Bild von einem kleinen Mädchen, das eine Reisetasche in der einen Hand hält und eine Puppe in der anderen. Manche Leute erkannten sich auf den Fotos wieder. In der Halle standen Tische, die mit dem Namen unserer Heimatstädte beschriftet waren, wobei Berlin und Wien am häufigsten vorkamen. Wir saßen nun mit Leuten aus derselben Stadt an einem Tisch und versuchten, gemeinsame Berührungspunkte zu finden. Die meisten von uns hatten ihren Eltern und Geschwistern Lebewohl sagen müssen und sie niemals wiedergesehen. Einige wenige hatten das Glück gehabt, später mit ihren Familien wiedervereint zu sein. Die berührendsten Szenen spielten sich zwischen Leuten ab, die im selben Heim untergebracht gewesen waren und sich trotz Falten und grauem Haar wiedererkannten. Ich hatte kein solches Erlebnis, sprach aber gerne mit den Leuten, die aus den USA, aus Südamerika, Australien und Israel angereist waren.

Die Feier begann mit einer Gedenkminute. Dann hielten der Innenminister, dessen Vorgänger den Kindertrans-

port ermöglicht hatte, und Simone Prendergast, deren Mutter eine wichtige Rolle bei der Organisation des Transportes gespielt hatte, der zehntausend jungen Menschen das Leben gerettet hatte, eine Rede. Einer der interessantesten Programmpunkte war eine Frage-und-Antwort-Runde, in der vier Überlebende mit einer ebenfalls eingeladenen Gruppe von Lehrern diskutierten. Eine Frage über Identitätsprobleme rief eine lebhafte Reaktion hervor, besonders bei jenen, die als sehr kleine Kinder nach England gekommen waren und wenig über ihre richtigen Familien wußten. Wir alle lernten sehr viel aus den Geschichten unserer Mitflüchtlinge: Wir mußten uns alle auf eine neue Sprache und Kultur einstellen. Einige von uns waren von den Zieheltern gut behandelt worden, andere jedoch wurden ausgenutzt, und man erwartete von ihnen dennoch, daß sie sich für das Privileg, überlebt zu haben, dankbar zeigten.

Das Treffen endete mit einem aufmunternden Konzert und gemeinsamem Gesang. Wir stimmten alle unsere Lieblingslieder aus jener Zeit an: »Lambeth Walk«, »We'll gather lilacs« sowie »Tipperary« und erlebten für kurze Zeit die Gefühle der Kriegszeit wieder: verzweifelten Optimismus, der dunkle Angstzustände überdeckt, und eine unsichere Hoffnung auf eine bessere Zukunft.

Es war gut, an diesem Ereignis teilzunehmen und uns gewahr zu werden, daß wir trotz des Schattens der Tragödie, der sich über unser Leben wirft, Grund zum Feiern hatten: Wir hatten es alle in unserem Leben zu etwas gebracht – als Lehrer, Bibliothekare, Unternehmer, Wissenschaftler, Mütter und Väter. Vielleicht zollen wir unseren Eltern damit den besten Tribut.

Österreichische Exilbibliothek

Ursula Seeber (Hg.)
Ein Niemandsland, aber welch ein Rundblick!
Exilautoren über Nachkriegs-Wien

Ob »Märchenfee«, »Geistermetropole« oder »dunkle Stadt, der ich verfallen bin« – die Wien-Bilder der 1938 ins Exil Getriebenen sind ambivalent, von Angst und Sehnsucht, von erwartungsvoller Phantasie und realer Verstörung zugleich bestimmt. Dieses »andere« Wien-Buch eröffnet mit Texten des Exils, die aus der Ferne eine Heimkehr in die »Traumstadt« imaginieren, und schließt mit späten Reminiszenzen der jüngeren Generation. Im Mittelpunkt stehen autobiographische Texte, Prosa und Gedichte österreichischer Exilautoren, die von erster Rückkehr nach 1945 und von Erfahrungen mit dem Nachkriegs-Wien berichten.
Sie betraten die Stadt als »Remigranten«, als alliierte Soldaten oder als Spurensucher, niemals als Touristen, und ihre Texte erzählen weniger von Aufbruchsoptimismus und Heimfinden als von Verlust und Fremdgemachtwerden. Doch auch Momente wiedergewonnenen Heimatgefühls beschreiben sie, wenn die lange beschworenen Sehnsuchtsbilder an der Wirklichkeit überprüft werden können.

Mit Texten von *Walter Abish, Günther Anders, Jimmy Berg, Albert Drach, Ernst Fischer, George Clare, Franz Theodor Csokor, Joseph Fabry, Mimi Grossberg, Gina Kaus, Ruth Klüger, Lili Körber, Jakov Lind, Hertha Pauli, Alice Penkala, Alfred Polgar, Alice Schwarz-Gardos, Lore Segal, Hilde Spiel, Adrienne Thomas, Berthold Viertel, Ernst Waldinger u. a.*

232 Seiten, Leinen mit Schutzumschlag
ISBN 3-85452-422-6

Picus Verlag

Österreichische Exilbibliothek

Fritz Kalmar

Das Herz europaschwer

Heimwehgeschichten aus Südamerika

Die farbig erzählten Geschichten Fritz Kalmars, nach eigenen Worten selbst »geübter Heimwehträger«, künden in sanfter Ironie von den wehmütigen Ambivalenzen und Reminiszenzen der ins Exil Verschlagenen. Er hat sie zu einem Panorama von kuriosen, humoristischen und wehmütigen »Heimwehgeschichten« zusammengetragen.

»Kalmars kauzige Geschichten gehen zu Herzen, ihr abgeklärter Humor stapft nicht träge vor Gemütlichkeit einher, sondern liegt milde über allem menschlichen Streben: lebensweise Freundlichkeit, die lange in der Trauer herangereift ist.«

NEUE ZÜRCHER ZEITUNG

»Kalmar besitzt überdies Witz und Humor, ein gutes Gehör, eine scharfe Beobachtungsgabe … Und er vermag spannend zu schreiben. Ich garantiere allen, die auch nur halbwegs lesen können, daß sie ›Das Herz europaschwer‹ erst nach der letzten Seite aus der Hand legen werden.«

DIE PRESSE

192 Seiten, Leinen mit Schutzumschlag, 2. Auflage

ISBN 3-85452-405-6

Picus Verlag